湛庐 CHEERS

与最聪明的人共同进化

HERE COMES EVERYBODY

如何打造活力组织

8 Engines to Build a Thriving Organization

逢增钢　徐汉群　著

北京联合出版公司
Beijing United Publishing Co.,Ltd.

各方赞誉

在企业经营领域有两个主题是最具根本性的：一个是业绩持续增长，另外一个是打造活力组织。十年企业看战略，百年企业看组织，拥有充满活力的组织才是一切企业问题的最终解。任何一个有理想的品质型企业，都必须两手抓，两手都要硬。纵观世界上的百年企业，核心竞争力不仅构建在业务侧，而且构建在组织侧。

组织活力问题是我一直在关注的。有幸提前阅读逄增钢的《如何打造活力组织》一书，本书从打造活力组织的角度提出了激发组织活力的四大原则和八大引擎，并且给出了打造活力组织的完整行动指南和框架，具有较强的实践意义。

刘润
润米咨询创始人

焕发组织活力，要以人性为本，以组织的初心和使命为指引。随着社会发展和技术进步，组织的形态也在产生变化，由传统的工业化组织，向后工业化时代的敏捷组织、平台组织和开放组织等演化。增钢此书站在组织发展历史的转折点上，很好地总结了历史经验，并且据此展望了未来。

陈果
波士顿咨询 Platinion 董事总经理

在我看来，从本质上讲，逢增钢和徐汉群两位老师定义的"活力组织"就是学习型组织，而在当今时代，打造一家能够持续应对内外环境中的各种变化、实现不断增长的活力组织，是每一位企业家梦寐以求的战略性任务。但是，组织作为一个复杂的动态系统，要想焕发活力非常困难。逢增钢和徐汉群两位老师的新书，基于多年咨询经验，既有整体行动框架，也有实用的方法与丰富的案例，可以作为企业家和各级领导者提升组织能力、打造活力组织的参考指南。

邱昭良

管理学博士，组织学习与系统思考专家

畅销书《复盘+》《如何系统思考》作者

遍地机会的时代已经远去，企业间的竞争越来越体现为组织能力的竞争，决胜组织力是企业竞争的根本趋势。从长远来看，组织比战略更根本，好的组织能够制定好的战略，并不断引领企业走向新的成功。企业应该放弃机会主义，不仅要打造基于业务的核心竞争力，还要将能力建立在组织上，通过打造活力组织持续获得成功。

《如何打造活力组织》一书基于这一理念，结合了大量的咨询实践，系统地从四大原则和八大引擎给我们建设活力组织提供了指引和行动框架，并提供了丰富的模型工具。推荐本书，相信读者必有获益！

崔建中

知名销售专家

畅销书《价值型销售》作者

有幸提前阅读《如何打造活力组织》一书，这是继《从战略到执行》以后逢老师的又一力作。本书给出的行动框架，为企业激发组织活力提供了指引。

同时追求效率和创新是企业实现基业长青要面对的根本性课题，一直困扰着企业经营者。本书从二元化组织和二元化组织文化的角度，对这个问题进行了阐述，令人印象深刻。老池塘里发育不了新物种，企业对不同的业务要在组织设计上进行物理隔离，通过二元化组织和二元化组织文化去匹配不同的业务形态，由沉静、坚韧、有灰度的领导者居中协调，从而兼具效率和创新，协调可预见性和混沌性，这给我以很大的启发。

逄老师是一个务实的战略、组织和人才咨询专家，本书结合了大量的实践案例，提供了充足的分析工具，相信读者必会获益匪浅。

单增亮
悉地国际（CCDI）董事长

很高兴读到老弟逄增钢的新书《如何打造活力组织》，如何打造活力组织也是我一直在思考的问题。多年的创业经验让我坚信：想要创业成功，最重要的是依靠组织和团队，其次才是机会、产品、资本和商业模式。培育和提升组织能力，才是创业者和企业家的长远经营之道。

如何把能力建立在组织侧，而不仅仅是业务侧，以及如何激发组织的活力，是每个新兴企业都要思考的问题，这本书从八个方面提供了打造活力组织的操作指南，具有很强的实操性。书中提出，硬体组织设计是管理者发挥管理效力的杠杆，但无法带来组织的根本变化，它对组织而言就好比衣服对人而言——衣服是否合体，对人的生活有影响，但不是根本性的。组织的根本在于人和文化，这就好比身体和精神对人的重要性一般。企业通过多样化人才决策和流动性管理打造强有力的软体组织，才是其制胜的根本。

企业不能由内而外地进行团队和文化建设，软体组织建设必须通过硬仗思维来实现，企业要有打硬仗的主动性、敏感性和勇气，在打硬仗的过程中实现组织文化、团队能力的提升。

推荐本书，期待更多的企业强化组织能力，展现组织活力。

曾志勇
企企科技联合创始人兼 CEO

欣奕华是一家为智能制造、信息交互和人类便捷生活提供解决方案和专业服务的高科技企业。高科技企业如何在保持原有效率的同时，激发新的组织活力，获得持续成长，是我一直关心的问题。

《如何打造活力组织》提出了企业可通过打造二元化组织和二元化组织文化，处理不同业务阶段的公司集团层面的治理问题，给我们思考和解决这个问题提供了有益的方向和思考框架。一切组织均可以通过驾驭二元化的组织设计、二元化的文化构建，兼得效率与创新，走上连续性增长之路，从而变得更加生机勃勃。

企业经营管理者最重要的是把握三点：围绕核心流程开展工作、建立硬仗思维、关注人与业务的极度一致性。协调这三者的关系是高超领导艺术的体现，也是领导者毕生的修炼。这本书在此方面给予了不少有益的建议！

王彦军
欣奕华集团董事长兼 CEO

超凡知识产权是知识产权领域的领导厂商，得知逄老师新作出版，非常高兴，并有幸先读为快。

企业管理实践告诉我们，企业变革的艰难之处在于文化变革，因此文化变革是我一直关心的问题。本书提出企业需要沉静、坚韧、有灰度的领导者同时协调效率型文化和创新型文化；提出文化建设要从行为层面入手，从硬体设计和机制入手，从人的流动性管理和晋升入手，从有意识地识别标志性事件入手，不要"为文化而文化"，要结合业务推进措施，善于识别和创建"战略硬仗"，在打硬仗的过程中塑造"胜之举杯相庆，败则拼死相救"的组织文化，相互承诺，从而实现组织文化的升华。这些都给企业挂动文化变革提供了有益的思考框架。另外书中展示了很多组织设计契合战略的案例，给人以很多启示。

母洪

超凡知识产权董事长

和利时集团是中国领先的自动化与信息技术解决方案供应商，我们与逄老师合作多年，逄老师洞察管理的本质，有效帮助企业对症下药的能力令人印象深刻。欣闻逄老师新作《如何打造活力组织》出版，在此表示祝贺！

活力激发是每个组织都面临的根本性问题，经营者不得不重视。本书给出了组织活力激发的框架和行动指南，在八个行动方向上都给人以启发。

战略性岗位人才与业务的极度一致性是确保战略落地的关键措施，本书在如何建立伯乐长板思维、实现人才多元化方面的论述让人印象深刻，即企业只有从"关键能力少而突出、非关键能力差到何种程度不可接受、理性看待缺点和短处"三个构造面全方位地考察人才，才能做到用人所长，实现人才多元化，这既是战略落地的保障，也是激发组织活力的关键。本书在其他七大活力引擎方面也都提出了可行的工具和方法，值得管理者学习和借鉴。

史洪源

和利时科技集团有限公司副总裁

打造活力组织是我多年以来一直在思考的课题，跟逄老师也有过很多沟通，这次看到逄老师的新书问世，感到非常欣喜。我觉得这本书真正给出了帮助组织激发和保持活力的原理和方法，为组织提升其结构和能力，促进其在 VUCA 时代的发展提供了非常好的路径，值得我们去研究和学习。红日药业在 2014 年确定的长期经营方针中就提到了永续经营的长期目标，而实现永续经营就要激发组织活力。只有通过不断创新和激发员工热情，企业才能焕发活力，实现永续经营，这和逄老师的很多观点是不谋而合的，在此也希望和逄老师一道，不断研究和探索，打造活力组织，实现基业长青。

陈瑞强

红日药业集团副总裁

有幸提前读到逄增钢老师的新作《如何打造活力组织》，给我印象最深的是打造活力组织的四项原则和八大引擎形成了一套完整的行动框架。书中的很多观点让我印象深刻，例如在讲到执行力这个主题时，书中提到六个管理要点，如极度一致性和近似一致性的差异是执行力差异的来源，管理者往往习惯于近似一致性；管理者不能在任务过程里过密化开展工作，应该协调好面向任务的过程、面向能力的过程和面向个体的过程；管理者应避免由内而外地开展工作，应该由外而内地展开工作；管理者应围绕核心流程开展工作，通过流程建设，确保组织高质量、持续、稳定地输出；管理者要树立硬仗思维，善于识别硬仗并通过打硬仗实现战略目标，激发组织活力；管理者要管理好战略性人才，确保人和业务保持极度一致性，让一流能力对应一流人才。这样让人受益的观点还有很多，此处不一一列举，我推荐此书，希望大家都能够从中得到自己的收获。

孔庆斌

国际绩效改进协会中国分会副主席

序　言

为什么要成为活力组织

成为活力组织是企业连续性增长的必经之路

从古至今，人们从未停下寻找永葆青春、延长生命的方法的脚步。无论是神农尝百草、华佗五禽戏，还是亚历山大·弗莱明（Alexander Fleming）的青霉素、章臣桂的救心丸，都彰显了人们对生命的探索永无止境，希望打破生命周期的轮回，永葆青春活力。在组织层面，我们同样在探索如何实现"基业长青"，也一直在寻找活力组织的密码。

活力组织是指能够超越经济周期和组织兴衰规律的约束，通过建立共同的发展价值观，建立系统的活力运行机制，从而保持对环境的敏感性和适应性，在困难环境或变革下，均能持续取得成功的组织。 一个活力四射的组织可以承受"生活的打击"，适应环境的变化。每一个管理者的终极使命都是打造一个活力组织。这个使命比实现短期的增长更加重要，因为它不仅可以让企业在创新与变革中随机应变，还可以让企业在波谲云诡的时代变化中屹立不倒。

笔者在多次与客户们交流后发现，他们既希望有一个构建活力组织的总体框架，也希望在不同维度上得到可行的操作指南。然而，这个课题涉及的内容极其复杂。若要提供这样一个思维框架和操作指南，咨询顾问不仅要有解决战略和商业问题的能力，而且要有组织管理、人才管理和文化管理方面的经验。笔者有幸在过去二十几年的工作经历中，接触到以上各个方面的内容，并做了大量的咨询实践，这些经验为这本书的写作奠定了基础。

笔者于2020年开始认真构思这本书。2020年是必将被载入人类史册的一年。这一年发生了两件足以影响人类未来命运的大事。一件事是新冠肺炎疫情暴发并肆虐全球。新冠肺炎疫情是2020年的"黑天鹅"事件。尽管经过了两年多的艰苦抗疫，但人类抗击病毒的战斗还远远没有结束。此次新冠肺炎疫情对商业世界的影响超乎我们的想象。另一件事是世界范围内的经济政治动荡。欧洲区域一体化遇阻，英国脱欧吵吵闹闹；世界范围内的经济波动剧烈，国际油价闪崩，全球股市暴跌，触发熔断机制，债市遭受重创。持续不断的疫情让全球供应链被迫重新整合。

这一年世纪疫情与百年变局交织，相互影响、相互强化，全球经济严重衰退，世界进入变革期。在动荡的局势下，我们如果将目光投向商业领域便会看到：

- 2020年美国商务部工业与安全局（BIS）加大对华为使用美国的技术、软件设计和半导体芯片的制裁力度。美国的制裁使华为公司持续曝光在全球的聚光灯下。虽然艰难，但华为经受住了考验。
- 2020年特斯拉的市值超过7 000亿美元，超过了通用、福特、丰田、本田、菲亚特克莱斯勒和大众的市值之和。
- 2020年11月25日，路易威登与蒂芙尼达成最终协议，路易威登以每股135美元收购蒂芙尼，交易的总价值约162亿美元。此次收购成为奢侈品市场有史以来交易规模最大的一笔收购。
- 2020年曾经享誉中国的方正集团宣告破产,留下巨额债务和一地鸡毛。

这些机会型企业可能在某个阶段高速增长,令人瞩目。但毫无疑问,它们都不可能实现连续性增长,危机的爆发是必然的。一个看似非常外在的诱因或某个非常偶然的失误就容易引爆危机。

这一年,我们从未如此真切地感知到政治经济环境动荡对企业的影响。我们对企业价值连续性增长和安全性经营的重要性的体验,从未如此深刻。我们对企业经营本质和终极发展目标的思考,从未如此深入。在世界政治经济环境快速变化的暴风骤雨之中,有一部分企业被拦腰折断;有一部分企业化身柔韧的杨柳,经过初期的不适应后,迅速恢复婀娜身姿;还有一部分企业表现得更加优异,在风暴来临之时迅速调整姿态。这一切更加督促我们思考:在不确定性增强的时代背景下,我们需要构建什么样的经营逻辑,才能使企业克服重重险阻,在时代变化中保持生命力,实现价值的连续性增长?

一个机会型的企业,即使处于高增长的状态,其未来发展的前景也是令人担忧的。机会型的增长往往会掩盖组织的问题。这种机会性的增长有一天必将放大经营者的愚昧和自大,让经营者认为自己无所不能,然后让企业进入机会型企业的增长陷阱,走入非连续性增长循环。如这些年一路高歌猛进的恒大地产集团、海航集团,一旦遇到困难,这类企业往往陷入万劫不复之地。

企业要想实现价值连续性增长,就必须跨越机会型企业的非连续性增长陷阱,追求品质发展。实现这种"跨越"的根本诀窍就是把企业发展成活力组织。这类企业的发展速度也许没有机会型企业抓人眼球,但必定会成为持续发展型企业。

只有品质企业才能持续增长，只有活力组织才能连续经营。这也是笔者撰写此书的重要动力，经历两年多的反复论证与修改，终于成书。

八大引擎助力企业成为活力组织

这是一本关于打造活力组织的书，也是一本提升组织活力的思维框架和行动指南。书中鲜明地提出只有品质企业才能实现连续性增长，而成为活力组织是打造品质企业的核心。本书提出了活力组织的基本概念和特征，并提出建设活力组织的整体解决方案。本书的主要内容可概括为：活力组织的概念＋一个企业成长飞轮＋四项活力原则＋八大活力引擎。

活力组织必须以实现连续性增长而非机会性增长为核心经营理念，但并不回避机会性增长，而是能理性看待机会性增长，能看到无关多元化的巨大风险。企业应认识到成为活力组织才是使自身实现连续性增长的根本方法，缺失连续性增长是组织的危险之源。

活力组织能在企业成长飞轮中平衡战略定位、核心竞争力和组织能力三方面的关系，既能立足当下，又能心系长远。活力组织非常深刻地认识和理解"开放性原则、不平衡性原则、灰度原则、极度一致性原则"，并在建设品质企业的过程中自觉践行这些原则。

活力组织有一套成熟的行为模式，在共享价值创造、构建战略控制点、产生高效的工作内容、设计二元化组织结构、选拔多元化高潜能人才、驱动有序的人才流动、重构基于战略的绩效系统、建设二元化组织文化八个方面持续地开展行动。

"四项活力原则"和"八大活力引擎"覆盖了组织从战略到执行的所有重要

环节，涉及建设活力组织的各个维度。因此，本书可以作为管理者形成全局思维、战略思维和组织能力思维框架的用书，也可以成为其进化意识、统一思想、推动组织变革的助手。

本书提供了大量实用性的工具和方法，并提供了很多翔实的案例，希望能为企业管理者，战略、组织和人才资源领域的专业工作者及咨询顾问提供帮助。

你知道如何激发组织活力吗

扫码鉴别正版图书
获取您的专属福利

扫码获取全部测试题及答案，
了解如何激发组织活力

- 对企业而言，最重要的是追求利润增长，组织是否有活力并不重要，这是对的吗？（　）

  A. 对

  B. 错

- 真正顶尖的人才是没有弱点的，这是对的吗？（　）

  A. 对

  B. 错

- 效率和创新不能共存，组织只能将其中一个作为发展目标，这是对的吗？（　）

  A. 对

  B. 错

扫描左侧二维码查看本书更多测试题

目录

序　言　为什么要成为活力组织
测一测　你知道如何激发组织活力吗

第 1 章　基业长青，
打造活力组织的八大引擎 /001

企业只要拥有强大的组织力量，年复一年，高瞻远瞩，保持活力，就不会衰败。

激活组织的 SACO 成长飞轮 /004
激发组织活力的四项原则 /012
打造活力组织的八大引擎 /024

第 2 章　活力组织的引擎 1，
创建共同愿景，共享价值创造 /035

不以 10 倍以上为目标，公司便不能成长。

在最成功的时刻，主动变革 /038
共享价值创造，成就组织未来 /043
识别绩效差距，引发渐进式创新 /046
识别机遇差距，引发跃迁式创新 /049

第 3 章　活力组织的引擎 2，
　　　　　　战略落地，构建战略控制点 /053

不在非战略竞争点上消耗战略性资源。

战略是资源约束下的聚焦性行为 /056

关于战略的核心争论，机会与能力 /060

从核心区向外扩张，实现连续性价值增长 /069

抓住关键成功要素，构建战略控制点 /075

第 4 章　活力组织的引擎 3，
　　　　　　流程设计，产生高效的工作内容 /081

把握战略性的关键任务，打赢"战略硬仗"。

极度一致，成为高效组织的关键 /084

精确对齐，打赢极度一致的"战略硬仗" /090

瞄准靶心，识别关键成功要素 /100

建立流程性思维，根本性改变组织绩效 /108

第 5 章　活力组织的引擎 4，
　　　　　　效率与创新，设计二元化组织结构 /119

如果说企业是一名剑客，那么组织就是企业的体魄，既要"健壮"，也要"灵活"。

四种输入，七项原则，让组织结构随需而变 /122

建立"小池塘"，实现突破式创新 /143

目　录

**第 6 章　活力组织的引擎 5，
人即绩效，选拔多元化高潜能人才** /153

人才是企业最重要的资产，但大多数企业并没有像管理资产那样管理人才。

求同、求全、求硬，三个致命的人才陷阱 /156

真正的顶尖人物一定有缺点，建立三维人才评价视角 /160

企业应该购买能力，而非经验 /170

五种特质，定义高潜能人才 /177

**第 7 章　活力组织的引擎 6，
建立人才通道，驱动有序的人才流动** /183

人才的流动对组织有益，流动的人，就是组织的新鲜血液。

一切组织都须重视流动性 /186

从能力养成机制入手，打造人才通道 /192

从战略性人才着手，提升组织能力 /201

**第 8 章　活力组织的引擎 7，
绩效管理，重构基于战略的绩效系统** /207

不衡量绩效管理过程中的行为和能力，只管理工作结果，是绩效管理的最大失误。

绩效并不只关乎结果 /210

绩效管理并非绩效考核 /214

两种路径，重构绩效指标体系 /218

第 9 章 活力组织的引擎 8，
　　　　文化变革，建设二元化组织文化 /225

"创造性惯例"是实现组织文化二元化的有力武器，组织要追求"乱糟糟的生机勃勃"。

孵化"创造性惯例"，激活组织的关键抓手 /228
三个支柱，推行活力组织文化 /230
五项杠杆，撬动组织文化变革 /240

结　语　以组织能力为转轴，实现连续性价值增长 /257

附　录　组织能力模型的比较与优选 /261

参考书目 /275

第 1 章

8 ENGINES
TO BUILD A THRIVING ORGANIZATION

基业长青,
打造活力组织的八大引擎

企业只要拥有强大的组织力量,年复一年,高瞻远瞩,保持活力,就不会衰败。

如果人们要找到一个词来表达对当今社会的无力感，那一定非"内卷"莫属。从这个词以迅雷不及掩耳之势席卷神州大地就可以看出，它准确地击中了人们的焦虑点和痛点。

所谓"内卷"，是指伴随着组织的不断壮大，组织效能出现钝化。无论做什么工作，组织都无法实现根本性的进步，总在原地打转儿。"内卷"一旦形成，就会产生增强效应，加固组织原有的形态，形成一种恶性循环。

"内卷"只是组织携带"衰老基因"的一种形式。一切组织都会衰老，组织想要实现长期生存极其困难，持续领先的组织是一种"珍稀物种"。成功只是一种暂时的状态，组织的常态是成功之后紧随失败，创新之后紧随守旧。自20世纪80年代以来，每经过10年，能保留在全球市值排名前十的企业不到一半。一些成功的企业从创立之始，便不断发展和壮大。但当业务和组织发展到一定程度后，企业内部腐败、守旧、懒惰的风气会日甚一日，不同部门各自为政、内部斗争的情况会一天天加剧。最后，企业会失去抓住风口的机会，被新出现的竞争者替代，最终走向衰败。这种循环便如历史中的兴衰更替一样，不断重复上演。企业的崩塌往往并非由于外部竞争对手的强大，而是因为内部经营者的封闭、懈怠和自大。在企业经营的世界中，每天都在重复上演"秦人不暇自哀，而后人哀之；后人哀之而不鉴之，亦使后人而复哀后人也"的兴衰故事。

企业经营的终极问题只有两个：一个是如何实现持续增长，另一个是如何打造活力组织。二者相互影响又相互支持。长期以来，持续增长问题似乎更受管理者重视。从长远来看，持续增长虽然是企业发展的重要目标，但是并不能解决所有问题；相反，增长有时候也有可能掩盖很多组织问题。打造活力组织虽然也被经常提及，但是却少有企业真的在这个问题上投入大量的成本和精力。组织活力才是企业发展与持续增长的根基，而这一点常常被管理者忽视。持续增长与活力组织的关系就像鱼和水，企业持续增长并不意味着组织有活力，但是打造活力组织则必然会带来长期的发展与价值增长。

笔者的结论是：**只有活力组织才能实现可持续的价值增长，只有打造活力组织，才能成为品质企业。**

激活组织的 SACO 成长飞轮

什么是活力组织？

活力组织是指能够超越经济周期和组织兴衰规律的约束，通过建立共同的发展价值观，建立系统的活力运行机制，从而保持对环境的敏感性和适应性，在困难环境或变革下，均能持续取得成功的组织。

活力组织具有两个特点：

- 共同的发展价值观：活力组织内部都认同一种价值观，那就是"健康的组织是企业生存与发展的基础，不以牺牲组织健康为代价换取眼前的增长和当下的财务指标"。那些投机型的、高歌猛进的经营哲学和战略观，是与活力组织的原则相违背的。没有一个机会型企业可以依靠投机取得长久的成功，企业必须同时关注增长和组织活力，否则增长不可持续，企业的持续增长从长远来说是组织活力激发的结果。
- 系统的活力运行机制：活力组织都遵循一套基于组织活力的运行机制，并且持续地运营和改进这种机制。在后面的章节里，我们会详细阐述这种机制的运行原则以及一些运营方法。

同时，活力组织具有两个标志：

- 能够应对困难环境的挑战：越是在变化的格局中，越是在艰难的条件下，我们就越能够区分活力组织和平庸组织。活力组织在困难的经营环境中，可以快速调整经营方向，应对变局，顽强生存。
- 能够颠覆式创新：活力组织能够敏锐地主动识别经营环境的变化，主动实现变革和升华。在有文化挑战的变革过程中，活力组织的表现越优秀，组织越有活力，变革越可能成功。

能够应对困难环境的挑战和能够颠覆式创新是活力组织最重要的两个标志。很多企业都可以实现增长，尤其是在向好的经济环境中实现增长，但鲜有企业能够应对困境和实现颠覆式创新。

在讨论过活力组织的定义、特点以及标志之后，我们需要进一步讨论活力组织与企业发展的其他要素之间的关系。企业的"SACO 成长飞轮"模型向我们揭示了企业快速成长的三个要素：战略定位、核心竞争力和组织能力（如图 1-1 所示）。

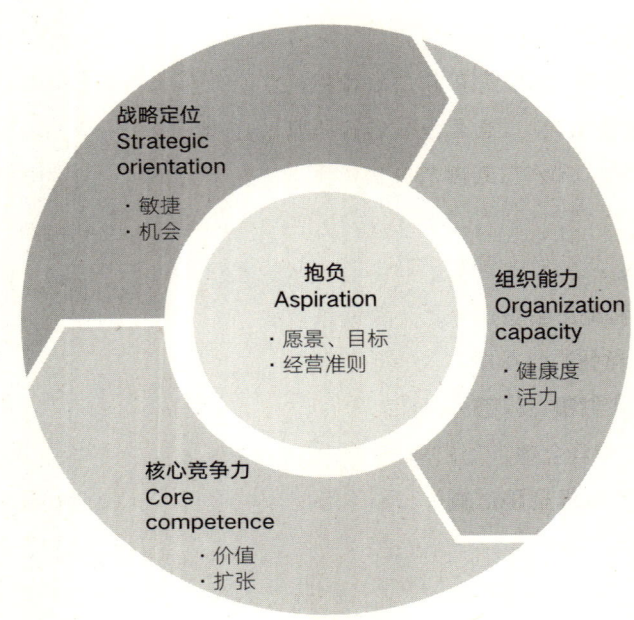

图1-1 企业"SACO成长飞轮"模型

在企业"SACO成长飞轮"中,组织的愿景、目标、经营准则就像风车的运转主轴。它决定了企业的基本定位、价值观及经营规则。战略定位、核心竞争力和组织能力形成了企业成长的三个飞轮。

企业必须围绕愿景目标这一转轴,综合利用战略定位、核心竞争力和组织能力三个成长飞轮,建设活力组织,取得持续增长。三个成长飞轮必须保持均衡,企业不能过分使用一个飞轮。过分使用战略定位飞轮的企业是机会型企业,经常会提出非连续性增长的战略,企业就像野草一样四处野蛮增长,而这种增长是机会型的,在存量竞争时代对于外界的困难没有任何抵抗能力;过分使用核心竞争力飞轮的企业往往缺乏开放性,会失去很多增长机会;而不注重组织能力建设的企业,最终将难以应对变革,获得持续增长。企业对三个成长飞轮的把握和投资，决定了企业的发展节奏。

第一个成长飞轮是"战略定位"。组织需要通过战略定位，为发展带来明确的牵引。组织应对外界环境的变化保持敏感度，能够通过精准的定位，在高速增长的市场上占据有利的位置，并不断抓住新机会。"战略定位之轮"的主体词是"敏捷"。组织应通过保持开放性，在合适的时间、合适的位置敏捷地占据合适的赛道。

第二个成长飞轮是"核心竞争力"。组织需要通过构建业务的核心竞争力，建立竞争优势。这些竞争优势须能够成为压倒竞争对手的重要转折点。组织要构建核心竞争力，最重要的是聚焦商业成功的关键要素，找到杠杆性的行动。核心竞争力必须足够突出，我们可以用"尖锐"一词来形象地形容我们对核心竞争力的要求。业务的核心能力一般要在价值侧和扩展侧同时建立，才能支持组织的高增长。

第三个成长飞轮是"组织能力"。组织能力是一种超越业务领域的元能力。组织需要持之以恒地塑造自身能力，让组织的"肌体"强健敏捷，提高对外界的适应性和敏捷性。"组织能力之轮"的主体词是"健康度"和"活力"。组织需要通过对流程、系统、人员方面的长远建设，不断提高自身的健康度和活力。

国内某专利代理领域的主导公司 C 公司经过多年快速成长，在业务额突破 5 亿元后，遇到了增长瓶颈。该公司立志进行组织变革，在新一年确定了四个突破方向。

方向一：进入院校市场。公司发现院校专利业务市场集中度较高，院校客户的重复采购率较高，公司的盈利前景更高，因此公司决定进入院校市场。

方向二：研发专利产品的赋能和培训业务。通过给客户免费提供赋能培训会，从而产生批量业务订单，C公司因此在需求激发和销售商机挖掘方面具有极高的效率，具有杠杆性。

方向三：调整专利书业务的组织设计。按专业分组，探讨最佳生产团队规模以及人员最合适的级配比，提高代理人的客户导向意识、专业能力和效率，找到最优的生产模式。

方向四：构建销售训练体系。基于销售流程建立销售人员的训练体系和管理体系，并实现在IT系统中，从根本上提升单位销售人员的产能。

以上四个方向，皆是企业的成长来源。方向一"进入院校市场"，属于"战略定位"，体现了"战略定位飞轮"。然而公司只采用"战略定位飞轮"是不够的，其既定的方向很快就会成为竞争对手之间公开的秘密；方向二"研发专利产品的赋能和培训业务"能够构建业务核心竞争力，是业务模式和策略的变化，属于"核心竞争力飞轮"，竞争对手很容易复制这种能力；方向三"调整专利书业务的组织设计"和方向四"构建销售训练体系"属于构建超脱于具体业务的组织能力，属于"组织能力飞轮"，最具持久性和竞争力，是组织长远的竞争优势来源。

企业"SACO成长飞轮"模型的核心是企业的愿景、目标、经营准则。企业的愿景、目标、经营准则是飞轮的转轴，组织的战略定位、业务核心竞争力和组织能力均需要围绕愿景和目标搭建。如果没有这个稳定的轴心，企业不仅会失去正确的方向，而且三个飞轮叶片也会失去动力。同时，领导者应请注意平衡三者之间的关系和整体的重心，因为如果失去了重心，哪怕目标再准确，企业也会出问题。如果不能平衡三个飞轮，企业就可能会"出事故"，导致"机毁人亡"的结果。

第1章 基业长青，打造活力组织的八大引擎

组织在制定企业成长策略和进行投资时，必须平衡这三个飞轮。如果只注重战略定位，而不注重核心竞争力建设和组织能力建设，组织将会像野草一样无序生长；如果只注重组织能力，而不重视战略定位和核心竞争力，组织的改革在短期内将难以见成效，往往会由于经营压力太大而不能坚持。领导者永远需要均衡三者在企业投入中的比重，这是管理者战略格局和战略思维的重要表现。敢于在组织能力和核心竞争力上有所投入，是管理者高水平战略能力的表现。

王国维在《人间词话》中提到，古今之成大事业、大学问者，必经过三种之境界："昨夜西风凋碧树。独上高楼，望尽天涯路。"此第一境也。"衣带渐宽终不悔，为伊消得人憔悴。"此第二境也。"众里寻他千百度，蓦然回首，那人却在灯火阑珊处。"此第三境也。

王国维将成大事分为"立志—磨炼—返璞归真"三重境界，其实恰好对应了驱动企业成长的三个要素：战略定位、核心竞争力以及组织能力（如图1-2所示）。

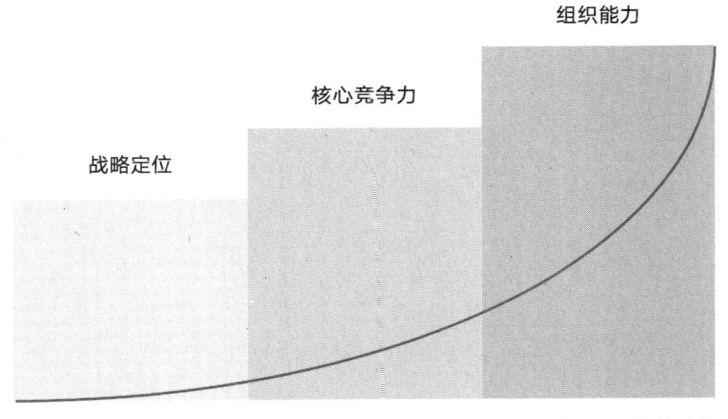

战略定位	核心竞争力	组织能力
一个令人信服的战略定位能够明确组织的目标和方向。	已得到证明的技术能力能够成为确保组织未来成功的业务核心能力。	内生性的能力，能够确保在任何变化的市场条件下组织依然能够生存、发展和取胜。

图1-2 驱动企业成长的三个要素

- 第一重境界是战略定位制胜：有一种企业在寻求机会和调整方向上具有高度的敏捷性，"独上高楼，望尽天涯路"。它们抓住了市场机会，制定了令人信服的战略，能够明确组织的目标与方向，以此获得成功。这样的组织多如过江之鲫。
- 第二重境界是核心竞争力制胜：这一类的企业不仅将目光聚焦于市场机会。它们发现想要在市场竞争中持续取胜，比寻找市场机会更加重要的是打造自己的核心竞争力，如苹果公司卓越的工业设计能力使其在智能手机产品领域一骑绝尘。企业为了获得这些核心竞争力的领先性，投资甚巨，可以说是"衣带渐宽终不悔"。
- 第三重境界是组织能力制胜：有一些企业经历过寻找市场机会的迷茫，经历过锻造核心竞争力的艰辛，"蓦然回首"，它们发现让企业基业长青的关键就在那"灯火阑珊处"。那就是组织自身的强健与敏捷。基业长青的企业，其核心能力往往源自组织能力而非业务能力。这些能力可以超越时空，成为组织竞争力的核心部分。企业的"元能力"是习得和构建其他能力的基础。

1997年，在《华为基本法》的起草过程中，起草小组中的一位教授曾经问任正非："人才是不是华为的核心竞争力？"任总的回答则出人意料："人才不是华为的核心竞争力，对人才进行管理的能力才是企业的核心竞争力。"对人才管理的能力就是组织的"元能力"，它能保证组织持续地输出优秀的人才，从而让华为公司抓住机会，发展出像研发芯片这样的核心竞争力。

"元能力"可能来源于组织管理人才的能力，可能来源于从战略到执行的系统和流程，可能来源于组织打造的端对端的业务流程，可能来源于组织形成的不懈奋斗和以客户为中心的文化，可能来源于组织面对创新和迎接创新的能力。优秀的组织"元能力"帮助组织形成业务核心竞争力，强大的业务核心竞争力可以帮助组织抓住战略机会。所以"元能力"比业务核心竞争力更重要，更持久，更具根本性。离开了"元能力"，业务核心竞争力将失去支撑和来源，难以维持。基业长青的组织，必须在"元能力"建设上有独特之处。没有"元能力"的支撑，企业的机会型战略和核心竞争力就无法随时代而变化，企业的发展就不长久。

如果去研究很多长盛不衰的企业的历史，我们常会大感意外。3M公司拥有从空气净化器到百洁布等多类产品，但其五位创始人的最初目标仅仅是在明尼苏达州开采一种名为刚玉的矿石。通用电气是目前全球最大的多元化公司之一，但其创建初期是以生产灯泡为主的。IBM公司的前身是制造量具、计时设备和制表机的。我们去观察公司界的那些"百岁老人"，会发现它们并没有执着于某一种商业构想，但是经过一代又一代人的努力，这些公司本身成了一个强大的组织、一种精良的产品。

当我们关注"元能力"带给组织的生命力的时候，需要关注系统存在的"延迟性"问题。延迟性是一切系统的特征。人们当下做的事情也许需要很长的时间才能看到结果。而人类的天性是习惯于"即时满足"，人们通常容易选择那些简单的、可以快速见效的措施，所以大家往往都对机会型的"战略定位"情有独钟，而对构建"核心竞争力"和"组织能力"没有那么热衷。因为构建业务核心竞争力和组织能力需要较长的周期，一时看不到财务结果，且还要出付较大的成本，存在延迟性，所以它往往容易被误解为没有用处，因而更容易被忽视。在大多数情况下，当企业经营者有了资金时，往往想的是购买新业务线和厂房，而不愿意投资于企业的核心竞争力和组织能力。

只关注战略与机遇，忽视核心竞争力建设和组织能力建设，就如同吸烟。吸烟并不能改变那些处境不好的人的状况，反而会使吸烟者的境况变得更糟糕。只有极少数具有战略性眼光的组织和领导者能够克服"上瘾"症状，克服"即时满足"带来的诱惑，立足长远目标，不满足于追求一时的财务指标，而关注"核心竞争力"和"组织能力"的构建，将财务指标和组织健康度看得同等重要。也只有这样的领导者才能使组织获得稳健的发展。

那些已经产生"上瘾"症状的大多数组织和管理者，必须"戒烟"。无论是采取断然措施，还是逐步改进，组织都会产生变革的阵痛，财务指标可能会在短期内受到影响。但是阵痛之后，组织就会焕然一新，再次充满活力。

吉姆·柯林斯（Jim Collins）在《基业长青》（Built to Last）一书中讲："最为高瞻远瞩的公司能够持续不断地提供优越的产品和服务，原因在于它们本就是杰出的组织，而不是因生产优越的产品和服务才成为杰出组织的。所有的产品、服务和伟大的构想，不论多么高瞻远瞩，终究会过时。但是一家高瞻远瞩的公司却不见得会过时，只要公司在现有的产品生命周期之后，仍有能力继续改变和演进，公司就不会过时。同样，所有的领袖，不论多么有魅力，多么高瞻远瞩，最后都会去世。但是一家高瞻远瞩的公司却不见得会灰飞烟灭。只要这家公司拥有强大的组织力量，超越任何一个领袖，年复一年，经过十代百代，都能够继续保持高瞻远瞩和活力，公司就不会衰败。"

激发组织活力的四项原则

在电脑管家之类的软件盛行之前，每个使用电脑的人都有过这样的经历：电脑越用越卡顿，如果不手动清理硬盘，总有一天，系统会崩溃，然后我们就不得不格式化硬盘，重装系统。这个现象展示了宇宙中的一个真理：如果不加以干预，事物总是会向着无序和冗余发展。

早在1865年，德国物理学家鲁道夫·克劳修斯（Rudolf Clausius）就提出了"熵"的概念，用来描述这种混乱无序的状态。熵，即系统中的无效能量，用以度量一个系统的"内在混乱程度"。组织与自然界一样，总是自发地向着臃肿和无序的方向发展，这种现象被称为"熵增"。在一个孤立系统里，如果没有外力做功，其总混乱度（熵）会不断增大，即为"熵增定律"。

著名物理学家亚瑟·斯坦利·爱丁顿（Arthur Stanley Eddington）爵士曾说："我认为，熵增定律是自然界所有定律中至高无上的。"

熵增定律揭示了宇宙的终极演化规律。一切符合熵增定律的事物，都发展得非常容易和舒适。所有事物都在向着无规律，即向着无序和混乱发展。屋子不收拾会越来越乱，电脑不清理会越来越卡顿，交通不治理会越来越拥堵……

- 熵增之于个体：自律总是比懒散痛苦，放弃总是比坚持轻松，变坏总是比变好容易。能够通过自律保持健康的人总是少数，大多数人无法对抗熵增定律。
- 熵增之于组织：企业的组织架构会变得臃肿，企业会变得官僚化，无论在成功的时刻，还是在衰退的时刻，懈怠和保守都会不知不觉地发生，组织的效率也会越来越低。

组织中"熵增"进程是客观存在的，不以人的意志为转移，像弹簧一样，只要没有外力干预，便会收缩到自然状态。不管初始状况如何，也不管起初值有多高，"熵增"回路总能自动地将组织拉向安逸腐败、僵化保守的方向，直至组织消亡（如图 1-3 所示）。

"熵增"会自然而然地发生，这听起来让人很绝望。薛定谔则认为："人活着就是在对抗熵增定律，生命以负熵为生。"这条箴言在组织层面也一样适用，组织管理的终极目标就要对抗"熵增"，将混乱变为有序，将衰败变为新生。

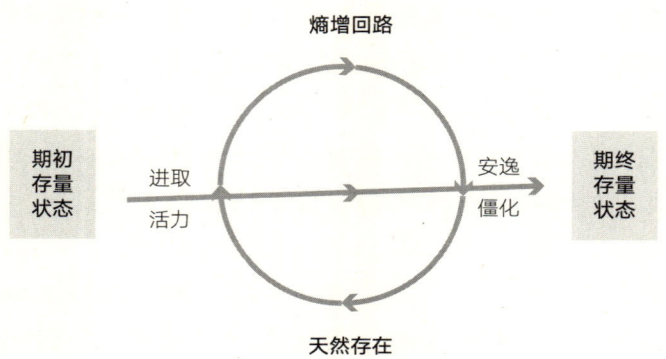

图 1-3　自然状态下的组织发展趋势

"熵增"进程是自然发生并永续存在的,人们必须人为地去推动并维持"熵减"。这需要组织付出极大的努力,克服各种困难。"熵增"进程和"熵减"进程谁更具有主导性,谁就决定了组织最终的发展趋势(如图1-4所示)。

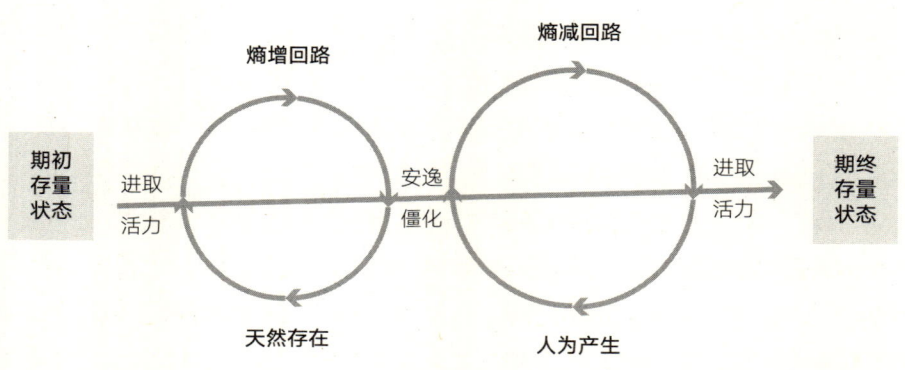

图 1-4　人为干预下的组织发展趋势

"熵减"进程和"熵增"进程的结果并不会立即显现,它们受到"延迟效应"和"加速效应"的同时影响。

- 延迟效应：我们需要指出的是，受存量状态的影响，组织总是存在感知延迟。感知延迟造成了各种假象，干扰和影响着人们，使人们难以做出正确的判断。这就会导致两种情况发生：一种是当人们发现病症时，组织已经病入膏肓，无可救药；另外一种是，当人们试图改善组织时，虽然付出了巨大的努力，但结果并不能立即显现出来。组织需要凭借极佳的战略眼光和极大的战略耐心才能将改善坚持下去。当人们发现一种趋势的时候，这种趋势可能已经存在了很长的时间，因此基于财务指标管理企业，犹如依据验尸报告治病一样，非常滞后。财务状况好，往往只反映了过去的趋势，不良的趋势可能在组织内部已经酝酿并发展了一段时间。
- 加速效应：除了延迟效应以外，组织还有加速效应。加速效应会使原来的趋势越来越强。如果在一个良性循环之中，事情发展的状况就会越来越好；如果在一个恶性循环之中，事情发展的状况就会越来越差，直至崩溃。
- 延迟效应与加速效应往往会同时起作用。常见的情况是，"熵增"的趋势显得不可逆转，而"熵减"的努力迟迟显示不出它的效果，这样变革所带来的效果就会越发不明显。因此，组织不能在不良趋势出现的时候才想到创新和变革，而必须提前激发组织活力，否则就可能进入恶性循环而难以摆脱。

为了让管理者在开展"熵减"进程时更加有迹可循，在此，笔者给出激发组织活力的四项基本原则（如图1-5所示）：开放性原则、不平衡性原则、灰度原则、极度一致性原则。

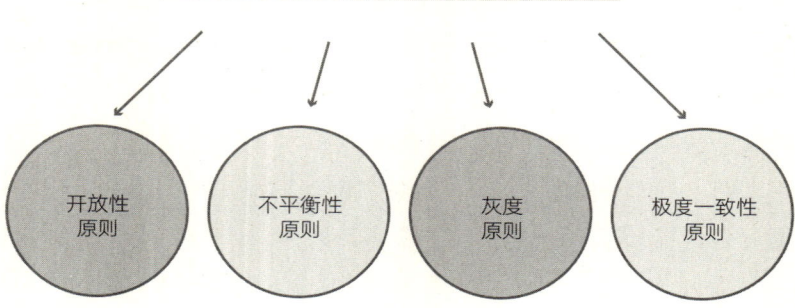

图 1-5 激发组织活力的四项基本原则

开放性原则

组织作为一个系统,其存在依赖于一定的环境。著名系统思考大师德内拉·梅多斯（Donella Meadows）[①]认为系统最大的复杂性出现于边界上,边界上的无序、混杂,成为多样化和创造力的根本来源。组织管理者最重要的工作就是管理边界。管理者在边界上开展工作,而员工在边界内开展工作。管理者负责在组织与环境之间建立联系,并使组织适应环境。

由前文提到的"熵增定律"可知,熵增形成的条件之一是"孤立系统"。打破系统的孤立是"熵减"最有效的手段之一。基于此,组织想要保持活力,就需要将自己打造成一个开放的系统。组织必须时时吐故纳新,主动将懈怠的员工、落后的技术、陈腐的制度、落后的理论、陈旧的知识排除出系统;同时引进新型

[①] 系统思考泰斗,也是"学习型组织之父"彼得·圣吉的老师,其著作《系统之美》（Thinking in Systems）是一本简明扼要的系统思考入门指南,也是认识复杂动态系统的有力工具。本书简体中文版已由湛庐于 2012 年策划出版。——编者注

的人才、尖端的技术、科学的制度、创新的理论、前沿的知识，这样才能避免走向封闭、最终"熵死"的命运。

华为特别注重维持与外界的人才交流。每年在持续不断地接收全球高端人才的同时，也实行末位淘汰制，加速了内部人员的流动。每年通过淘汰10%的干部、5%的员工，华为增加了组织的势能，激发了员工的活力。

华为也一直重视从外部吸收知识能量。从1997年开始，华为持续20余年持续引进外部管理经验，包括与IBM、埃森哲、合益集团、波士顿咨询等多家管理咨询公司合作。从1996年开始，华为历年来累计支付给各类咨询公司的咨询费高达几十亿美元。仅升级管理流程这一项，华为5年间就花了4亿美元，由此可见"管理咨询智囊团"这种外部知识和能量的获取对华为发展的重要性。

一个与外部环境完全没有物质、能量、信息交换的完全封闭的组织是不能存在的。只有当组织从外部获得的能量大于组织内部消耗散失的能量时，组织才能不断发展壮大。

不平衡性原则

自然界中一切运动都是为了保持平衡，减少差距。水从高处流向低处，一旦水压平衡，流动就停止了。树木的幼苗常常因为周围的树木比它高，为了获取更多的阳光，所以才不断地生长。

德国经济学家阿尔伯特·赫希曼（Albert Hirschman）认为：组织的发展道

路是一条"不均衡的链条"。长期的稳态是组织活力的"毒瘤"。组织须不断地寻找自身的薄弱环节，勇于打破薄弱环节的平衡状态，在局部形成突破，然后形成连锁效应和关联效应，带动其他领域的发展。

企业内部的三种平衡是最可怕的，分别是资源投放的静止和平衡、人的欲望满足后的静止和平衡、组织内部利益结构的静止和平衡。组织必须想尽一切必要的方法，打破以上这三种静止和平衡。

组织必须破除内部政治和经济利益障碍，打破战略资源投放上的"和谐"和平衡。**好的战略一定是实现了成本结构的重构，而组织成本结构的重构往往是从业绩计划的重构开始的。**如果业绩计划是同幅度增长的，组织就不可能实现在核心业务方向上多路径、多梯队的密集投资。组织应杜绝"不抛弃、不放弃"的中庸思维，及时评估各个业务和细分市场，避免在各个业务和资源投放领域陷入"一二一，齐步走"的平衡性思维。组织需要围绕主攻方向投入资源，不在非战略性机会上浪费资源，从而形成战略势能。对管理者而言，平均分配资源是容易的，而主动打破资源投放的平衡，差别化投入战略资源则具有极大的挑战性。这需要管理者具有极大的勇气，并承受巨大的人际压力。

组织必须克服员工物质利益和发展状态满足后的平衡状态。这种平衡所产生的懈怠一旦产生，便如病毒一样迅速传播。组织须有意识地创造员工的饥饿感和紧迫感，创造"前有强敌，后有追兵"的工作氛围，员工才能充满活力。通过定义愿景和绩效差距，组织给员工指明前进的方向，导向"山高路远"的美好目标；组织通过内部淘汰，发展高潜力人才，形成后有追兵的态势，让被追赶者不敢懈怠。组织需要不断地形成平衡，然后又不断地寻找新的改进机会点，不断地破坏平衡。平衡一旦日久，懈怠自然产生。

任何组织发展到一定程度都会产生利益结构。基于安全感或共同的利益，处于同一利益结构的人会抱团。组织的利益结构一旦建立和固化，就会形成一种平衡。这种平衡的"天性"就是反对变革。在此基础上，人浮于事、腐败等各种现象都会产生，导致组织文化生态环境急剧恶化。组织不能等"冰"形成很长时间之后，再去破"冰"。那时"冰层"会很厚，破"冰"会很困难，需要消耗巨大的成本，并承担较大的风险。我们要在"冰"结得不够厚的时候，采用组织结构调整、人员流动的方式破冰，破除组织内部缔结的各种政治、经济利益结构，不断地破除旧连接，建立新连接。

灰度原则

灰度原则是让组织保持活力的重要原则，没有灰度原则，组织便无法处理好原有业务和创新业务的关系，无法处理好效率和创新的关系。

要深入理解灰度原则，最重要的是理解组织中的非线性关系。线性关系是指要素之间存在固定的比例关系，如我们在地里施20千克肥料，可以增产100千克粮食，施40千克肥料，可以增产200千克粮食。非线性关系是指要素之间不存在固定的比例关系，二者之间的关系是呈曲线形的或不规则的，如在上述例子中，即使我们再在地里施200千克肥料，也不会增加1000千克粮食，一旦施肥量达到一定程度后，再继续增加肥料并不会增产同等比例的粮食。肥料的投入与粮食产量之间就并非线性关系。

非线性关系是这个世界上最普遍的关系。有道是"一分耕耘，一分收获"，然而"十分耕耘"，在大多数情况下，并不能产生"十分收获"。现实中，投入达到一定程度之后，边际效益递减的情况往往就会出现。因此同样的组织行为，其效果可能随着组织成熟度的提高而出现衰退。我们须调整对结果的预期。组织中的很多关系也是非线性的，组织的行动与绩效变化之间也存在非线性的关系。

有时候组织做了好多工作，却不能见到明显的变化。然而一旦某个趋势或拐点出现，"增强效应"就会出现。无论企业处于增长态势，还是衰败态势，皆存在出现指数级变化趋势的可能性。组织运行的结果会通过非线性特征强化，出现好的更好、坏的更坏的结果。非线性关系会导致工作行为和绩效之间没有必然关联性，不可预测，也会导致组织的混乱，而趋势一旦出现，又会加剧演变。因此组织存在灰度原则既是一件好事，也是一件坏事。

2007 年，金山软件公司上市，雷军为了这一天拼搏了 16 年。但在金山软件公司上市之后，没有实现特别显著的发展。在金山软件公司的时候，雷军每天工作 16 个小时，没有周末。他发现：自己这么努力，可与同一时期的阿里巴巴、百度、腾讯相比，金山软件公司还是一天天地掉队了。雷军曾问：我比马云创业早 10 年，比他更勤奋，为什么还落后了？

2010 年，雷军开始创业，创办了小米科技公司。2018 年，小米科技公司上市，市值远超金山软件公司。同一个人，同样是集团的董事长，同样努力，却创办了两家市值完全不同的公司。为什么有这些变化？这是因为金山软件公司的业务早进入了线性的增长状态，而阿里巴巴、百度、小米等公司的业务正处于指数级的增长状态。

在成熟业务和 To C 的业务里，往往是线性的原则在发生作用，行动和绩效之间的关联性较强，可预测性很高，在管理上强调计划性；而在创新性的业务和 To B 的业务里，往往是非线性的原则在发生作用，行动和绩效之间的关联性不强，可预测性不高，在管理上强调涌现性。经营者对不同的业务必须采用不同的管理思维和绩效标准，否则创新便难以存在，这就是管理的灰度。

灰度原则意味着同一个时空中可能存在完全相反的两种规律。它们看似矛盾，又可以并存。组织必须树立灰度思维，有时候需要妥协与宽容，而有时候又需要坚决而笃定。一个清晰的方向往往产生于混沌，自灰度中脱颖而出，随时间与空间而变，并不是非白即黑、非此即彼。活力组织须合理地掌握合适的灰度，让各种影响发展的要素在特定的时空中和谐并存。活力组织要容纳不同的思维和文化，让看似对立和矛盾的事物和谐存在于同一时空。

管理者要激发组织的活力，必须承认灰度原则的存在，在做出企业管理决策时不要"一根筋"，用一根尺子度量所有业务。我们必须在成熟业务里面强调纪律性和规范性，而在创新性业务里强调灵活性和创造性，企业只有处理好这两者的关系，才能不断获取第二曲线，实现持续增长。

极度一致性原则

任何一个系统都包括要素、联系和功能（目标）三个核心部分。联系是系统的核心，没有任何联系的要素的组合不能构成一个系统，只是要素的堆砌。

根据系统论的观点，组织对系统的关注不仅要体现在要素上，更要体现在联系上。我们对组织的关注，应该从关注要素，转移到关注联系。改变要素，未必能改变系统，但改变联系，系统则必定改变。组织中的每个人都是一个因素，外部的人一旦进入组织，就可能被组织同化，并成为组织的一部分。因此，组织内个别的人事调整未必能改变系统，但如果把对人的改变和对战略、组织结构、绩效考核和文化的改变联系起来，那么组织就既调整了要素，又调整了联系，则必然引起系统的改变。

管理问题本质上是由两种问题构成的：一致性问题和有效性问题。企业80%以上的管理问题都是一致性问题。管理的一致性针对的是组织不同要素之间的联系，不同部门之间的联系，不同任务之间的联系，不同系统和流程之间的联系。实际上管理者大部分的时间都在解决一致性问题。大家时常挂在口头上的"部门墙"或者协同问题，本质上就是一致性问题。

组织是一个有机体，是由相互依赖的要素和部分组成的，不同部分之间的联系和一致性是实现组织功能的关键。要提高组织活力，管理者必须聚焦一致性问题。只有一致性问题解决了，组织活力才能改善。否则，当各个子系统的目标与系统的总体目标不一致时，各个子系统之间就会相互掣肘，也谈不上什么组织活力。

组织的一致性体现在两个方面：一方面是在空间上的一致性，是不同的功能、部门、人员如何对准一个目标，采取连续一致的行动；另一方面是在时间上的一致性，是指不同的时间里组织的行动如何保持连续一致性。

谈到一致性我就会想到一个古老的寓言故事：有一次，天鹅、梭鱼和虾要把一辆货车从大路上拉回来。它们用绳子套好车，一齐使劲儿拉，可是车子一动也不动。车上装的东西并不重，只是天鹅拼命往云里冲，虾用力往后拖，梭鱼使劲往池塘里拉。究竟哪个拉得对，哪个拉得不对，我不知道。我只知道车子还是停在老地方，一动也不动。

在这个故事里，如果单从天鹅、梭鱼和虾各自的工作表现来看，它们都可以得满分，因为天鹅在"拼命"，梭鱼在"使劲"，虾在"用力"。但是，如果我们把天鹅、梭鱼和虾看作一个团队，把将货车从大路上拉回来看作一项任务，毫无疑问，这个团队的整体工作绩效是零。"车子一动也不动"，是因为它们的行动没有一致性，何谈有效性？

组织中的一致性往往有"极度一致性"与"近似一致性"之分。所谓的近似一致性是建立在宽泛对齐基础之上的，是系统不同部分间的一种大致对齐的协作方式。所谓的极度一致性是建立在动作层面的精细化对齐的基础之上的，是系统不同部分间的一种精确的协作方式。不同部分之间的联系越倾向于极度一致性，意味着企业的协作成本越低，执行越高效。不同部分之间的联系越倾向于近似一致性，则意味着系统的不同部分之间协作成本越高。

近似一致性的解决方案往往会给组织带来"这种解决方案好像也很对"的错觉，实际上往往是一系列"有益但低效"的行动。如果近似一致性的解决方案得到采纳，自然会给组织带来一些益处，但对组织目标的实现没有直接有效的推动作用。这是组织成熟后低效执行和内卷现象出现的关键原因。

组织中的成员往往更喜欢近似一致性的解决方案，因为这是容易做到的。通常我们根据感觉和既有经验就可以做出规划。我们总是讨厌极度一致性，因为这总让我们大伤脑筋，并且可能需要做出各种各样的调查和研究。

近似一致性属于"面攻击"。此时业务动作与绩效的产生机理不明确、不清晰、可预见性不高。如通过培训体系的完善解决某个具体的绩效问题，就是近似一致性的解决方案。这种措施看起来可能有点用，但是无法预测最终的效果。

极度一致性是"点攻击"。此时业务动作与绩效的产生机理是清晰的、可预测的。很多企业越来越意识到人才管理的重要性，每年做很多的领导力培养项目，这些培养项目与组织的战略目标之间在多数情况下都是一种近似一致性的关系。如果组织识别了自己的核心竞争力，把核心竞争力与相应的岗位对应起来，将岗位上的每个人与行业一流的人才标准对标，针对每个岗位或每个个体采取准确而有效的行动，不断提升企业岗位人才的竞争力，直至达到业内一流水平，从而提高战略上的核心能力，这样人才管理和人才培养的每项具体目标就与组织的战略目标之间建立了清晰的联系。这个过程之后，组织就可以达到极度一致性。

由近似一致性到极度一致性，是组织效率改进的根源。不同部分和要素间的极度一致性是组织内高效协作的基础，也是组织获取执行力的关键，没有极度一致性，组织将进入内卷。

极度一致性原则和灰度原则并不矛盾，灰度原则是战略层面的，极度一致性原则是战术层面的。在涌现式战略的实现过程中，战术层面的极度一致性也有利于组织"快速试验、快速成功；快速失败、快速迭代"。极度一致性加快了组织创新的速度，缩短了商业验证的周期，让组织的协同性大大加强，打硬仗的能力得以提升，组织效能得以改善，追求卓越的文化得以建立，这也是组织活力的重要表现。

实践证明，只有坚持开放性原则、不平衡性原则、灰度原则和极度一致性原则，企业才能逆"熵"而行，唤醒组织活力，实现基业长青。

打造活力组织的八大引擎

任正非曾经说过："历史的规律就是死亡，而我们的责任就是延长生命。"要对抗衰老的自然规律，企业必须自觉在内部启动组织创新流程。这就像人体一样，我们要不断地提高新陈代谢的水平，强化组织的机体活力，对抗人体机能的衰老过程。组织要生存，必须与外界恶劣的环境抗争，与衰老的基因抗争，与无时不在的"熵增"抗争，从而激发自身的活力。

在管理学的发展历史中，无数管理者和学者研究关于组织活力的课题。在这个过程中他们提出了很多组织能力模型，如纳德尔-塔什曼组织一致性模型、六盒模型等。我们研究这些经典的组织能力模型，从环境、战略、任务、组织、人才、文化六个基本要素着手，基于活力组织的四项基本原则，结合世界上经典的组织能力理论以及多年的咨询实践经验，提出了八项构建活力组织的杠杆性活动，也即活力组织八大引擎（如图1-6所示）。

活力组织的四项原则和八大引擎是相互结合、极度一致的。二者相辅相成，共同形成组织创新的框架，帮助组织源源不断地产生活力。从总体看，活力组织的四项原则是其八大引擎的来源，为八大引擎提供了思想基础和行动准则，八大引擎则是四项原则的具体落地措施。

我们试图通过四项原则和八大引擎，给管理者建立组织创新、活力激发的行动框架，并给企业管理者提供一套简易可行的唤醒组织、激发组织活力的工具。

活力组织的引擎1，创建共同愿景，共享价值创造

在同一水平面上，气流一定会由气压高的地方流向气压低的地方，水一定会从高处流到低处。如果没有这种"势差"，那么空气和水就不会流动，也就不会形成雨，世界将一片死寂，可见差距是活力的来源。

组织要有活力，必须总能看到自己的不足之处。战略的本质是寻找缩小差距的方式，组织的活力也源自差距。这个差距不仅是与竞争对手的差距，与业绩目标的差距，更重要的是识别机会差距。过去有一些伟大的企业成功地建立起竞争壁垒，在自己的领域发展得一骑绝尘，无人能望其项背。恐龙一度成为地球霸主，然而最后因环境变化而灭亡，很多曾经辉煌的企业也由于没有及时识别自己与时代的机会差距而陨落。大清王朝在天国之梦里被轰开大门，柯达在数码科技大背景下同胶片时代一起落下帷幕，诺基亚手握当时最先进的3G技术却错过了在电容屏幕领域的发展机遇。

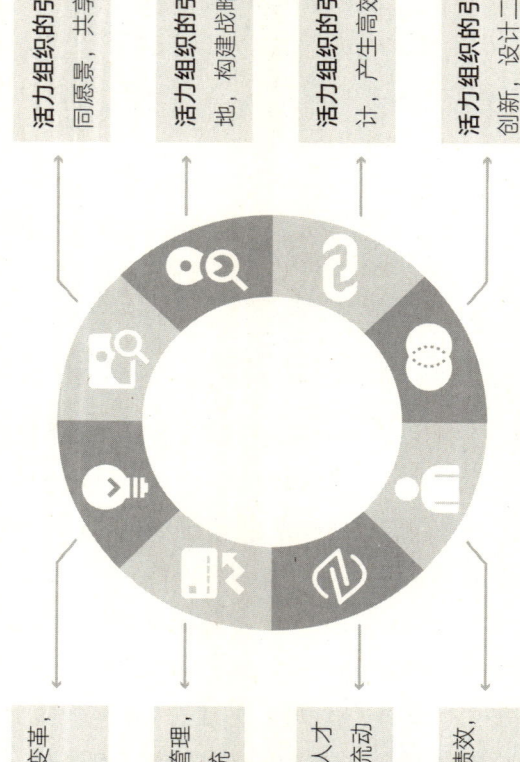

图 1-6　活力组织的八大引擎

对于那些基业长青的公司的管理层来说，他们关心的问题并不是"我做得有多好"，而是"我们明天怎样做得比今天更好"，管理层只有关注如何实现与利益相关者的共赢，满足利益相关者的诉求，组织才能长期生存。他们把这个问题看作生存的基本命题，变成思想和行动的习惯。他们没有最后的终点线，没有懈怠的借口，而是发自内心地对取得一点成绩就沾沾自喜的行为感到深恶痛绝。

人们总是在充满生存忧虑或有远大目标的时候，才能调动全部的能量和主动性，组织也是如此。那些永远充满活力的组织，总是善于洞察环境的变化，不断通过识别机会差距、绩效差距以及组织差距的方式协调与环境的关系，不断消除自满情绪，从而在外部世界发出威胁之前就刺激组织进行变革，防止组织懈怠，确保组织长期坚持艰苦奋斗的精神。

活力组织的引擎 2，战略落地，构建战略控制点

人们常说好的战略要有好的构想和定位，然后在机会之窗关闭前穿过去。这话似乎让我们看到了一个画面：混沌的房子突然被打开了一扇窗，此时一个蓄势待发的人"嗖"地一下穿了出去。这个说法其实完全正确，但是，我们是不是忽略了什么？那个人找对了方向，也做好了准备，果断地采取了行动。这就是他得以成功的全部因素吗？不是，整个事情的关键是那个人身手足够矫健。

如果一个公司把重心都放在市场机遇和构想上，如果这个构想失败了，那么公司也会失败。如果这个构想恰好成功了呢？这份成功可能会成为公司未来发展的羁绊，当它遇到别的机遇的时候，很可能还沉溺在过去那个成功的构想中。回溯很多公司发展的历史，我们会发现立足于抓机会的企业没有一家成为伟大的公司。

战略的核心究竟是定位还是能力，这一直是个关键问题。机械式组织理论认为组织存在的目标是取得更多的利润；而生命体组织理论则认为组织生存的目标是发展壮大，组织健康比获取利润更重要，满足利益相关者的诉求比财务指标更重要，利润只不过是个手段。

生命体组织理论通过以能力为核心的战略，帮助组织累积战略势能，建立业务活力。企业必须同时关注财务指标与组织健康度，确保组织机体的健康，这些都必须依靠建立战略控制点来实现。

活力组织的引擎3，流程设计，产生高效的工作内容

如果你蹲守在北京、上海、广州、深圳的任何一栋写字楼中心的路边，可能都会惊诧人们为何如此忙碌，凌晨就开始有人走进办公室，深夜人们才陆陆续续回家，甚至有很多办公室的灯彻夜长明。然而与人们的忙碌相对应的却是企业越来越低的利润，员工越来越低的满足感。当我们走进这些漂亮的写字楼，仔细观察他们的工作时，也许我们会发现制作得越来越精美的PPT，内容却很空洞；人们通宵达旦地开会，却得不出任何结论。你会有一种错觉，将这些PPT、会议换个公司名字放到其他公司，似乎也很合适。

战略解决了组织的活力指向问题，那是"诗和远方"，但组织每天都要面对"眼前的苟且"。我们必须将"眼前的苟且"与战略层面的"诗和远方"结合起来，否则战略就是一句空话。这个结合的点就是组织必须持续产生高效的工作内容，以保证其每天充满活力和激情，否则就会进入内部消耗。很多公司的战略只不过是散落在组织各处的间歇性行动，这种间歇性行动并不会为组织带来真正的改变。

很多成熟企业的管理者在接受采访时经常会说:"我们每天都很忙碌,整天都在开会,每个决定似乎都是合理的,也是有创意的,但现实是几年下来,发现组织还待在原地,什么改变也没有发生……无论做什么,似乎都不会有什么大的改变,感觉筋疲力尽,带不动了。"

将简单问题复杂化、无意义的精益求精、被动地应付工作、与预期目标严重偏离的行动,所有这些,都在严重地消耗着我们的资源与活力。为了避免这种无意义的忙碌与资源消耗,企业必须尽可能地确保让工作都围绕着战略的关键成功要素展开,找到有杠杆性的行动方向,在组织中找到合适的问题,实现不同的管理系统之间的工作平衡,而不能在某个方向上过密化地工作。

卓越的组织总是擅长界定高效的任务,并通过任务的执行锻炼组织的运营能力。

活力组织的引擎4,效率与创新,设计二元化组织结构

组织是人类进化中的伟大发明。人们之所以为了实现共同的目标在一起工作,是因为组织做出的业绩可以远远超越任何个人所能完成的业绩。每次当人们找到更好的组织形态,那都意味着效率的巨大飞跃。一个健康的具有活力的组织,能够发挥出无法想象的力量。

组织结构是管理系统的框架,其本质是为实现组织战略目标而采取的一种分工协作体系。合适的组织结构就如人们身上轻便的衣服,可以使组织行动自如;不合适的组织结构就像笨重的铠甲,让组织难以行动。

业务成熟的组织结构强调可靠性和效率,注重流程化,这必然影响创新性和

对不确定性的应对能力。而创新的组织强调反应快、灵活度高、速度快，这自然会影响一致性、可靠性和效率，阻碍组织实现规模化。

企业能否持续成功，取决于组织是否构建了适宜的结构，能否同时兼顾效率和创新。具有活力的组织，必定是二元化组织，一边负责效率，一边负责创新。优秀的管理者能够协调二者，在内部同时驱动"效率流"和"创新流"。

活力组织的引擎5，人即绩效，选拔多元化高潜能人才

组织要维持活力，必须管理好与外界的能量、信息和人才交换。组织的人才策略要确保组织每一次与社会的人才交换都在吸引社会的精华，每次人才交换所带来的回报都能超过付出，从而使机体越来越健康。而采用什么样的标准和决策逻辑与社会环境进行人才交换，是所有问题的核心。

执行力的关键是执行者的核心能力在人群中足够突出。这些人往往有明显的缺点，因此，这就要求企业的文化具有包容性和多元化的特点。组织在定义优秀人才标准的时候往往容易陷入审美单一的陷阱。几乎所有的管理者，在人才使用上都倾向于聘用与自己相像的人或自己喜欢的人。这样的用人策略会让组织中的人才类型越来越单一，出现思想"近亲繁殖"的现象。不同的声音和创意越来越少，严重影响组织的活力。

百花争艳才是春天，百家争鸣才是盛世。坚持用人所长和多元化的用人文化是建设活力组织的重要维度。

活力组织的引擎 6，建立人才通道，驱动有序的人才流动

我们常说"流水不腐，户枢不蠹"，也常常用"一潭死水"来形容一个毫无活力的组织。人才流动性管理是组织创新的核心。人才只有不断地流动，才能给企业注入活力，才能在内部激发组织活力和危机意识。人才只有不断地流动，才能够维持与外界必要的信息和知识交换，进而从社会中吸收精华，维持体系的开放性。然而，现实中却很少有企业主动地去推进人才的有序流动。

一个企业要想长盛不衰，必须主动地对人才进行常态化的、稳定的流动性管理，稳而不僵，活而不乱，始终使组织的人力资源生态处于一种最佳状态。组织希望每个人在最佳的时间以最佳的角色做出最佳的贡献，然后组织给予相应的肯定和回报，以此形成良性循环。这里面的流动不仅仅是组织与外部的人才流动（入职、辞职、淘汰等），也包括内部的人才流动（轮岗、调岗、晋升、降职等）。

如果人才流动没有被管理和引导，日趋成熟的组织必然会有日趋板结的人才结构，从而出现人员懈怠、思维僵化等一系列组织活力丧失导致的问题。新鲜的血液，流动的人才管理体系，才可以打破人才的板结，激发组织活力。

活力组织的引擎 7，绩效管理，重构基于战略的绩效系统

最近几年，几乎所有的绩效管理体系都受到了指责和非议。"绩效主义害死了索尼"的说法一度甚嚣尘上。仔细去研究绩效评价被否定的原因，我们就会发现管理者在构建绩效管理体系时，最终将此体系变成了一套官僚系统，变成了"凭借对每个人的评价确定报酬"的考核工具。

管理者忘记了绩效评价存在的初衷是保证所有人都将工作放在影响企业价值创造的关键成功要素上。当员工把绩效评价当作一种内部考核工具时，往往会满

足于静态的工作，着眼于完成指标，不会主动与客户关联，使注意力转向了内部而不是外部。更可怕的是绩效评价会使员工养成满足于现状的习惯，没有创新和冒险精神，不愿做出超越考核的贡献，形成一种非增长型的组织思维惯性。

真正的绩效管理体系应当是以公司战略而非以职责为导向的，其关注点应该是组织的个体和资源是否按战略的要求在投放，而不是绩效考核。组织应通过积极引导员工、团队，点燃公司实现战略的激情，而不是扼杀员工的工作动力。

好的绩效管理必须要平衡"结果"、"行为"和"能力"之间的关系。不同的业务场景下，三者的比重不同。组织过于强调结果，就会产生短视问题；过分强调能力和行为，对组织绩效管理者的运营水平又提出了太高的挑战，常常导致绩效管理失效。如何实现三者之间的平衡，是一种艺术，也是绩效管理成功的关键。

绩效管理是组织确保价值创造与客户利益相一致的传递过程。这个传递过程的一致性与可靠性，对组织活力有根本性的影响。组织通过绩效管理过程，把客户利益、部门利益和员工利益深度捆绑在一起，从而使组织的所有工作都围绕着价值创造展开。

活力组织的引擎 8，文化变革，建设二元化组织文化

几乎所有成功企业的高管在分享自身的成功之路时，都会提到他们的企业文化。文化如同空气，难以触摸，但其影响却切实有力。组织文化是一种宝贵的资源，麻省理工学院教授埃德加·沙因（Edgar Schein）[1]曾这样写道："文化的力量

---

[1] 埃德加·沙因是组织心理学的开创者和奠基人，被称为"企业文化理论之父"。他的著作《沙因文化变革领导力》（*The Corporate Culture Survival Guide*）为企业文化顶层设计、落地实践与文化变革领导力提供了系统性的指南。本书简体中文版已由湛庐于 2021 年策划出版。——编者注

如此之强,因为它们的运转总是超过我们的意识。"

20世纪90年代,IT产业第一家百年企业IBM因为骄傲而故步自封。这种现象使得IBM的业务和技术与市场脱节,面临被拆分的危机。传奇CEO郭士纳临危受命,力挽狂澜。当人们事后问他到底做了什么改变了IBM时,他说他做的最重要的事就是文化变革。他成功地将紧迫感引入了日渐保守的IBM。

我们难以想象在当下这样一个时代,一个扬扬自得的企业能够活得很长久。只有那些对危机保持警觉,对新鲜的事物、观点甚至是不同类型的人才都保持开放心态的组织,只有那些具有进取和批判精神的组织,才可能在瞬息万变的商业环境中持续发展。

组织要保持活力,必须建设二元化的组织文化,一种文化是建立在效率基础上的,另一种文化是建立在创新基础上的。这是协调效率和创新的唯一选择,也是基业长青的文化基因。

第 2 章

8 ENGINES
TO BUILD A THRIVING ORGANIZATION

活力组织的引擎 1,

创建共同愿景,共享价值创造

不以 10 倍以上为目标,公司便不能成长。

有一句话曾经风靡一时："Stay Hungry, Stay Foolish."。这句话出自乔布斯在斯坦福大学的演讲。很多人把这句话翻译成"求知若饥，虚心若愚"。结合乔布斯的经历，我觉得把这句话翻译成"进取源自保持饥渴，成功在于坚持探索"更加合适。"hungry"会让人产生危机感，'foolish'让人知道自己的无知，从而保持开放与好奇。这样的乔布斯使个人电脑、动画电影、音乐、手机、平板电脑以及数字出版等六大产业发生了颠覆性变革。

组织生存于一定的环境之中，组织与环境中的利益相关者的和谐关系是其持续经营和长期保有活力的基础。组织发展不仅要重视经济目标，还要重视社会目标，组织须时时重视对利益相关者诉求的满足程度，这是活力组织的基本生存哲学。

要做到对利益相关者诉求的满足程度的重视，组织就必须有意识地识别自身的问题和差距。组织要永远觉得自己不够好，不断地刷新目标，让自身不断迎接新挑战，才能展开变革之旅。管理者必须发现组织的问题和识别组织的机遇，一旦做到了这些，组织的变革就变得不可或缺。

日本迅销公司（Fast Retailing）首席执行官柳井正先生说过："若是（公司的

营业额）达到了 1000 亿日元，就宣告以 1 万亿日元为目标，若是达到了 5000 亿日元，就宣告以 5 万亿日元为目标。"以此类推，不以 10 倍以上为目标，公司便不能成长。

如果一个组织无忧无虑，那么一切变化对组织而言都是自找麻烦。因此，没有忧患意识是破坏组织创新的最隐蔽和最危险的力量。只有危机才会让组织发生实质性的创新和变革，或者说变革的必要性存在于危机之中。最成功的组织不会等待危机的降临，相反，成功的组织总在思考：如果我们此时不采取行动，那么在不久的将来，危机必将来到，到那时我们将粉身碎骨。为了应对可能的危机，立足当下，我们应当做什么，才能渡过未来的风雨？

在最成功的时刻，主动变革

孔子曰："君子安而不忘危，存而不忘亡，治而不忘乱。"孟子曰："生于忧患，死于安乐。"纵观历史长河，我们总是可以得出一个道理："入则无法家拂士，出则无敌国外患者，国恒亡。"意思是一个国家想要长久兴盛，那么国内需要有坚守法度的辅佐大臣，国外需要有强大的敌人。因为只有这样，国家才会时刻保持警惕，不敢懈怠。

一个组织要想持续生存，与治理一个国家一样，要始终寻找和发现潜在的危机，保持一种向死而生的紧张状态。企业应将这种忧患意识通过组织战略表现出来，并融入日常的经营活动。

恒大集团曾经是中国房地产市场上的现象级企业。2009 年，还是广州一家默默无闻的小地产企业的恒大集团，通过投资足球和女排等一系列堪称经典的操作，同时借助地方政府的支持和高杠杆的资金助力，站上了中国房地产行业的顶峰。

2016年是中国房价攀升幅度较大的一年。彼时的房地产市场，遍地都是挣钱的机会。在这波浪潮中，恒大集团大量收购低价土地，土地储备量让别的地产企业难以望其项背。2017年，恒大集团营业收入增长了近50%，达到3000亿元。2018年，恒大集团更是设定了营业收入突破8000亿元的"小目标"。

2018年，"房住不炒"的政策开始落实。2018年9月，房地产市场投资呈现一片欣欣向荣的气象，时任万科董事会主席郁亮却突然提出："万科首先要做的事情，就是进行战略检讨，以'活下去'为最终目标。"与万科相比，恒大集团无疑是缺乏危机感的，此时恒大坚信房地产市场仍处于高速增长阶段，于是其仍采用高杠杆的激进投资策略。恒大集团拥有恒大地产、恒大物业、恒腾网络、房车宝、恒大童世界、恒大健康、恒大冰泉、恒大新能源汽车等多领域产业。

在2020年以前，恒大集团的发展前景看上去似乎很美好。可是在新冠肺炎疫情暴发的2020年，市场上忽然出现了各种传言。2021年7月19日，法院判决支持广发银行宜兴支行提起的"诉前财产保全"申请，要求冻结恒大集团1.32亿元财产，裁定发布后，恒大系的四家上市公司的总市值两天内蒸发了超过1000亿元。不久后恒大财富没办法按期兑付理财产品，一时成为互联网热点事件。被恒大集团寄予厚望的恒大新能源汽车，由于前期累计投资巨大，仍处于投入期，短期内不可能盈利。恒大冰泉自2013年上市以来，其经营历程、营销方式一直充满话题性与争议性，其投资甚大，发展却并不尽如人意。毫无疑问，无论最终命运如何，恒大集团已经陷入水深火热之中。

并不是所有的组织都有劫后重生的机会，大多数企业都无法扶大厦之将倾。想要避免这样的惨剧发生，组织就需要时刻保持对危机的警觉。

华为是一个忧患意识很强的公司，其发展史就是一部因忧患而生的历史。向忧患而生，在华为不仅是一种经营意识，更是一种组织文化，并融入日常管理工作和系统流程之中。

1998年，在即将进入千禧年时，华为作为一家通信公司风头正劲，任正非却在这个时候写了一篇文章，题为"华为的冬天"。这篇文章在国内掀起轩然大波，那时的中国企业家还总是喜欢向外界传递欣欣向荣的发展态势。

这篇文章里面说到，在这10年以来，任正非天天思考的都是失败，对所取得的成功均视而不见，只有这样，华为才能在极其残酷的创业环境中活下来。

2014年，任正非参加一个全球分析师大会，有一个分析师问了任正非一个问题：20年后的华为会是什么样子？任正非不假思索地回答道："20年后，华为将是一片坟墓，或许10年后华为这家公司就有可能已经不存在了。"

现今华为已经成为全球移动通信领域巨头，但我们看不到一丝骄傲的影子，看到的是不断的科技创新和锐意进取，华为永不满足于已有的成绩。任正非经常在华为内部说："华为已经进入一个无人区，前面有可能是万丈深渊，稍有不慎就会跌进去，陷入万劫不复之地。"

一般人难以理解，一个已经发展得相当不错的企业为什么还把弦绷得如此紧？为什么把自己的处境想得如此凶险？因为华为深深懂得：成功一不留心就会从身边溜走。今天所有的成功，都可能成为明天的障碍。与华为同行业的美国贝尔实验室和摩托罗拉、加拿大北方电讯、日本电气和索尼、芬兰的诺基亚、法国的阿尔卡特等，这些企业不再辉煌的最重要原因是其在成功的功劳簿上得意的时间太长了。**那些导致短期成功的有利条件，往往成为催生长期失败的因素。或者说，这些企业已经成功地被自己的"成功"绊倒了。**

企业必须在成功的时刻保持对未来的警惕，提前求变，不能等到危机到来的时候才寻求改变。原有的业务处于最优状态时，最容易让人满足，组织常常会故步自封，错过变革的最佳时机。业务处于最优状态，表明组织处于上升状态，企业内往往有较高的士气和较好的财务状态，足以承受任何变革的阵痛，变革和创新最容易成功。当业务处于衰退状态时，组织一方面要应对眼前的经营问题，另一方面又要孵化新的业务，变革和创新就会变得相当艰难。

为了赢得今日的竞争，企业必须保持原有的战略、组织结构、人员和文化之间的超强一致性；为了赢得下一场竞争，企业又必须推行必要的组织革新，并探索新业务的可行性。如果企业的动手时机不对，失败就会接踵而至。

华为2004年成立海思芯片就是一个未雨绸缪之举。到2014年这盈亏平衡的10年间，华为每年数以亿计地投入，累计花掉了超过1 600亿元人民币。单单麒麟980这一颗芯片，研发费用就高达20亿元人民币。如果不是依靠基站和手机业务提供的现金流，海思芯片早已经破产了。华为海思是一个"备胎"，华为为了防范一个不确定的风险，其投入可以说是不遗余力。

10多年连续不断的投入，终于派上了用场。2019年5月15日，时任美国总统特朗普签署行政命令要求美国进入紧急状态。5月16日晚上，美国政府做出了疯狂的决定，在毫无理由的情况下，华为被列入了美国商务部工业与安全局的实体名单。5月17日海思芯片总裁何庭波发出科技自立的公开信："多年前，还是云淡风轻的季节，公司做出了极限生存的假设，预计有一天，所有美国的先进芯片和技术将不可获得，而华为仍将持续为客户服务。"如今，这个"以为永远不会发生的假设"还是发生了。这也说明，当初华为启动"备胎"计划，是有先见之明的未雨绸缪之举。风浪骤起之时，何庭波表示，华为并不会受到严重影响，华为必将"挽狂澜于既倒，确保公司大部分产品的战略安全，大部分产品的连续供应……前路更为艰辛，我们将以勇气、智慧和毅力，在极限施压下挺直脊梁，奋力前行！滔天巨浪方显英雄本色，艰难困苦铸造挪亚方舟"。

组织要做到"未雨绸缪"，只依靠几次英明的决策还不够，"未雨绸缪"应该成为组织的基因。组织创新应该成为常态化的流程和机制，而非独立的事件。

所有为了短期成功创造的关键成功要素，都有可能成为未来失败的隐患。"颠覆式创新"概念的提出者、哈佛大学商学院教授克莱顿·克里斯坦森（Clayton Christensen）提出一个让人震惊的结论：越是卓越的公司，在"颠覆式创新"到来的时刻，越难以摆脱困境。他进而又提出："良好的管理正是导致领先企业马失前蹄的原因……成熟市场与大公司对破坏式创新有天然的排斥心理。"

惠普公司的CEO刘易斯·普拉特（Lewis Platt）指出："我们必须心甘情愿地牺牲一部分我们现在正在做的业务，以换取组织的长期成功。虽然违反人性，但有时候我们必须在一项业务还处于发展阶段的时候杀死它。"

共享价值创造，成就组织未来

"创造共享价值"（Create Shared Value，CSV）是著名战略学家迈克尔·波特（Micheal Porter）提出的一种战略思考方式，即如何通过解决社会问题来实现收益。CSV理论认为：企业是一个开放性的系统，不能独立生存。企业的社会影响攸关其未来，企业必须注意自身价值创造和社会价值的和谐统一，才能持续生存。这为企业家管理企业与社会的边界和制定企业战略提供了完全不同的思考模式。

2021年的"鸿星尔克捐款事件"给了我们很大的启发。鸿星尔克作为一个运动品牌近几年一直默默无闻，在2021年7月却突然上了热搜。原因是其在自身盈利情况不佳的情况下还为河南水灾地区提供了5000万元的捐赠。这个信息被网友们发现后迅速发酵并引起大量讨论。大家在为这家民族企业的社会责任感点赞的同时，很多鸿星尔克的用户纷纷写出自己使用鸿星尔克产品的良好感受，更有甚者还搜集了多年来鸿星尔克默默做公益的数据。这些信息立刻激发了消费者的热情，有的网友给鸿星尔克官方微博的会员充值，充到了100年以后。更多的消费者涌入了鸿星尔克的店铺、直播间，迅速买空了其所有的商品。大家一致表示要帮助鸿星尔克渡过难关。网友们还迅速整理了哪些民族企业在默默做公益；哪些企业作为时代发展的既得利益者，只顾自身发展，罔顾社会责任。这些信息在互联网上掀起了风暴一般的讨论。

人在社会上要生存得好并取得成功，就必须与周围的利益相关者建立联系，平衡与其他人之间的关系，与他人产生共享价值。经营企业如经营人生，经营逻辑亦是如此。

雀巢是一家坚信CSV理念的企业，其并不仅仅把价值共享当作一种美德。雀巢识别了消费者、供应商和销售代理店、其他同行公司、员工、社区和政府、股东六类主要的利益相关者，并从经济价值、知识价值和社会价值三个方面来衡量组织创造共享价值的能力。

雀巢一直关注三个方面的主题，分别是营养、水资源和地域开发。营养是雀巢事业的基础，雀巢将食品定义为方式，营养定义为目的。水资源是雀巢价值链中最重要的组成部分，水资源的枯竭是世界性的课题，雀巢致力于为价值链上的生态系统做贡献，而非仅仅榨取地域中的水资源。

雀巢通过成立雀巢社会董事会、CSV管理咨询会对CSV的经营效果进行评估，并聘任外部的有识之士参与，每个季度监测CSV的满足程度。雀巢彻底执行CSV的理念，其中一个重要原因是世界上存在一个抵制雀巢的群体，这个群体认为是雀巢导致了肥胖，而雀巢要发展，必须证明自身对社会和利益相关者是有益的。

实际上，很多学者提出了进一步的观点，指出社会效益不仅是一个手段，也越来越成为企业的目标之一。社会效益有越来越受到重视的趋势。平衡经济价值与社会价值，对未来的管理者越来越重要。

互联网的便利使得所有的组织都必须将自己置身于全社会的放大镜之下，所有行为都会被立即放大，产生不可预测的后果。这就凸显了建立CSV理念的紧迫性和必要性。

2021年对于世界、对于中国、对于每一个人都是不太平的一年。无论是台风"烟花"带来的极端天气，还是"德尔塔"病毒潜入中国，都凸显了社会是一个命运的共同体。在互联网之下，每一个组织和个人的行为都会被放大，产生难以预料的"蝴蝶效应"。

汽车行业新贵特斯拉事故频发，女车主拉横幅维权；电商巨头亚马逊压榨供应商，黑幕频出……相关事件证明，管理者的思维模式必须随着新的经济形态调整。组织需要谨慎管理与社会利益相关者的边界。经营者不能沉醉于"发展和规模重于一切"的思维模式。经营者需要改善与外部利益相关者的关系，并意识到与社会共创价值的必要性。核心领导团队必须超越简单的、短期的视角看问题，更多地思考组织的社会价值。

互联网时代出现了很多规模化的行业巨头，它们并未从内心真正地关注自己对社会利益相关者的责任，考虑的只是如何回避和符合监管要求。它们在互联网上实现了量的集中，但在某些领域，这种集中并未因为规模效应而给各方带来收益，反而增加了各方的生产成本。关于员工的工作时间、员工安全、社会保障等各种热点事件频发，说明个别经营者并不关心内部员工和社会工作者的利益。这些企业虽然取得了暂时的成功，然而其发展前景令人担忧。利益相关者的抱怨早晚有一天会让企业陷入危机。这种建立在未有效满足利益相关者需求基础上的规模化，其后果是可怕的。这种企业势必难以长远存续。

互联网时代的一体化背景下，在中国经济新的发展阶段的进程中，行业的头部企业树立 CSV 经营理念显得尤其重要。头部企业必须放弃纯粹追求利益最大化的资本第一的思维模式，转为追求企业的经济价值与社会价值的平衡。企业必须时时关注客户、员工、政府、社会团体、股东这些利益相关者的要求，并将发展战略与之相融合，才能谋求更大的发展。

CSV 虽然涉及社会责任，但并非只为让企业履行社会责任。在共享经济连接一切的时代，公司尤其要注意将自身成就与社会进步连接起来，否则其成功就如同建立在沙漠之上的高楼。我们应该把 CSV 看作一种在新经济形势下取得成就的新途径，一种更加明智的实现多方利益的商业战略。

一个成熟的管理者需要有更广阔的视野，将组织与社会、员工、客户看作命运的共同体，而不是博弈的对手，从而让组织的发展具有更加丰茂的土壤。

识别绩效差距，引发渐进式创新

在建立了清晰的战略、目标和愿景之后，组织必须时时测量自身在成功的路上走了多远，仔细审视任何可能出现的绩效差距，从而主动促发变革。

识别差距，是组织引入变革势能的有效方法。麦肯锡对 2 500 多名高管进行的一次调查显示，如果组织能够制定有难度但却切实可行的目标，那么其获得成功的可能性，是那些仅提出小打小闹的改善型目标的组织的 1.2 倍，是那些目标被认为不可能实现的组织的 1.6 倍。就笔者的经验而言，目标太过于保守谨慎，或仅仅按当下组织的能力制定目标，都无助于为组织创造动力，无法使员工全力以赴，也不可能使组织实现突破；当然，如果组织认为目标无法达到，就不会再抱希望，很容易便会放弃目标。

组织设计专家迈克尔·塔什曼（Michael Tushman）[①]指出：如果在目标和业绩之间没有差距的话，一个成功的组织就会主动尝试保持稳定，那么组织就可能陷入故步自封的危机。

如果我们不能定义外部差距，引入变革势能，保持团队中每个人对打胜仗的

[①] 哈佛商学院企业管理教授，与斯坦福商学院组织行为教授查尔斯·奥赖利三世（Charles O'Reilly Ⅲ）合著有《创新跃迁》（*Winning Through Innovation*）一书，揭示了组织如何依据技术周期的变化，持续把握跃迁式创新的机会。本书简体中文版已由湛庐于 2018 年策划出版。——编者注

渴望，保持整个组织对打胜仗的激情，以战胜许多大公司的"自满症"，组织将变得骄傲，进而变得漏洞百出，不可避免地走向"内卷化"。

所谓业绩差距，是指实际经营结果与期望值之间的差距。业绩差距主要是由于战略与组织结构、人才和文化的不一致性引起的，通俗讲就是执行力差距。业绩差距导致渐进式创新，主要是通过高效的执行弥补，通过强化组织的一致性、可靠性和效率弥补。寻找绩效差距的重要方法就是"对标管理"，即对比标杆找差距。推行对标管理，就是要把企业的目光紧盯业界最佳水平，明确自身与业界最佳水平的差距，从而指明工作的总体方向。

组织可能有很多绩效差距，应该找出最应优先解决的两三个绩效差距。一旦解决了眼下的关键问题，管理者就可以接着朝其他的绩效差距进军，一直到成为细分领域的第一名。高效的组织往往不存在关键的绩效差距问题，领导者可以通过提高业绩标准来创造绩效差距。

企业必须通过核心经营目标、效能指标、关键任务等方面，制定出令人神往而有冲击力的目标，从而实现利益相关者的要求。企业还应通过这些具有挑战性的目标，不断去淬炼组织能力。企业只有制定远大的目标，才能激发组织的活力。

"数一数二"是杰克·韦尔奇（Jack Welch）在执掌通用电气（GE）初期时提出的最重要的概念，韦尔奇通过这样的方式让组织聚焦能利用的资源并不断寻找绩效差距。当他接手 GE 时，GE 是美国排名前十位的大公司，是美国人心目中的偶像，而且几乎所涉足的每一项业务都有盈利。但是，在韦尔奇看来这却远远不够，因为他意识到"一项业务如果没有维持长期竞争力的有效方案，它终将有一天会陷入困境，只不过是时间早晚的问题"。他认为"目前的 GE 只不过是一家联合大企业，因涉足的行业多而形成较大的规模，但是很多产业并没有展现出特别出色的竞争力"。要改变这种现状，韦尔奇知道必须提出新的观念和战略，"数一数二"的概念由此诞生。

韦尔奇这样来描述他心目中理想的 GE："能够洞察到那些真正有前途的行业并加入其中，同时坚持在自己所进入的每一个行业中都做到数一数二的位置，无论是在精干、高效方面，还是在成本控制、全球化经营等方面都是数一数二的。"韦尔奇进一步提出"成为数一数二的企业绝不仅仅是一个目标，而是实实在在的要求"。韦尔奇希望"GE成为拉动国民生产总值的火车头，而不是被拉动的车厢"。

为了实现"数一数二"的目标，韦尔奇画了三个圈，分别代表了三大类业务，即服务业、高技术产业及核心业务。第一个圈是服务业，包括金融、信息、建筑与工程、核电站服务；第二个圈是高技术产业，包括医疗、新材料、工业电子、航天、飞机发动机；第三个圈是核心业务，包括大型家用电器、照明、发动机、涡轮、运输等。这三个圈内的产业是要保留的，圈外的产业则是要卖掉或关闭的。

当时，美国企业面临着来自亚洲尤其是日本企业的竞争威胁，很多产业都处于疲软状态。韦尔奇意识到如果不能够迅速改变状况，通用电气公司将陷入全球化竞争带来的困境。关于为什么要实现"数一数二"战略这一问题，韦尔奇提供的答案非常明确。在韦尔奇看来，处于第四甚至第三位置的企业很难掌握自己的命运，"第一名打个喷嚏，你就会得肺炎"。但是如果你是第一名，你就能够掌握自己的命运了。尽管那时，很多人认为只要公司能够盈利就已经足够了，韦尔奇却认为只有拥有持久的竞争力，通用电气公司才能够获得持久的增长和发展。"在激烈的产品和服务竞争中，没有平庸者生存的空间。"

韦尔奇要求通用公司下属的企业，都必须成为数一数二的企业，用的就是一种创造绩效差距的方法。对于新公司来说，以成为行业第一或者第二为目标有时候是荒谬的想法，因为其通常缺少资金支持。但是成为行业第一名应是每个新公司的梦想。每一个企业家的梦想都应是在其所处的细分市场当中成为第一名。

很多企业的增长是野蛮的、随机性的。每个业务板块似乎都在增长，但每个业务板块的发展都屈居行业前五名以外，这不是卓越组织的做法。卓越组织的做法是控制增长节奏，要把进入的每一个领域和细分市场打穿、打透，做到领域和细分市场中数一数二的位置。这种不断追求卓越的做法，才是活力组织应有的。活力组织必须对标市场一流水准，不断定义绩效差距，直至成为最优。

识别机遇差距，引发跃迁式创新

所谓机遇差距是指新的业务设计或商业机会给经营结果带来的差距。绩效差距引发渐进式创新，机遇差距则引发跨越式创新。机遇差距的弥补必须依靠新的机会识别、新的业务设计来实现。

组织要识别机遇差距，须保持对外界变化感知的敏锐性。组织须持续对以下问题进行考察和研究，并从市场中获取数据和信息：

- 对客户而言，其在使用我们的产品和服务过程中会遇到哪些问题？
- 客户所在的行业有什么重大的机遇和变化，我们如何为客户提供帮助？
- 客户的需求和价值导向有什么变化，我们如何提高客户的体验？
- 市场上的竞争对手在业绩方面表现如何，有哪些有竞争力的措施？

- 竞争对手进入了哪些新的机会领域，表现如何？
- 行业的商业模式演变出何种趋势，有哪些新进入市场的竞争者？

组织必须对这些问题保持好奇心和敏感性，持续性地获取这些关键信息，以有效地管理组织与外部的边界，并做出与之相适应的反应。

组织必须不断寻找机遇差距，形成组织的第二曲线。查尔斯·汉迪（Charles Handy）在他著名的《第二曲线》（*The Second Curve*）一书中指出："S形曲线（第一曲线）是每个组织和企业在预测未来时一定会参考的工具，一切事物的发展都逃不开S形曲线。"然而，从企业治理、市场变化，到个人职业发展、社会人际关系以及未来的教育与社会价值，我们需要多维度地探讨这个世界，以不同的角度来思考问题，不能够总是停留在第一曲线的世界。如图2-1所示，如果组织和企业能在第一曲线到达巅峰之前，找到带领企业二次腾飞的第二曲线，并且第二曲线必须在第一曲线达到顶点前开始增长，弥补第二曲线初期投入的资源，如金钱、时间和精力等消耗，那么企业永续增长的愿景就能实现。

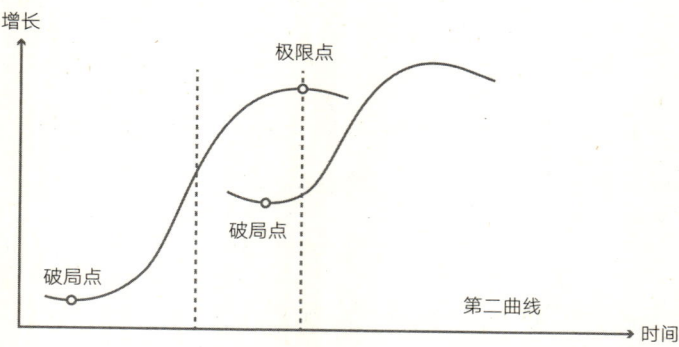

图2-1 第二曲线理论

在寻找第二曲线的道路上，创新的第一步是能够放弃过去的成功经验。只是多数人太习惯于自己的"舒适区"，形成了惯性的思维而不自觉，那么其命运就必然会沿着"生命周期"的循环，由盛而衰，所差的只是时间的长短。很多知名的企业，因为沉迷于过往的荣光而被时代淘汰。

启动第二曲线的时机非常重要。正如《左传》提出的"居安思危，思则有备，有备无患"一样，好的变革通常不是等到火烧眉毛、不得不为的时候才进行的。要动手术就要趁着身体还扛得住的时候。当组织发展势头下行，走入生命周期的末端时，变革也许为时已晚。只有每条曲线紧密衔接，组织才能绵延不绝，生生不息。

对于管理者来说，需要同时关注绩效差距和机遇差距。这就意味着，管理者必须用一只眼睛盯着相对稳定和发生渐变的部分，用另外一只眼睛盯着正在发生革命性变化的领域。管理者需要进行审时度势的决断，适时调整组织结构、人才和文化方面的属性，使之与不同的创新过程相一致。在成熟市场上，组织通过紧抓质量与成本而取得竞争优势；在新兴市场上，组织通过追求创新与速度占领市场先机。

组织在绩效差距方面的问题都是现实的、直接的，而机遇差距则是不确定的。绩效差距可以给组织带来改变，但这样的改变往往是渐进的，只有机会差距才会带来飞跃的发展。

组织须平衡在绩效差距和机遇差距方面的投入。在早期，企业刚进入一个赛道的时候，总体上应立足于通过提高组织能力弥补绩效差距，但到中、后期，应该将相当的精力和成本投资于弥补机遇差距。当行业竞争到一定激烈程度的时候，单体组织仅仅依靠弥补绩效差距并不能带来较大的业绩改善。当业务进入低利润区时，往往就是离开或淘汰此业务的时候。

脱离竞争过密的低利润区业务，通过弥补新的机遇差距实现业务良性发展的一个经典案例是IBM早年出售个人电脑（PC）业务。

IBM总裁兼CEO彭明盛在即将退休时接受媒体采访，他认为自己之所以能使IBM实现高收益，带领公司脱离"日薄西山的低利润业务"，最重要的原因就是他果断地出售了IBM的PC业务。

谈到IBM出售PC业务的动机时，彭明盛表示自己当时已经发现PC市场缺乏足够多的创新机会，"在企业市场尤甚"，并且感觉到"创新的重心将逐渐转移到软件以及服务行业里"。几年后全球PC市场缩水，必然进入红海竞争。而他仿佛做到了未卜先知，接下来发生的一切都在他的预料之中，也再一次证明了IBM的远见。IBM坚定地认为追求无利润区或低利润区业务的增长是一种陷阱，这种增长方式极难管理，并且会给企业带来高风险。

对于一个竞争过度的行业，竞争过密化已经产生，无论组织如何去弥补业绩差距，边际效益也只会越来越低。这就如同在一块已经精细耕种的土地上继续投入肥料和人力一样，边际投资收益并不明显，也不可能带来根本性的改变。不如去寻找一个机遇差距，开辟另外一方天地。在新开的土地上耕种，投入的边际效应则会非常明显。

第 3 章

8 ENGINES
TO BUILD A THRIVING ORGANIZATION

活力组织的引擎 2,

战略落地,构建战略控制点

不在非战略竞争点上消耗战略性资源。

第 3 章 活力组织的引擎 2：战略落地，构建战略控制点

"夫未战而庙算胜者，得算多也；未战而庙算不胜者，得算少也。多算胜，少算不胜，而况于无算乎！吾以此观之，胜负见矣。"这是中国历史上最早的关于战略的描述，出自《孙子兵法·始计篇》。

战略是指导战争全局的计划和策略，泛指对全局性问题的谋划，在一定历史时期内具有相对稳定性，并通过策略手段逐步实现。争一时之长短，用战术；争一世之雌雄，就需要从全局出发去规划，这就是战略。

战略的核心是发现关键问题，为之设计合理方案，进而集中力量采取行动处理这些关键问题。好的战略能够帮助组织不断地强化势能，缔造竞争优势。管理者最主要的职责是确定未来前进道路上的主要障碍并制定连贯性的方案来攻克它们。

真正决定战略效能的有三方面因素：一是增长结构和增长节奏，即在哪里战，不在哪里战，什么时候由一个战场进入另一个战场；二是核心竞争力，即在选定的战场上，压倒一切的差异化能力是什么，有什么制胜武器；三是商业模式，即不同武器间的组合打法和扩张方法是什么。

战略的内容决定了组织的活力指向，企业组织能力的水平最终决定了战略目标能否达成。总之一句话：战略需要通过组织的适应性得以实现，组织需要在达成战略成果的过程中不断淬炼。

战略是资源约束下的聚焦性行为

什么是战略？战略就是组织为了抓住特定的机会和开发业务核心竞争力而展开的一系列综合的、协调性的约定和行动，是资源约束下的聚焦性行为。从战略的定义，我们可以看出战略是关于取舍的艺术和科学。如果资源是无限的，那么组织就不需要有战略。现实的情况是资源永远是不够用的，所以组织才需要用战略来指引资源的分配和使用。

一个组织是否有战略，关键在于是否发生了聚焦和取舍。战略既要决定"在哪里战"和"不在哪里战"，即进入哪个细分市场，不进入哪个细分市场；也要决定在哪里建立防守阵地和不在哪里建立防守阵地，即在哪里构建核心竞争力，不在哪里构建核心竞争力。

假设一个穷苦之家有五个孩子，家庭的财力只能支持一个孩子上大学。如果家里同时供五个孩子，结果是所有孩子都只能读到中学就辍学。这种情况下这个家庭必须做出取舍，确定哪个是最聪明、最努力的孩子。家长把这个孩子找出来，其他的孩子须与家人一起出去赚钱，合家人之力供被选中的最聪明的孩子上学，这个过程就是战略制定过程。

企业的战略必须回答一个最基本的问题：组织要在哪里赚钱，同时又在哪里花钱？战略是对超越时空的投资回报的"算计"。战略制定的完美假设是，不同的业务之间、不同的行动之间，总有一个是能够达到帕累托最优（Pareto

Optimality），即资源分配的一种理想状态。

一个行动或业务是否值得投入，并不取决于业务本身，而是取决于当时的业务环境和此业务在所有业务中的位置。也就是说，针对某一业务的战略布局有时是由其他业务的战略布局决定的，某一行动的优先性在多数情况下也是由与其他行动的优先性比较决定的。

业务层面的战略决策和公司层面的战略决策关注点完全不同。前者主要关注单个业务如何在市场上盈利。后者不仅要考虑某个业务的盈利情况，而且要平衡不同业务间的关系，考量不同业务之间如何实现最佳组合。某个局部的优先性对全局而言，可能不重要。业务层面的战略和公司层面的战略有时候会自相矛盾，领导者甚至可能得出完全不同的结论。

组织要拥有优秀的战略，必须时时做优先性排序，并基于排序做出投资优先性决策。组织做这样的决策可能会有失败的风险，但这是不得不付出的成本。聚焦和专注是获得执行力的基础，战略的核心特征是差异化的投资，战略的作用和执行力正是来源于此。

衡量公司有没有战略的重要特征在于观察其是否发生了成本结构的重构。如果成本结构的重构没有发生，即是无效战略。有战略的组织必须在不同的部门和功能之间重新分配成本，要"把钱从一个部门的兜里拿出来，放进另外一个部门的兜里去"。这个过程没有发生，便没有有效的战略。成本结构的重新配置一定程度上决定了经理人的发展前途和内部地位，并可能引发激烈的内部斗争。拿到钱的部门无疑是被选中的"最聪明的孩子"。组织的资源随之倾斜，没有拿到钱的孩子自然会有些许失落。

真正有效的战略，是不放弃在任何时机去实施差异化的投资策略。企业必须放弃一起成长和四处成长的思路，在制定公司级战略的时候，应该将资源投入在内部数一数二的领域上。"鞭打快牛"是很多企业的做法，但是很多企业并没有在资源分配和组织设计上给予"快牛"足够的支持，这样的"快牛"是跑不快的。实际上在咨询过程中，在做过组织能力盘点以后，我们往往会给出建议：哪些部门可以制定高增长指标，并配备资源、能力和考核机制，让这些部门的组织能力和业务野心相匹配；而哪些部门即使主动提出要求，管理层也要控制其指标增幅和资源投入，因为组织能力和业务野心不匹配，这种投入可能不会带来任何好的结果。

　　通用电气前董事长兼CEO韦尔奇在一次与复星集团董事长郭广昌对谈的时候问道："如果你拥有一家大型集团公司，在这个集团公司下面有很多已经成熟的分公司，那作为CEO，你希望把资源放到那些可以在市场上胜出的分公司当中，还是那些浪费总公司资源的分公司当中？"

　　大部分组织所面临的问题是同等对待每个分公司。这里面有非常成功的分公司，但也有非常糟糕的分公司。这不是卓越企业应有的想法。要成为卓越的企业，就应该整改、关闭或卖掉那些表现不好的公司。如果有五家分公司，那么这五家公司的绩效不会完全一样，且其所面临的机会也绝不会是均等的。组织应当在五家企业中的一到两家投入更多的资源，而不是在五家分公司中平均分配资源。

　　一切组织都是由业绩牵引的，业绩结构的差异性最终决定了成本结构和人员配置。组织的成本重构是从业绩指标制定开始的，如果业绩指标结构是一样的，数额是同幅度增长的，那么成本结构重构便不会发生。

　　在规划业绩指标时，人们往往有两种思维方式。一种思维方式是"滚动思维"战略制定模式，即由战略管理部门根据经济环境预测并确定一定的增长率，不同的业务和部门均实现同幅度的增长，随后形成行动计划和财务预算。另外一种是较为罕见的"设计思维"战略制定模式，由战略管理部门根据对不同市场的预测，为不同业务制定出差异化较大的增长率，每个业务和部门根据增长率识别组织能力建设需求，形成行动计划和财务预算。

"滚动思维"更注重现实，"设计思维"则更关注未来。组织在制定战略时要少一些"滚动思维"，多一些"设计思维"。"滚动思维"本质上是一种平均主义，是缺乏有效战略的表现。好的战略反对"不抛弃、不放弃"的平均主义思想。有的业务是组织的增长引擎，业绩指标可以增长50%，甚至更高；有的业务只负责贡献利润，可以不增长或微增长。每个业务的定位和价值不同，投入的资源以及相应的策略也会不同。

战略须说清楚企业未来在哪里赚钱，哪些业务承担增长引擎，哪些业务承担利润和现金贡献。企业在做战略时，经常会用到行业吸引力矩阵，这是一个评价细分市场看好度和确定组织在不同细分市场中投资策略的工具。组织在利用行业吸引力矩阵做业绩规划时，产品和业务在行业吸引力矩阵中的排列位置须尽量拉开距离，不能"糊"在一起，这样才能确保业绩增长幅度和指标结构的差异化，从而确保成本结构的差异化，如果产品和业务"糊"在一起，即意味着企业放弃在不同的细分市场中实施差异化投资。

在长年的咨询中，笔者发现一些企业做业务分析时画出行业吸引力矩阵，各个业务在图形中的位置差异不大。每个经理人总在用各类眼花缭乱的图表和市场数据，拼命地证明自己所管理的业务是"明日之星"。而当你要求这些经理人承担高于其他业务的增长率时，其又拼命地解释说这个业务尚属于投资阶段，拐点还没有出现。如果遇到这种情况，企业必须修改市场吸引力的评价指标，强制要求将不同的业务在行业吸引力矩阵中的位置拉开，从而实现成本战略的重构。

关于战略的核心争论：机会与能力

从战略的内容角度，所有针对战略的核心争论都围绕"机会"和"能力"这两个词语产生。战略的核心究竟是通过定位抓住机会，还是构建核心竞争力，围绕这个基本问题形成了战略史上的两大流派。这两大流派论战几十年，依然没有定论。通过定位抓机会更重要，还是通过构建核心竞争力取得竞争优势更重要，成为一个组织战略哲学的基础，这也决定了组织的战略观和不同的战略内容。

1980年迈克尔·波特的《竞争战略》（*Competitive Strategy*）一书出版以后，定位理论迅速成为战略管理领域的主导学派。战略定位流派的代表人物波特指出：战略应使企业在一个可以赚钱的市场中，比对手更快地占领优势位置，率先取得利益，而能力是从属性的，即战略的核心是在"可盈利的市场"占据"可盈利的定位"。

波特认为，真正可以赚钱的模式只有三种，即产品是否比对手更便宜（成本领先）、产品附加值是否比对手更高（差异化）以及战略实施是否比对手更紧凑（集中）。在竞争战略方面，要么成本低于对手，要么产品比对手更差异化，要么战略实施比对手更集中。

在机会驱动的市场中，企业与企业间比的是谁能更快地占领先机。如果把"经营"当作攀登一座大山，战略就是决定登哪座山，走哪条道路。企业应在"可盈利的市场"选取"可盈利的定位"。在攀登"经营"这座大山时，选择容易攀登的山，走容易攀登的路，当然容易领先。套用一句俗话，就是"选择比努力更重要"。

20世纪80年代日本企业本田进入汽车市场的时候，面对通用汽车的竞争，如同后来的小蚂蚁向领先的大象发起冲击，但本田公司最终获得了成功。佳能公司也创造了类似的奇迹。本田、佳能等公司的成功证明：即使缺乏良好的战略定位，企业也一样可以成功。21世纪中国华为公司复现了日本企业在20世纪80年代的成功。相比于丰田、佳能等日本企业，华为的起点更低，逆袭之路也更加神奇。

43岁的退役解放军团级干部任正非，在经营中被骗了200万元，因此被国企除名。他在求留任遭拒绝，背负200万元债务，家庭又发生变故的情况下，与几个志同道合的中年人，以凑来的2万元人民币创立了华为。当时的公司宿舍中十几张床挨着墙排开，床不够，用泡沫板上加床垫代替，所有员工都在这里住。30年后，谁也没想到这家诞生在一间破旧厂房里的小公司，改写了中国乃至世界通信制造业的历史。

后来任正非说，他是因为无知，因为傻，才在电信行业里走了下去。他本以为电信市场那么大，在其中做一点点事能养活自己就行了，进去之后才知道电信不是小公司能干的，标准太高了，进步太快了，要活下来只有硬着头皮干到底，不然就干不下来了。

那时他们与世界通信巨头相比，恐怕连一只蚂蚁都算不上，这恐怕是一个再差不过的战略定位。30多年来，华为公司从电信设备代理做起，一步一步投入自主研发，从农村市场做起，采取"农村包围城市"的方法占领国内市场。之后再从第三世界国家开始进入国际市场，步步为营，稳扎稳打，华为最终打败了横在面前的所有"大象"，成为国际市场的佼佼者，直至屡经美国打击，仍然屹立不倒。

本田、佳能、华为等企业的成功印证了战略的另外一个流派，即能力流派的理论。加里·哈默尔（Gary Hamel）等人认为：企业在适应商业环境变化的同时，应很好地理解"核心竞争力"。企业产生收益的源泉，不是事业的定位，也不是业务的效率与速度，而是位于二者之间的"核心竞争力"。他提出了"与收益关联的持续性竞争优势即核心竞争力"这一概念。核心竞争力是带着"机会"的"优势"，哈默尔认为定位理论失败的原因正是缺乏这样的概念。能力学派的一群人异军突起，其口号是"能力在先，定位在后"，积极倡导提高人与组织的学习能力。

我们把企业的类型从专注于能力还是专注于机会两个维度进行划分。纵轴代表能力，横轴代表机会。根据横轴和纵轴，我们可以把企业划分为四种基本类型（如图3-1所示）。

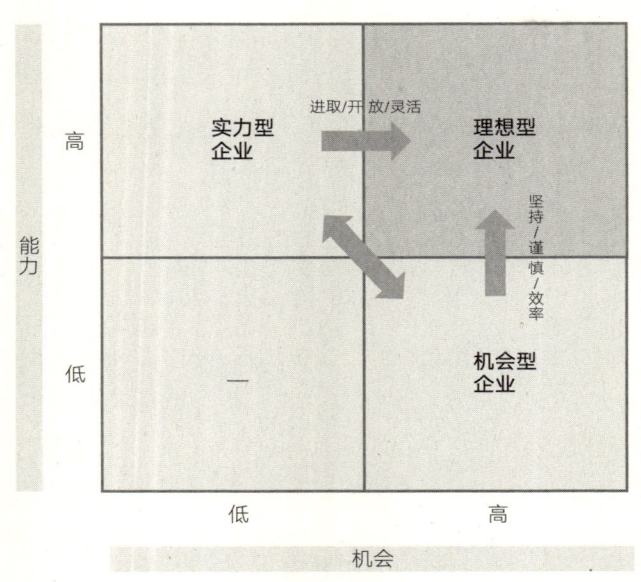

图3-1　企业发展的四种基本类型

专注于能力构建的企业属于实力型企业。这样的企业一般比较保守，谨慎地面对外部机会，可能跟不上时代的潮流。这样的企业很有可能成为某个领域的领导者，但是如果环境或者技术发生了巨大的变革，很可能被淘汰。20 世纪的柯达、诺基亚就属于这样的企业。

专注于定位与机会的企业属于机会型企业。这样的企业一般较为激进，对环境非常敏感，不拘泥于原有的形态，不断尝试进入新的业务。这些企业从长远看前景并不乐观，需要十分谨慎地判断进入的领域，保持专注力，这种企业往往难以持续生存。

同时专注于定位与能力，并能够平衡创新与效率的企业是理想型企业。这样的企业会有一部分基因和特质偏向实力型企业，一部分基因和特质偏向机会型企业。因为同时具有两种企业的特征，所以其能够在已有业务领域关注优势构建，专注于效率；同时又能十分敏锐地识别市场机会，并通过特别化的组织设计，不断探索创新业务。

中国改革开放的四十余年，是世界历史上空前高速发展的四十余年。在这样的大环境下，很多企业家抓住了时代赋予的机遇，实现了飞跃式的发展。这让管理者产生了一种错觉：抓住市场机遇是企业增长的捷径。但是我们应该看到，中国经济未经历过大萧条周期，这难免让我们对战略的认识更偏重于机会，妨碍了我们形成跨越时空的全局性战略思维。

老子云："夫轻诺必寡信，多易必多难。"轻易许下的诺言必然难以兑现，轻易获得的成功往往隐藏着巨大的隐忧。人的天性是做容易做的事情，而有效的战略是做艰难并有意义的事情。容易的事情往往是错的，创造价值的事一定是难的，组织一定要不断地去做今天看起来很难，明天会让组织变得更好的事情。如果管理者无法决策，就去做"难而正确"的事，也就是有价值的事。那些一路高歌猛进的机会型企业，如果不能控制多元化发展的冲动，必将在遇到困难时，难以连续性经营。只有那些品质企业才能持续取得成功，从而实现基业长青。

很多依靠早期市场机会成功的企业家，其应对危机和实现增长的方式就是不断进入新的机会领域，通过商业感觉与战略定位取得成功。这样的思维惯性导致企业的业务组合越来越多，每块业务都没有核心竞争力。企业大而不强，新进入的业务没有建立有效的核心竞争力，加上可能的并购或进入的失误，经营便愈加艰难。

事实上，古今中外的经营者，在经济高速增长期，总是充满着各种不可抑制的多元化发展冲动，进入"多元化增长陷阱"。这种冲动会在经济停滞增长时终止。在这种发展模式下，企业经营者如同正参与一个赌局。赌博者每一次都把上次赢的筹码全部投入新的赌局中，不断打着"一体化""整合营销""生态圈"等名义进入与主业关联不大的领域，或投资于生产设施。但是请记住，赌博者只要不离开赌桌，总有一天会输掉全部筹码。

实际上我们通过美国企业百年的发展历程就能看到多元化的危害。在经济高速增长期，美国企业纷纷进行业务多元化布局。美国企业的多元化是从第一次世界大战结束后开始的，多元化的后果没有完全暴露出来，第二次世界大战就爆发了。美国企业的多元化在第二次世界大战之后达到高潮，尝到了多元化甜头的大企业控制不住继续多元化发展的冲动，在第二次世界大战结束后迅猛扩增自己的产品线，短期内实现了较高的规模和利润增长。

多元化浪潮在20世纪60年代的"并购"热潮以及70年代兴起的"无关联多元化"的风暴中达到高潮。多数美国企业都将多元化拓展到了与原有业务完全无关的领域。在多元化的巅峰期，通用电气公司有46个事业部，联合企业的利顿工业公司有70个事业部。这对组织的管理能力提出了巨大挑战，多元化的结果是业务的盈利能力普遍下降。

这个趋势最终导致20世纪80年代精简业务和重组成为美国企业的主流战略，杰克·韦尔奇"数一数二"的战略正是基于这个背景提出的，并成为业务重组的基本原则。通用电气公司通过重组将业务规模缩小到不到原来的三分之一，并因此获得了巨大成功。这个趋势也导致了无关多元化战略的终结，相关多元化理论越来越占据主流地位。

相关多元化理论强调企业应谨慎地进入新的业务，新进入业务与原有业务之间应形成协同效应，母公司对所收购的业务最好有"母合优势"。母体公司能够给新收购的业务提供独特价值，比单一业务独立经营要更好，否则就不应该收购或进入该业务。

有了前车之鉴，在较为发达和成熟的国家，企业更倾向于在一个领域内深耕细作，只有很大规模的企业才会多元化发展。国内企业多元化的时间点往往大大提前，它们在初具规模时，就开始了多元化经营的进程。这些企业总是有着各种各样的焦虑，通过不断占位去获得增长，而不愿意在其中一个业务上构建强大的核心竞争力，导致管理复杂度增加。

在机会型市场上的成功不知不觉地强化了经营者的投机思维，并成为其制定战略的底层假设。投机性基因已经深入骨髓，并形成文化。具有投机思维的经营者总是不自觉地被这种心智模式所奴役，确定投资方向时，总会选择购买新业务，而不会选择在原有业务领域构建核心竞争力和发展组织能力。长期如此，企业会变得不再擅长于构建核心竞争力。

中国市场经过了30多年的快速发展，产生了很多大企业，但并没有产生很多企业家。很多企业的发展是机会导向的，它们依靠中国经济发展的红利取得发展，它们的管理者与其说是企业家，不如说是商人。这些组织并非依靠组织能力取胜，而往往把时代的成功归功于组织或领导者的成功，过分低估了机会的作用。

这些企业的特征往往是没有章法的多元化。如恒大集团就是一个机会型的企业，开展了无序多元化扩张，在短短几年内，同时进入金融、房地产、矿泉水等多个产业，没有任何逻辑，也无母合优势。在经济高速增长期也许没有问题，但一旦行业出现震荡或经济出现波动，每个产业都将成为隐患，结果必然是"其兴也勃焉，其亡也忽焉"。

这种企业的真正实力会在以下两种情况下暴露无遗，一种是遭遇逆境，另一种是转型进入新领域。恒大集团在遇到危机时基本无抵抗能力，说明这家企业总体上是机会型的企业。企业的核心竞争力并未建立在超脱于业务的组织能力之上，企业的实际经营状态并没有其财务指标表现得那样好。

抓机会比建设核心竞争力要容易得多，企业容易沉迷于多元化带来的表面的规模增长，这看起来像滋滋作响、散发黄油香气的牛排。经营者面对这种不可抵制的诱惑，天然地想增加基础设施、固定资产和人员规模投入以扩大规模，而非投资于核心竞争力。人无远虑，必有近忧，表面上看企业是在不断做大，实质上仅有规模的增长，质量并未得到改善。当音乐停止时，经营者才发现资金周转困难，无利润可言，经营难以持续。

企业最好的战略是找到一个足够大的、集中度高或者是适合自己的市场深耕，直到取得数一数二的竞争地位。

某广告业务公司进入了8个行业，其在每个行业领域的成绩都不算好，市场占有率也不大。当给该广告业务公司下属的某个行业排名第5名之后的业务线做战略规划时，笔者忽然发现竟无法制定真正有效的战略,因为在这些行业领域内都有数一数二的公司,其往往只专注于一个领域,因此能够投入大量的资源。拿一个简单的现象来说,只要是参与重要投标,竞争对手派出的都是总经理,而这家广告业务公司派出的只能是项目经理,因为总经理还有其他更重要的事情要做。因此我们总是拿一般性的资源与对方最优质的资源竞争,无法聚焦并提供有效的资源,最后大家得出一个可悲的结论:这些市场业务的丢失是必然的,没有什么真正有效的办法能够改善这种情况。

在 2012 年之后,我国的经济进入了增速换挡期。2016 年之后更是进入了中速增长的新常态。在这样的背景下,很多企业都出现了"功能失调症",不仅市场发展受挫,企业内部的种种弊端也纷纷显露出来,似乎这些都是经济发展减速的连锁反应。然而真相并不是这样,只不过在过去的几十年中,市场的高速发展掩盖了组织能力的弊端。

企业"SACO 成长飞轮"中的三个要素对企业价值增长的作用,我们可以用一个直观的公式来表达:

$$企业价值增长 = 战略定位 \times 核心竞争力 \times 组织能力$$

三个要素中的任一要素对另外两个要素都具有放大或缩小作用。其中任何一个要素等于市场平均水平,那么这个系数就是 1,低于市场平均水平就是小于 1,高于市场平均水平就是大于 1。在过去的几十年中,由于奇迹般的经济增长速度,"战略定位"这个要素的数值非常大,即便另外两个要素低于市场平均水平,企业仍然可以获得不错的增长。然而现在经济增速放缓,企业寻找一个高系数的市场空间非常困难。此时核心竞争力与组织能力的重要性就体现出来了。因为即便是在同样的市场环境下,企业在能力方面只需要比平均水平高一点,都可以获得比竞争对手更高的收益。

战略所处理的核心议题，包括三个方面：战场宽度（增长结构）、战场纵深（核心能力）、战斗节奏（增长结构和能力的关系）。真正高明的战略是将定位和能力相融合。企业进入新的业务板块，拓展"战场"的宽度，必须基于其核心能力，必须以能力为轴，通过战略定位迈步探索，实现连续性增长。真正有效的战略是在一个容量较大的市场上布局"打深、打透"的"阵地战"，而非四处作战的"游击战"。

"战略管理之父"伊戈尔·安索夫（Igor Ansoff）讲，企业须以一只脚为能力支点，再用另外一只脚探索，完成扩张。在进入一个"新战场"后，企业不应急于进行新的探索，而应专注于核心竞争力建设，并通过构建核心竞争力占据更大的市场份额，之后再寻求下一次基于核心竞争力的扩张机会，这才是合适的增长节奏，才是定位和能力的理想关系。在战略上四处作战、随机生长的组织，只能成为投机型企业。组织的能力不可能完成凤凰涅槃，也不可能成为真正的活力组织。

很多企业学习华为，往往效果一般。其实学习华为难在两个方面，一方面是华为的战略很朴实，就是贯彻了连续性增长的概念，从核心业务区不断增长，进入一个个宽度和容量足够的市场，占据数一数二的位置。在战略的基本理念中，更强调能力构建，这些看上去似乎很容易，但实际上保持这种定力绝非易事，华为经受了房地产高速发展等各种机会诱惑，一直在主阵地上耕耘，一直谨慎地处理扩张与优势的关系，以能力为轴进行扩张，而非两只脚同时起跳，对非连续增长更是"畏如猛虎"。如果仅是做到这些，也许不是那么困难，但更为可贵的是，华为的核心竞争力建立在组织能力侧，构建了高效的由战略到执行的流程、人才管理流程、集成产品开发流程（Integrated Product Development, IPD）等。在组织能力侧的这些努力，使得华为释放了最大限度的活力，因此能不断提升业务侧取得的成果，即使采取同样的战略，华为作为活力组织也比同行做得好，这是华为极难学习的第二方面原因。华为始终很好地处理了企业经营的两个根本性主题——"业务增长"和"组织活力"的关系。它两个方面同时抓，两只手都硬，既在"业务增长"方面下功夫，构建了业务核心竞争力，又在"组织活力"方面下功夫，激发了组织的生命力。"组织活力"为"业务增长"提供支持，并提升其成果，同时"业务增长"为"组织活力"建设提供方向，让企业在实现业务增长的过程中，实现组织的淬炼、活力的激发和释放。两者互为条件，相互支持，相互成就。而在大部分经营者的脑袋里面，只有"业务增长"这一个主题，并在这个主题上过密化工作，这些经营者无法将活力激发和业务增长联系起来，企业反而往往得不到增长；而那些兼顾业务增长和组织活力的企业，增长自然而然就实现了。

从核心区向外扩张，实现连续性价值增长

如何实现连续性价值增长是经营者需要面对的核心议题，连续性价值增长虽然不能从根本上解决组织问题，但可以解决组织中的大部分问题。或者说，连续性价值增长可以为企业解决问题、创造机会。价值增长和组织活力之间是相互成就的关系。

如何实现价值连续性增长，是企业战略需要回答的核心问题。我们提出的观点是企业尽量做连续性价值增长，不做非连续性价值增长，要从核心实施增长。那么什么是连续性价值增长，什么是非连续性价值增长？

谈到企业的增长模式，我们往往会用到一个知名的战略管理工具，即安索夫成长矩阵。安索夫成长矩阵提出，企业首先要在原有产品和原有市场中努力挖掘连续性价值增长的机会。不过那里存在极限，因此还有三种增长方式可选择，分别是开发新产品进入老市场、进入新市场中销售老产品或凭借新产品进入新市场。最后一种形式也是安索夫成长矩阵右上角的"飞地"。如果一下子进入新的

"飞地"，成功的概率往往是较低的（如图3-2所示）。

我们把企业直接进入安索夫成长矩阵"飞地"的成长方式称为非连续性价值增长。由于这种增长没能有效地利用已有优势，这种增长战略在早期快速成长的市场上可能成功，但随着市场趋于成熟，失败概率便会更高。不断非连续性价值增长的企业，就如同在荷叶上跳跃的青蛙一样，然而现实是企业不可能真有青蛙跳荷叶那样的敏捷性，这种非连续价值增长可能成功一次，如成为习惯，企业则早晚必定失败。因此这并非基业长青企业的增长模式。

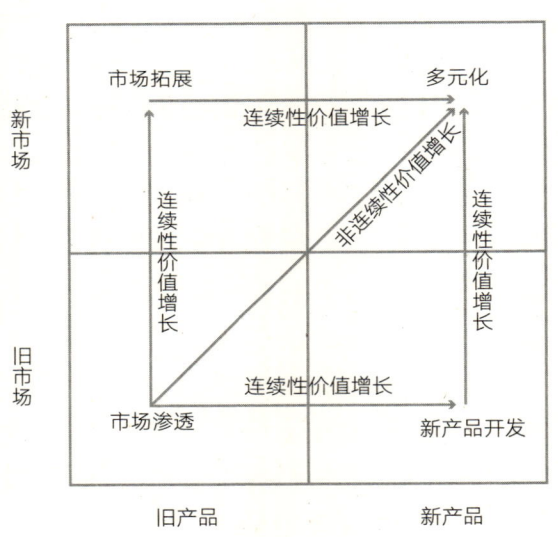

图3-2　安索夫成长矩阵

在这方面，国内的经营者往往比国外的企业更愿意采取非连续性价值增长的模式。国内的经营者往往不经过论证就进入新业务，全然不考虑新业务是否借用了原有核心业务的客户资源和业务能力，不考虑以往的核心业务是否还有足够的潜力或是否足够强大。企业究竟是应该继续在核心业务里挖掘潜力，还是寻找新的增长机会？经营者总是不愿意继续在自己家的果园里挖掘潜力，实现价值增长，总觉得别人的地可能更肥，长的果实可能更加香甜。经营者总是期望新的业务盈利会更好，实际上新市场的利润往往不尽如人意。

2021年10月22日，恒大集团掌门人许家印在恒大集团的复工复产专题会上，宣布了恒大集团化解债务风险的三大战略决定，又是一系列超出想象的操作。恒大集团作为房地产企业竟然决定未来10年不再买地，主营业务要转为新能源汽车。恒大集团重庆分公司宣布，部分项目于2021年11月1日停工，停工周期为一年。这家全国知名的大型房地产企业到底出了什么问题？恒大集团的自救策略到底靠不靠谱呢？

我曾经私下和朋友说，恒大集团的战略是外星人才能看得懂的战略。我们看看恒大集团历史上都做过什么事。

当年恒大集团在鼎盛时期开始进入矿泉水市场，恒大冰泉最火的时候，电视上都是它的广告。许家印开始宣布进入矿泉水市场的时候，曾经也是豪言壮语，要干一番大事业的。恒大集团为了做好恒大冰泉，拿出了大量的资源，不过钱砸进去了，生意最终还是赔本了，这给恒大集团造成了巨大的经济损失。现在在超市和便利店，已经很难看到恒大冰泉的影子了。可那个时候恒大集团家大业大，完全输得起，即便恒大冰泉最后以失败告终，但那次试水对于恒大集团的财报和企业声誉的影响都非常小。对于这个战略我的质疑有三点：一是房地产业务的核心竞争力与矿泉水之间没有什么关系，显然这是一次非连续性的"蛙跳"。二是矿泉水行业的头部企业也才只有200亿元左右的产值，这能够解决万亿级企业规模的价值增长问题吗？三是地产型企业的文化和产品型企业的文化差异极大，如何协调？

恒大集团成立于1996年，从这个时间我们可以看出它的发展是乘着国家城市化进程的东风，伴随着房地产行业的发展一路高歌猛进的。这样的发展背景让恒大集团的基因里充满了投机与粗放。恒大集团官方网站上的介绍是"多元产业+数字科技"的世界500强企业，旗下拥有恒大地产、恒大新能源汽车、恒大物业、恒腾网络、房车宝、恒大童世界、恒大健康、恒大冰泉等八大产业，为数亿用户提供全方位服务。

恒大集团不仅涉足过矿泉水业务，还涉足过足球、金融等业务，无论过程如何辉煌，最终留下的都是一地鸡毛。恒大集团全力开展新能源汽车业务，又一次进入安索夫成长矩阵"飞地"，这是恒大集团赌得更大的一次"蛙跳"。新能源汽车市场的规模是足够的，但恒大集团面临两个挑战：一是房地产业务的核心竞争力与新能源汽车之间没有什么关系，如何构建开发新能源汽车的能力？二是地产型企业的文化和产品型企业的文化差异极大，如何协调？前者是粗放型的、资源型的，而后者是精密制造和创新型业务。如果是战略投资倒也说得过去，如果是经营控制，恒大集团的组织转型难度极高，恒大集团准备如何进行组织变革？

造成国内企业选择非连续性价值增长的原因从根本上来说有两个：一个是国内企业在战略方面的素养不足，缺乏制定高水平增长战略的能力，在这种情况下就会不自觉地走向多元化；另一个是自改革开放以来，国民经济整体还处于中高速增长周期，国内的市场商业机会较多，国内企业普遍没有经过很长时间的经济逆周期考验，因此企业家的投机性很强。但是我们必须看到，这种高速增长的环境必将过去，非连续性增长绝非长久之计。基业长青的企业成长模式有以下两种：

- 一是树立从核心增长的理念：企业在扩张中应尽量保证在客户、成本和业务能力等方面复用以往核心业务的优势，否则企业的成功扩张就只能完全依赖于跨越业务的强大组织能力，而这对绝大多数企业而言，是不可行的。只有非常少的企业才有能力做这样的跨越。克里斯·祖克（Chris Zook）等在《回归核心》（*Profit from The Core*）一书中提出，调研表明只有 13% 的企业能够持续盈利，而持续盈利的企业都有 1～2 个居于市场主寻地位的核心业务。从核心出发，围绕核心业务向相邻领域扩张，就更能确保企业在扩张中的成功率和持续盈利。新业务与原有核心业务的差距可以从客户的趋同性、竞争对手的趋同性、成本结构的趋同性、渠道方式的趋同性、核心竞争力的趋同性五个角度去考虑，这五个角度越趋同，那么新业务与原有核心业务的差距越小，越容易成功；越不趋同，证明新业务与原有核心业务的差距越大，越可能失败。企业尽量从核心区向外扩张，逐步丰富产品和业务类型，那才是一条精实增长之路。

- 二是在安索夫成长矩阵中走折线，以实现连续性增长：在安索夫成长矩阵中，企业如果固定一侧，或者固定市场，或者固定业务和产品，那么往往有 50% 的成功概率；如果两侧都不固定，一下子走斜线进入"飞地"，成功概率往往是 0。企业如果每次都走折线，看似慢，实际上更快，最终也能走入"飞地"（如图 3-3 所示）。

名和高司在《麦肯锡 & 波士顿解决问题方法和创造价值技巧》一书中提出了一个案例：富士公司把安索夫成长矩阵又扩张成 3×3 廊道矩阵，把企业的核心竞争力细化，就能进入更多的业务领域。如富士公司是做胶片的，而胶片业务由于技术的变化是一个衰退的市场，如何寻找新领域呢？富士公司发现胶片需要胶原蛋白和纳米技术，而这些技术糅合在一起，就会产生"抗衰老"这个关键词。而在化妆品市场，中老年的抗衰老需求开始上升。于是一个大胆的想法就产生了，富士公司可以进入功能性化妆品领域，利用自己的研发和技术优势，从而慢慢进入整个化妆品市场。富士公司把抗衰老功能性化妆品称为安索夫"过道走廊",把整个女性化妆品市场看作"飞地"。通过安索夫"过道走廊"进入安索夫"飞地",成功概率更高。

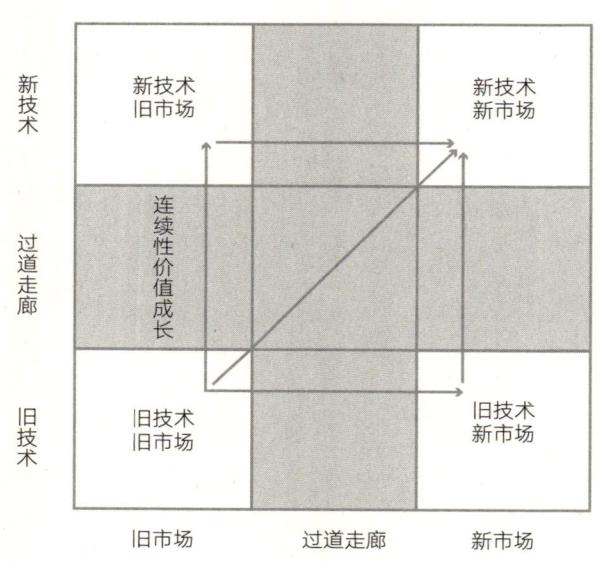

图 3-3 安索夫 3×3 廊道矩阵

2021年有一个话题比较受到关注,就是华为是否进入汽车制造行业。1月17日,任正非在深圳总部接受国内部分媒体采访时如是表态:"我们永远不会造汽车。我们是做车联网的模块,即汽车中的电子部分——边缘计算是我们做的,(在这一领域)我们可能会是全世界做得最好的。但是它不是车,我们要和车配合起来,车用我们的车联网模块实现自动驾驶。因此,我们不会跨界,我们是有边界的,(只深耕)以电子流为中心的领域,非这个领域的业务都要砍掉。"

事实上,一向专注本业的华为,并不会盲目去改造整个汽车产业链。因为任何行业都是有专业性的，华为必定会从自己擅长的领域开始，逐渐打磨，提升核心竞争力。

华为公司是全球通信领域巨头，但并不是汽车行业的资深玩家，华为的核心业务是通信。从标准制订到芯片研发，华为所做的事情都围绕着提升通信领域的竞争力、硬实力。在车载领域也是如此。早在2013年，华为便成立了车联网业务部，推出了车载模块ME909T，在车联网和自动驾驶领域进行了深入布局。其研发的车载通信、图像处理芯片、模块在业内多有应用。随后华为在汽车领域的各种合作，也围绕车载通信展开。

华为进入智能汽车解决方案领域而不做整车的战略思路，非常符合从核心增长的理念，是基于核心区的增长模式，走的道路与日本企业相类似，是非常稳妥的"阵地战"增长模式，而非恒大集团那样的"运动战"或"游击战"成长模式。这种模式的成功概率非常高，华为未来能不能走入安索夫矩阵的"飞地"，也许只有时间才能做出真正的回答。

通用电气前董事长兼CEO杰克·韦尔奇曾经说："扩张至相邻市场是最容易的增长途径，持续不断地重新定义市场占有率，让人不轻易自满，时时保持挑战状态，看见相邻业务的成长机会。"换句话说，新的扩张计划建立或附着在稳固的核心业务上，是最有效的成长方式。

抓住关键成功要素，构建战略控制点

无论是重视机会与定位的组织，还是重视能力构建的组织，在战略落地的时候都需要"抓手"。我们把这个抓手称为"战略控制点"。

组织须随时审视财务指标与组织健康度的关系。财务业绩是指一家企业为其各利益相关者提供的财务和运营收益，它通常通过净运营利润、净投资回报、运营成本、库存周转率等指标来衡量。组织健康度是指一个组织能够比竞争对手更快地进行调整和自我更新的能力，这是获取持久的优异业绩的保障。公司想要保持优异，有好的财务业绩是必要条件，但仅有财务指标是远远不够的，组织的健康指标比财务指标更重要。

实际上，基于系统的延迟性，财务业绩并不能全面反映组织的现状，甚至有时过于优秀的财务业绩往往会有反效果。推动以能力为核心的战略，组织要摆脱过分关注财务指标、忽视组织健康度的倾向。漂亮的财务报表有时会让人滋生自满情绪，同时掩盖了组织的健康问题。有时候眼前优异的财务业绩，很可能是以牺牲对未来的投资为代价的。

在 2008 年经济崩溃前期，大多数银行的财务状况都是破纪录地好。与此同时，石油价格达到了一桶 200 美元以上，几家主要石油公司获得了破纪录的利润。但这并不意味着银行和石油公司处于组织健康的最好状态。而事实上，金融危机很快爆发，这些财务指标看起来很好的银行和石油公司立即陷入崩溃。

核心竞争力必须反映商业设计的关键成功要素，可能是品牌、专利、产品性能、技术、独特资源等，我们需要在这些竞争力方向上形成具有优势的战略控制点。每个企业至少应该在两个战略控制点上领先。企业的战略控制点越多，每个控制点越独特，企业就越难被超越，越容易建立竞争保护。那么当风雨到来的时候，这些战略控制点就能为企业"遮风蔽雨"。

战略控制点的选择既有一定的自主性，也有一定的程式化。自主性是指企业不可能在所有可能建立战略控制点的方向上构建核心竞争力；程式化是指每个生意类型都可能在建立战略控制点的领域中有一定的确定性，组织不能脱离这些领域任意构建战略控制点。

有一家医疗器械代理商，它在进行自己的三年规划时准确地识别了自己的战略控制点。与医疗器械代理业务这个生意本质相适应的关键词有"范围经营""人员型业务""复杂型销售"。战略控制点的选择，须基于这三个本质特征。

医院的器械业务属于典型的"范围经营"类型的业务。这类业务客户进入周期长、成本高。生意的关键是在一个客户那里实现多次交易。因此建立"有影响力的产品代理组合"就成为组织的一个可能的战略控制点来源。整合产品的品牌特征越突出，商业效果越理想。

医院的器械业务属于典型的"人员型业务"。这类业务依赖线下销售，是按区域展开的"地面战"。业绩的增长与人员数量之间是线性关系，业务的边际效应不强。组织识别与训练销售人员的效率决定了业绩增长的速度，与此相适应，销售人员的高效识别和训练系统就成为另一个可能的战略控制点来源。

医院的器械业务属于典型的"复杂型销售"业务。这类业务的客户采购决策复杂而缓慢，自建队伍产生周期的速度较慢，能够短期覆盖的市场规模可能有限。公司如果在成熟的关系渠道上销售新产品，就可以避免这个缺陷，销售成本有效降低，可以完成快速市场覆盖。与此相对应，建立和发展与医疗渠道合作伙伴合作的能力，就成了一个可能的战略控制点来源。

像医疗器械代理这类业务，需要在以上三个可能的战略控制点上建立优势。同时拥有三个能力固然好，拥有两项也能保障一定的市场规模、商业利润，从而取得一定程度上的成功。

核心竞争力的构建方向，除了必须符合商业模式的本质以外，战略控制点的组合还必须产生化学反应，才能走出线性增长模式，实现跃迁式增长。否则，企业就是只有"一技之长"或多技之长而已，并不能取得极大的商业成功。

业务的核心竞争力就是创造价值和扩张价值形成的综合能力。战略控制点应该基于两个构造面设计，一个构造面负责创造价值，另外一个构造面负责扩张价值。二者的组合会形成一种新的化学反应，超越线性增长模式，进入指数级增长模式。

$$\text{组织核心竞争力} = \text{业务核心竞争力} \times \text{组织能力}$$
$$= \text{创造价值能力} \times \text{扩张价值能力} \times \text{组织能力}$$

创造价值的能力一般指的是产品性能或价值主张的领先性，如产品的性能及性价比、服务的独特性；扩张价值的能力一般来源于市场，如品牌能力、销售网络的扩张能力、销售团队的构建能力。

不管你愿意与否，讨厌它，抑或喜欢它，组织能力总是在那里，是一个让你无法忽视的系数。组织能力的作用就是放大或缩小业务核心能力的结果。如果组织能力大于行业平均水平，即数值大于1，就会起到放大作用；如果组织能力低于行业平均水平，即数值小于1，就会起到掣肘作用。

前文医疗器械代理商的案例，就符合跃迁式增长的要求。发展有竞争力的产品组合数量属于为客户创造价值的能力；销售人员的识别与训练系统效率属于扩张价值的能力；医疗代理业务的核心竞争力公式 = 有竞争力的组合产品数 × 销售人员自我复制能力 × 组织能力，这样就可以带来业绩的指数级增长。

企业确定了核心竞争力，就意味着针对不同的能力类型确定了不同的投资策略。亚德里安·斯莱沃斯基（Adrian Slywotzky）[①]等人把企业的能力类型进行了划分。他们认为企业需要构建的能力有三种类型，分别是支持战略的差异化能力、支持组织展开行业内竞争的必备能力、维持业务运营的基本能力。他们建议组织应该拥有2～6项差异化能力以提供竞争保护。他们所说的差异化能力就是我们所说的战略控制点。

对于差异化能力，亚德里安的建议是以满足竞争要求和足够领先为原则，不限制投资额度，持续地投资，对应关键词是"锐利""压倒一切"，组织必须确保在核心竞争力方面建立2～6项压倒一切的能力，这是组织长期保持成功的法宝。必备能力，一般是指实现价值链的基本商业活动，投资策略是做到次优水平，维持运营，对应的关键词是"优良"，不必要求做到行业第一，但要求达到行业的基本水准。基本能力，一般是指办公场所、设施、服务支持等方面的能力，投资策略是尽量减少成本，满足基本条件即可，对应的关键词是"够用"，能够维持运转，偶尔可以有不影响整体的误差。

企业仅赚取利润是不够的，关键是如何花掉利润。一个好战略的检验标准不仅要看能否取得今天的利润，更重要的是看它如何指导管理者花掉这些利润，从而构建未来的核心竞争力，这比仅仅取得好的财务指标更困难。

---

① 知名管理思想家，被《泰晤士报》评为"世界上50位顶尖商业思想家之一"。他与卡尔·韦伯（Karl Weber）合著的《需求》（Demand）一书揭示了创造人们无法拒绝、竞争对手无法复制的需求的六大关键。本书简体中文版已由湛庐于2013年策划出版。——编者注

第 4 章

8 ENGINES
TO BUILD A THRIVING ORGANIZATION

活力组织的引擎 3,

流程设计,产生高效的工作内容

把握战略性的关键任务,打赢"战略硬仗"。

第 4 章 活力组织的引擎 3：流程设计，产生高效的工作内容

战略需根植于组织的日常行为之中，并通过完成工作任务来落地。组织是任务完成的载体，组织能力需要在任务中锻炼和验证。识别高效的工作内容无论对战略落地，还是对组织能力建设都至关重要。

20 世纪印尼爪哇岛上的人口迅速增长，但岛上的耕地有限。为了养活更多的人，岛民在那有限的耕地上花费巨大的精力去耕种。前期耕地的产量确实提高了，但是随着投入的增多，产量并没有继续提高。

在社会和组织内部也存在类似的现象。早期组织的功能往往是不健全的，人们的大部分工作都在弥补组织功能的空白。这就像一块刚刚开拓的土地一样，农民稍微多用点心侍弄一下，就会有很好的回报。成熟的组织就像养熟的土地，即使花再多力气，用再好的化肥和种子，其产量基本上也是稳定的，上下浮动不会太多。那么如何才能在有限的资源里取得更高的收益，如何更加高效地开展工作是每个管理者必须要解决的问题。

极度一致，成为高效组织的关键

很多打工人都在抱怨自己每天大部分时间都浪费在了没有意义的事情上，比如越来越精美的 PPT、越来越多的会议、越来越多的部门之间的扯皮，沟通邮件中越来越长的抄送名单。

这些现象总结起来无外乎两种情况：一种是每个部门都在追求局部最优，追求单个要素的最优，造成高度内卷化，导致在非核心方向上投入过密，产生浪费。另外一种是不同部门之间为了局部利益和资源，互相攀比，而不关注外部的结果如何。部门都在做与最终的商业结果关联性不大的工作。

为了在管理过程中尽量避免这两种情况发生，我们需要先刷新一下关于组织的认知。组织理论的发展经历了三个阶段，分别是机械式组织理论（第一代组织理论）、生命体组织理论（第二代组织理论）和社会网络组织理论（第三代组织理论）。

- 机械式组织理论下的组织是一个简练的、无思想的系统。组织总体和各组成部分均没有自己的目的，只是一个工具。其按照事先定义好的方式行动。在机械理论下，系统是由相互之间无联系的变量组成的，系统等于各部分之和。
- 生命体组织理论下的组织是一个相互联系的单一思想系统。组织总体是有思想的，但各个组成部分均是工具。在生命体理论下，系统是由相互依赖、相互联系的变量组成的。不同要素之间的联系决定了系统的功能，改善要素间的联系比要素的改善对优化系统的效能更为重要。
- 社会网络组织理论下的组织是一个相互联系的多思想系统。组织总体是有思想的，各个组成部分也是有思想的，它们的联系和一致性决定了组织的效能。

从第一代机械式组织理论发展到第三代社会网络组织理论,是一个漫长的过程。直到今天,很多管理者都没有充分理解这三种对组织的不同认知会给管理行为带来怎样的影响。

三种组织理论的核心差异围绕着以下两个问题:

- 组织的核心,究竟是联系重要,还是要素重要?
- 组织的每个组成部分,是否有独立的目标?

如果组织的核心是联系,组织整体并不等于独立运作的各系统之和。不同的部分之间若不能建立联系,局部的改善对整体改变几乎无益。在企业经营过程中,调整某个要素不一定能改变组织绩效,如调整某个人员。但改变组织间的联系必能改善绩效,如调整组织结构、流程、绩效指标等。例如,球员间的联系和配合对取得成绩更重要,因此足球比赛中由 11 个最好的球员组成的球队未必是最好的球队。

如果组织的各个组成部分都有自己的目标,那么就会产生局部利益和整体利益的不一致。而组织整体与组成部分间的目标和行动的契合性是确保执行到位的关键。机械式组织理论、生命体组织理论都过分强调了整体的目标和利益,强调了局部对整体目标的服从,而忽视了局部对整体目标的反作用力,这种反作用力往往会带来非常严重的后果。例如,让一台开着的机器撞墙,它必定会撞。但让一匹马撞墙,它肯定不会撞。这之间的差别在于马是有意识的而机器是无意识的。如果整体目标与局部目标不一致,就会引起对抗。

我们在前文中已经把不同组成部分间的一致性,根据联系的紧密程度和对齐水平,分为近似一致性与极度一致性。不同行动之间近似一致与极度一致的区别,是影响执行力和组织效率的关键。企业需要通过赋能系统和流程建设,把自身打造成极度一致性的组织,这是提高执行力和组织效率的关键。

近似一致性组织总是使用宽泛对齐的方法识别工作并进行执行设计,其思维逻辑是:战略目标确定以后,组织中的每个部分和功能模块应该如何响应和行动。工作的产生过程是:总体目标—分部目标—分部行动(如图4-1所示)。

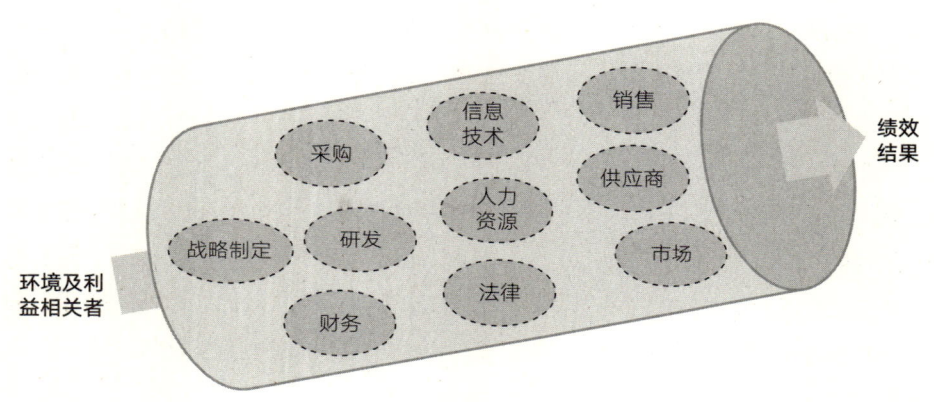

图 4-1　近似一致性组织的工作过程

这表面上看起来似乎没有问题,每个部门的工作似乎对实现上级的战略目标都有用,但实际情况是每个部门的行动对实现战略目标的针对性和预见性都比较低。不同部门之间的工作联系是松散的,大部分中后台部门的工作效果无法从市场结果方面衡量。这样做导致的后果是组织内产生大量有益、低效的行动,部门之间建立起越来越厚的"部门墙"。

用近似一致性的方法开展工作,就像患者吃保健品来治疗一样。假如一个人生病了,但没有去看医生也没有吃药,而是买了很多保健品来吃,那么即便这个患者买的都是正规的、有效的保健品,如复合维生素、钙片、蛋白质粉等,这些东西对于改善身体健康状况肯定是有益的,但是想要用这些保健品来治病,那么效果是极其有限的,甚至是无益有害的。

极度一致性组织通常采用精确对齐的方法识别工作,并进行执行设计。其通过识别出对战略落地具有重要影响的关键行动,基于关键行动识别所需要的组织能力,比较组织能力要求与组织能力现状的差距,对组织结构、系统流程、考核激励、关键人才、晋升方式和组织文化采取行动,行动计划必须精准地对齐关键行动所要求的组织能力,精确地弥补每个能力差距,确保变革成功。极度一致性组织工作的过程是:战略目标—关键任务—组织能力变革要求—各部分关键行动及目标(如图 4-2 所示)。

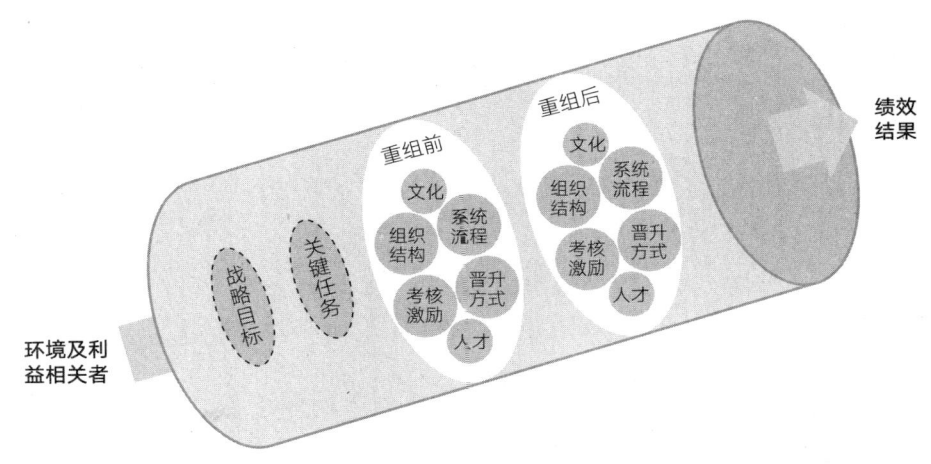

图 4-2　极度一致性组织的工作分解过程

这种对齐是通过分解一个确定的、跨部门的、综合性的任务展开的。不以跨部门的任务作为载体展开执行设计,组织便不会产生极度一致性。不同部门依据跨部门任务要求的组织能力,去做出自己的贡献,这就避免了机械式分解工作导致的联系破坏。这个行动是具体的,不同部门的工作与之对齐,决定了组织的工作协调是极其精准的。这样,不同组成部分就能围绕着跨部分任务,产生高效的协同效应，有效地拆除"部门墙"。

上下级部门之间、平行部门之间的工作推进过程是先按照一定的组织能力模型解码并识别出来，再进行周密规划，相互之间具有依赖性。这确保了不同部门间的行动是极其符合逻辑和科学性的，是高度纪律性的。获得了极度一致性和执行力，不同部门的行动就会产生化学反应，出现非线性的效果。

在印度神话中，公元前12世纪，湿婆神与雪山神女伉俪情深，后喜得贵子，取名叫迦尼萨。不料在庆生宴上，受毗湿奴神之妻诅咒的土星神看了一眼婴儿，婴儿便当场身首异处，引得众神垂泣。毗湿奴神为安慰孩子亲属，就飞到河边找了一头在睡梦中的大象，把它的头砍下移植到了死婴颈上，使其复活。长大后这名婴儿就变成了印度人心中保佑人们心想事成的象头神。

印度神话中毗湿奴神把象头移植至人身体上是一个近似一致的过程，就好比企业中的近似一致性行动。在现实中这种近似一致性行动是不可能保障器官移植成功的。

实际上人体器官移植是一个异常复杂和高度精细化的手术，需要处理大量血管和神经的连接，并且必须确保受体和移植物的人类白细胞抗原（HLA）在一定程度上的一致性，从而避免器官移植后与身体发生排斥反应。而器官移植术的成败在很大程度上取决于移植排斥反应的防治，目前临床上主要从严格选择供者、抑制受者免疫应答、诱导移植耐受以及加强移植后的免疫监测等方式来防治移植排斥反应发生。

人类实际医学中的器官移植，是一种极度一致性的行动，不但要实现神经、毛细血管的物理层面的精细对接，而且必须确保人类白细胞抗原之间不发生排斥。因为人体的免疫系统对各种致病因子有着非常完善的防御机制，能够对细菌、病毒、异物、异体组织、人造材料等"异己成分"进行攻击、破坏、清除，从而影响移植手术的存活率。双胞胎之间的人类白细胞抗原完全匹配，具有极度一致性，因此在理论上手术成功率几乎可以达到100%。

对组织中的任何工作而言，做到近似一致容易，做到极度一致却很难。要做到极度一致，组织不仅需要具有对业务的全面知识，还需要掌握科学的管理工具；不仅需要现场调研，收集有效的数据，还需要进行深入讨论，达成行动共识。

当管理者更新了关于组织的认知，掌握了极度一致性原则时，他就需要重新思考高效的工作任务应该从哪些方面入手。总结起来，组织的工作任务主要源于三种导向，分别是：

- 战略导向：由企业战略驱动和主导，属于策略性的工作范畴。
- 问题导向：以解决当下的问题为重点，属于改进性的工作范畴。
- 运营导向：以有效运营为核心的系统性常规工作，如做好安全管理、质量管理、训练管理等。

我们把战略导向和问题导向两类工作内容都称为"策略性工作"。策略性的工作致力于实现战略的要求或解决当下的问题，促进企业"多打粮食"。我们把系统流程构建和运营导向的工作，称为"系统性工作"。这些工作是以提高系统和流程效率为核心的，依据顶层设计运行，不受当下经营问题的困扰。组织的日常运营工作时时围绕核心系统和流程开展，确保高质量的稳定输出，否则将付出极大的成本，且取得较低的收益。这两类工作要分开，尽量不要用策略性工作去解决根本性的系统和流程建设问题，企业管理者经常混淆两者之间的区别，在战略解码里用策略性工作推动长期的系统和流程建设。管理者须同时推进此两类工作，用策略性工作实现当下目标，用系统和流程建设推动组织能力建设，确保日常工作的高效运营，二者一阴一阳，一个立足当下，一个立足长远，两手都要硬，有机配合，才能实现可持续增长。

精确对齐，打赢极度一致的"战略硬仗"

战略导向的工作任务源于组织的战略解码，是组织中最重要的一类工作任务，是将战略性工作"翻译"成日常工作的重要步骤，是将战略导入日常运营的关键环节。组织如果不能有效地解码战略，战略就会成为散落在组织各处的间歇性行动。

战略解码的质量决定了战略导向的工作任务是否高效和准确。在这个过程中，选择合适的模型至关重要。应用不同模型解码战略的效果往往有很大差异。组织选择什么样的模型，就相当于军人在战场上选择了什么样的武器，对作战效果影响很大。我们认为，一个高效的组织能力模型一般有四个特点：

- 一是以任务为牵引展开。行动对齐的一致性往往优于目标对齐的一致性，其协调的有效性和精确性更高，因此这样的组织能力模型就更加精准，有落脚点、有抓手。如果组织能力模型中没有任务，就不会特别实用，通常看上去比较高大上，但实际上只能是一个人力资源视角的工具，往往只会产生近似一致性的工作效果，这就会影响执行力。
- 二是具有"可预见性"和"可见性"。"可预见性"是指通过要素改变能预见到绩效改变。"可见性"是指要素的改变可衡量，最好能从市场结果层面衡量。工作越具有"可见性"，便越能落地，执行效果越有保障；工作如不具有"可见性"，意味着即使员工做了很多工作，也无法衡量和确保效果和执行力。所有组织能力模型的最基本要素都是一致的，但不同组织能力模型的组合方式差异很大。不同的组合方式在要素间建立了不同的联系，实际上对工作进行了不同的排列重组。不同的组合方式决定了其在"可预见性"和"可见性"上的差异。如一些组织能力模型中有风格、技能这些要素，从商业结果层面，这些要素对组织绩效的"可预见性"不强，要素本身的"可见性"不高。如果组织能力模型中组合了风格、能力和知识要素，"可预见性"和"可见性"就提高不少，这样执行力才会好，这是不同组织能力模型的效果有差异的一个重要原因。

- 三是以联系而非以要素为核心。系统是由相互联系的部分和要素组成的。决定系统性能的是联系，与之相匹配的组织能力模型也必然是相互联系的。系统不同要素之间的联系是双向的。要素型的模型往往易懂，但并不能支持高效的组织设计。通俗的模型虽然容易让人接受，但往往效果不佳。
- 四是以开放性系统为条件。组织是一个开放性系统，组织能力模型必须是一个开放性模型，必须能够识别与响应外界的环境变化。如果基于一个内视化的组织能力模型展开工作，组织容易变得更加"内卷"。

如果一个组织能力模型不符合以上四个特点，就可能产生大量有益但低效的工作，最终效果不佳，引起组织无端的消耗。

在少数高效的组织设计工具中，由大卫·纳德尔（David Nadler）和迈克尔·塔什曼提出的纳德尔-塔什曼组织一致性模型最具代表性，这一模型又称"组织分析一致性模型"（如图4-3所示）。它遵循了有机化组织设计的原理，成为IBM公司战略管理流程工具BLM（Business Leadership Model）的基础模型。

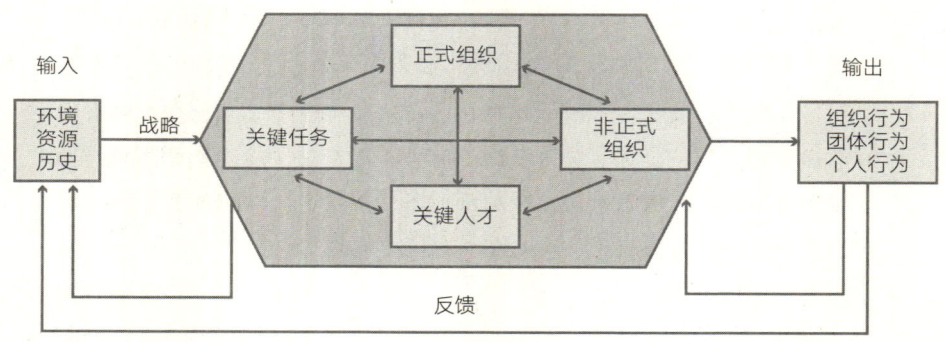

图 4-3　纳德尔-塔什曼组织一致性模型

纳德尔-塔什曼组织一致性模型是建立在对环境要素进行适时的识别和管理基础上的。模型的输入是基于环境、资源和历史制定的战略，模型的输出是个人、团体和组织的行为，并且最终决定产品/服务、组织绩效以及有效性。模型中的组织能力要素包括关键任务、正式组织、非正式组织和关键人才四部分。

- 关键任务：是组织设计的基础，起到支撑战略和连接组织设计的作用。关键任务须瞄准战略或商业设计的关键成功要素，是实现战略目标和构建核心竞争力的关键性行动。
- 正式组织：是指人们为了完成某个共同目标而按照一定的规则建立的人群集合体，是具有一定结构、同一目标和特定功能的行为系统。任何正式组织都是由许多要素，按照一定的联结形式和规则组合而成的。正式组织是组织设计的硬件部分，一般包括组织结构、系统与流程、绩效考核与晋升等方面。它决定了组织运行的显性规范。这是组织设计中可见且容易上手的部分，因此多数管理者都愿意从此处入手进行组织变革。甚至可以说，不懂得正视组织设计的管理者，不可能变革成功。

- 关键人才：定义了承接关键任务的关键岗位以及关键岗位的人才要求，包括某些关键岗位的人员数量、特质、经验、技能及其获取策略。这是组织设计具有一定可见性的部分。纳德尔－塔什曼组织一致性模型将人员的能力、技能、风格等要素融合在一起，使要素具有很高的可见性。人才是组织能力模型中最核心的部分，最终决定组织能力模型的其他部分。
- 非正式组织：是影响组织运行的文化、道德要求等，是决定人的行为的隐性规范，是组织中人们实际上做的事情。这是组织能力中最不具可见性的部分，但大卫·汉纳（David Hanna）等人为了弥补这个缺陷，提出文化的行为化定义（详细内容可见本书第9章），极大地改善了非正式组织部分的不可见性。同时他们提出，不要采取"为文化而文化"的行动，改变文化主要应通过改变组织能力的其他模块，如从组织结构、绩效考核、任命、晋升、任务等方面下手，去推动文化的改变。

纳德尔－塔什曼组织一致性模型的主要优势在于：这是一个基于交互和联系建立的模型，不仅强调由关键任务至正式组织、关键人才和非正式组织的理性分解过程，同时也强调人对关键任务、正式组织、非正式组织的反作用。该模型强调双向的互动，重视了变革过程中的人文障碍，更符合企业的实际情况，很好地反映了社会网络理论的实际要求。

纳德尔－塔什曼组织一致性模型的组合方式最大限度地体现了"可预见性"和"可见性"。除了非正式组织，纳德尔－塔什曼组织一致性模型其他部分的"可见性"都比较好。关键任务、正式组织和关键人才的每个构成部分，其组合方法都实现了尽可能高的"可见性"。可见即意味着可测量，即意味着更高的执行力。如果要素组合的方式不合理，"可见性"差，大量的行动会无法测量也无法监控，效果自然只能听天由命。

同时，纳德尔－塔什曼组织一致性模型是一个开放性模型。它始终关注外界环境的变化，关注组织的绩效差距和机遇差距。这可确保组织设计都围绕着市场环境和绩效结果展开。

高效的组织能力模型会以跨部门的战略性任务为载体进行组织设计，促使改变发生。这些战略性任务融合各个要素，并通过外部结果衡量成果。为向内部表达决心，引起全员重视，起到号召和引领组织资源的作用，这种战略性的关键任务又被称为"战略硬仗"，意思是"必打之仗，不得不打赢的战争"。

组织的战略一般以3～5年为一个周期，每年都应进行审视和回顾，必要时进行修正。战略硬仗则一般以1年为单位，以年度为周期对组织制定的战略目标发起连续的冲击。组织为确保投入聚焦，要控制年度战略硬仗的数量，一般以3～5个战略硬仗为宜。确保每个战略硬仗都是影响组织的重大改变。如果数量太多，则可能是由于战略硬仗的综合性和挑战性不够造成的。

战略硬仗是联系战略与执行的关键环节，必须与公司战略建立极度一致性的联系，否则战略的执行力无从谈起。这是确保战略转化为执行，令组织获得极度一致性和执行力的第一个关键环节，为了实现战略硬仗与战略的极度一致性，战略硬仗一般要对齐三个维度，即如何拉动增长结构的调整，如何构建核心竞争力，如何提升短期目标的达成率。

我们需要考虑的问题是：组织采取哪些措施才能尽快调整增长结构，才能构建核心竞争力。战略影响性是对战略硬仗最基本的要求。战略硬仗成功之后能够产生巨大效益，甚至能对经营质量产生根本性的影响，从而取得令人兴奋的效果。

战略硬仗是执行设计和组织设计的基础，所以战略硬仗的质量决定了战略执行的水平。那么什么样的战略硬仗才是好的呢？**能够成为战略硬仗的关键任务需要具备综合性、杠杆性、外向性三个特征。**

战略硬仗必须有综合性，即包括计划、组织实施、跟踪调整等一系列相互依存与连贯的活动，往往能促成一个良好的业务结果。组织应确保战略硬仗的颗粒度合适，既不要太粗，也不要太细。如果战略硬仗过于宽泛，虽然满足了综合性的要求，但组织容易把主攻目标选得太大，过度消耗资源，导致战略硬仗失败。如果战略硬仗过于细碎，组织就很有可能陷入一个关键任务的某个环节。战略硬仗必须是个既宽泛又具体的跨部门行动，这样才有可能把更多部门协调起来，产生变革。

战略硬仗还必须有杠杆性，符合以小博大的杠杆原理。杠杆原理要求组织用较小的力气取得较大的效果。组织选择了最具杠杆作用的关键任务，但并不意味着其他的路径和措施不可行，只因为所选路径可能具有更高的投入产出比。组织必须证明为什么走这条路而不是其他路，为什么这条路时间最短、最容易成功？越具有杠杆作用，战略硬仗的投入产出比就越高。战略硬仗的杠杆性往往是通过具体、尖锐的行动和创意实现的，关键任务越具体，组织便越有执行力，而这些关键任务的识别和制定依靠需要组织共同的智慧和创意。

战略硬仗应该是外向性的，是基于市场层面和客户层面的。尽量不要在职能和支持层面制定公司级战略硬仗。如果必须在职能和支持层面制定战略硬仗，那么尽量用业务结果指标衡量。外向还是内向，是针对所采取的行动在价值链的位置而言的。行动离客户越近，离财务指标越近，就越符合外向性的业务要求。如"推进分层客户管理，提高客户满意度"，比"改善员工关怀，提高员工幸福度"更偏外向和业务化。这样做并非否定员工关怀的重要性，但这些工作完全可以列入部门的日常工作，没有必要列入战略硬仗的管理范畴。我们反复强调外向的、业务化的，最基本的价值观和理念是用战略硬仗促进商业成功，确保组织的工作围绕着客户层面展开，围绕着商业成功展开，围绕着"多打粮食"展开。

为了进一步确保组织对战略硬仗的内容达成共识，须厘清以下四个方面：

- 第一，这个硬仗的内容是什么？该问题主要涉及对战略硬仗的定义、内涵、范畴、过程，以及战略硬仗的成功标准、成功场景等。简单地说，就是澄清关键硬仗是什么，不是什么，关键硬仗的意图是什么，如何描述成功状态，用什么指标衡量。
- 第二，为什么要打这个硬仗？该问题涉及战略硬仗的必要性，产生的背景以及战略意义。组织需澄清都有哪些可能的备选方案，每个备选方案的优劣势是什么，基于什么样的考虑选择目前的行动方向而不考虑其他的行动方向，为什么该方案可以产生最佳的杠杆作用从而最具有优先性。
- 第三，为什么这是合适的时机？该问题涉及为什么要在此时实施战略硬仗，战略硬仗和后续行动的路径及依赖关系是什么，为什么这是最优的时机。
- 第四，为什么组织能够成功？该问题涉及组织有哪些优势可以帮助我们取得成功，业内有没有类似的实践，失败的可能性及应对措施。

战略硬仗的厘清过程就是组织达成共识的过程。只有基于共识，一致的行动才能产生。这是高效执行的基础。

战略到执行产生极度一致性的关键环节，是通过科学高效的组织能力模型，识别出关键任务所需要的组织能力，对比组织能力差异，用行动计划去创造组织能力，解决组织能力的差异，这样战略就会转化为日常性的工作。识别关键任务所需要的组织能力是否科学完整，如何将能力计划转化为行动计划，是获取极度一致性的关键。

再一次强调，战略解码里的关键任务尽量不要涉及长远的系统建设，这些工作只需要根据顶层设计稳步推进，用关键任务推进并不合适，这不是一种运动，需要久久为功。这样的任务一多就容易导致工作的内向化，使得组织的关键任务不关注外部成功，趋于内卷，组织的能力必须在完成市场导向的任务目标里得到淬炼，关键任务应该以构建差异化能力和"多打粮食"为目标。

组织可以使用纳德尔-塔什曼组织一致性模型识别出每项关键任务的组织能力要求，通过行动计划创造关键任务所需要的组织能力，再明确这些工作之间的依赖关系，就能做出高效的执行设计。

某企业提供专业化的医学试验人力资源外包服务。其2021年的四项战略硬仗是：初步建立一线训练体系、区域化扩张与快速发展肿瘤业务、精密运营系统建设、网络化招募转型。这四项战略硬仗的挑战性都很高，都是实现竞争力建设和业务增长所必须要做的事情。

企业在确定战略硬仗后，设计了相应的组织结构，组织结构对四项战略硬仗都进行了响应。此后企业又基于纳德尔-塔什曼组织一致性模型识别了组织能力要求，并分解出相应的子项目。下面以"初步建立一线训练体系"为例，展示组织能力识别以及细化工作的过程。

战略硬仗名称：初步建立一线训练体系

1. 成功标准

人效提升到18.5万、投诉率降低10%、入职率达到80%、合格训练师达到20名。

2. 组织能力要求

（1）组织结构与职责：建立专门的训练型组织结构，训练部门从人力资源部门独立出来，并成为一级部门，建立全国垂直的训练管理体系。每个大区设训练总监1名、训练经理若干名，每个业务机构由二把手负责训练。

（2）系统与流程：训练型组织结构的建立和运转，依赖于四个方面的系统和流程，分别是结构化招聘流程、标准化训练流程、标准化操作流程、现场训练工作流程（包括与现场业务的协调）。没有以上四个流程，组织将难以建立高效的训练体系。这四大流程的建立需要较长的时间，首先解决成立和初步运行的问题。

（3）绩效考核：此项目的实施涉及项目经理、大区领导、部门经理、骨干员工等人员，必须进行绩效考核调整。其中对训练项目推动经理主要考核进度和成本；对大区领导和部门经理主要考核投诉率、训练人效；对骨干员工主要考核训练成绩和个人业绩。

（4）晋升通道：需要将晋升通道与训练成效相联系，成为训练能手是成为经理的前提，训练管理岗位在晋升为更高级别管理者时是必须考察的通道。这样就从组织设计上确保了骨干员工帮助他人发展的积极性。

（5）关键岗位：训练总监＋训练员＋招聘岗位。

（6）关键能力、关键经验及获取策略：

① 训练总监（1名）：关键能力是推动力、逻辑系统思维和督导能力（画像是，情商可能差一些，但思维严谨、推动能力强）；关键经验是训练体系构建及训练他人的经验（购买）、10年以上的一线业务经验、带人和培训经验；获取策略是外部招聘。

第4章 活力组织的引擎3，流程设计，产生高效的工作内容

②训练员（20名，按区域分布）：关键能力是发展他人的意愿、督导反馈直言不讳、逻辑严谨；关键经验是3年以上一线业务经验、参与过至少1个完整的项目；获取策略是内部发展加外部招聘。

③专业面试官岗位：关键能力是人际洞察力和沟通力；关键经验是有一定的业务经验；获取策略是现有人员加结构招聘面试加兼职。

（7）文化要求：

推动训练体系对文化要求很高，主要的文化变革要求有以下三点。

①训练他人的能力是公司的核心竞争力，训练他人比个人业绩重要，工作忙碌不能成为借口；

②标准化是构建训练体系的基础，标准化只有从老员工做起才能成功，老员工应该成为楷模，不应该成为阻碍；

③执行训练必须走出自己的舒适区，切换自己的工作模式和习惯性行为。

（8）战略硬仗的障碍：

基于以上组织能力的识别，本次战略硬仗可能存在的障碍主要有以下三个方面。

①训练总监的缺乏，技能或经验差距；

②骨干员工的文化挑战；

③训练流程的实施和落实。

3. 主要措施

基于以上组织能力的识别，为了实现组织能力要求，并克服可能的障碍，组织识别以下措施为本战略硬仗的子项目：

（1）开展全流程标准化招聘（画像、招聘、团队管理者赋能

等）——人力资源部门制订详细计划；

（2）强行剥离部分团队管理者的项目管理工作及训练体系，进行组织结构调整——人力资源部门；

（3）设计职业通道、晋升标准及发展体系——业务管理者；

（4）调整考核体系、薪酬体系——业务管理者；

（5）招聘训练总监——人力资源部门；

（6）寻找外部合作伙伴——人力资源部门；

（7）开发和标准化训练内容——未来训练总监；

（8）训练训练员——未来训练总监；

（9）设计和发布训练管理机制——未来训练总监；

（10）开展规模训练——未来训练总监和团队管理者；

（11）开展训练竞赛——未来训练总监；

（12）建立人才供给与训练基地——人力资源部门。

这个案例非常细致地按照纳德尔－塔什曼组织一致性模型识别了战略硬仗的组织能力要求，并制定了细致的子项目，组织需要在此基础上把子项目分解成行动计划，从而获得极度一致性方案，有效地将每个部门的日常工作与战略建立起联系。

瞄准靶心，识别关键成功要素

管理者的工作常常是以问题为导向开展的。问题的界定是其重要成功因素。管理者把问题界定好，就等于找到了应该瞄准的"靶子"。著名思想家约翰·杜威（John Dewey）说："一个界定良好的问题，已经将问题解决了一半。"

合适的问题应具有较高的影响力，与组织当下的绩效目标相关联，一旦得以解决就能引发绩效目标的改变或运营水平的改观，同时，组织应对所解决的问题有一定的可控力。

管理者在定义问题时需要谨防两个陷阱，一个是混淆了问题和症状，另一个是混淆了问题和方案。管理者在定义问题的时候需要区分问题和症状，确保不是在症状上下功夫。因为，组织消除了一个症状，就会有另外一个症状呈现出来，问题还会在那里。

员工在上班时间打游戏，这个是问题的症状。到底问题是什么，需要我们去定义。这可能是敬业度的问题，也可能是工作饱和度的问题，具体是哪个问题，需要根据实际情况来确定。如果我们只关注症状，下个文件告知如发现员工打游戏就对其罚款，可能很快就能消灭这个症状，但问题可能又以另外一种形式表现出来，如改成上班聊天或浏览网站。

我们经常错误地把想象中的方案，当成了问题。一旦方案是错误的，那么我们做任何工作都是白费功夫。如果定义不好问题，我们就可能在局部上行动，做很多无用功。如果问题界定得好，它就会成为组织良好的改善机会，有时候组织甚至可以用完全相反的方式去解决问题。

在第二次世界大战期间，苏联红军跟德国的军队交战。一天晚上，苏军要进行一次大规模的袭击，并且准备偷袭，但德军的防卫非常严密。本来苏军计划趁天黑发起偷袭。然而到了偷袭那一天，月光十分明亮，黑夜如同白昼。这时候该怎么办？时间又不等人，这时候苏军统帅朱可夫想了一个办法，让苏军把所有的探照灯全部打开，照向德军的阵地。结果德军的眼睛都睁不开。苏军猛烈进攻，德军像没头的苍蝇一样，在枪林弹雨中乱窜，被打得落花流水，结果苏军照样取得了胜利。

我们来分析一下这个故事：原来错误的界定是，为了偷袭必须趁天黑。这实际上是一个解决方案。现在我们回到问题的根本，我们的目的是什么呢？如何创造突然性才是根本的问题。让敌人眼睛睁不开也可以创造突然性。回到起始目的，问题就迎刃而解了。

总之，解决问题首要的任务是正确地界定问题，问题界定好了，再去寻找解决问题的途径，结果就会在前面等你。问题定义得不对，组织做的工作再多，都是在白费功夫。

问题确定以后，管理者必须找到原因，才能对症下药。在对问题进行原因分析的时候，选择合适的原因分析方法并组合使用非常重要。甚至可以说选择合适的原因分析方法的重要性一定超出管理者的想象。如何对原因进行分析，实际上决定了管理者如何开展工作。

一般情况下有四类原因分析方法，分别是现象分类法、过程序列法、反向联想法、关键维度法（如图4-4所示）。

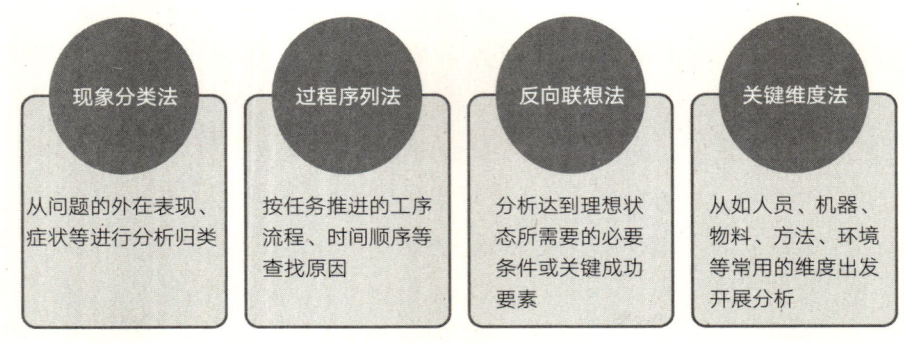

图 4-4　原因分析方法

现象分类法是按照问题表现出来的表面症状和现象进行分类的一种方法。现象是肉眼可以看到的，如产品缺陷可以从色差、毛刺、尺寸、误差等原因分类。这种分类方法的好处是能将一个大的问题切割成很多小问题。每个问题都可观测，"可见性"强。这种方法更容易精准化地解决问题。

过程序列法是按照事情的展开流程进行原因分析，这种分类方法有着类似现象分类法的好处，但"可见性"略差。

如果我们对解决一个问题所需要的关键成功要素非常了解，这时可以用反向联想法展开分析，即界定是哪些要素的不满足导致了该问题。这个方法的好处是帮助组织快速找到原因。如老员工的离职率高，可能出于三个原因：一个是职业发展通道问题，一个是薪酬待遇问题，一个是工作氛围问题。组织可以直接聚焦这三个关键成功要素，找到更加精准的原因。

关键维度法是指组织依托要素型模型展开原因分析的一种方法。最常见的关键维度法是从人员、机器、物料、方法、环境等常用的维度出发展开分析。这种方法的好处是简单，适应范围广，几乎能应用在各类问题上。

通常，无论什么样的原因分析方法都是有效果的，但未必是高效的。组织采用不同的方法分析原因，最后产生的解决方案不同，效果差异较大。每当管理者遇到问题的时候，就会下意识地调用一种原因分析方法开展工作。原因分析过程非常深刻地反映了管理者业已形成的思维模式和开展工作的方法。然而，90%以上的管理者，在进行原因分析时都会本能地按照关键维度法分解原因，即从人员、机器、物料、方法、环境等维度展开分析，这几乎成了一种惯性。因为这种方法最简单，不需要调查，在办公室里根据想象和理论化的知识就可以完成原因分析和工作规划。

实际上，关键维度法不适合分析综合性的问题，只适用于分析微小问题，或将末级原因精准化。这种分类方法的缺点在于把一个综合性的问题按要素进行分解，相互之间没有联系。它把一个综合的问题切割成了若干小的颗粒，然后继续在细小颗粒度上切割。这样做的后果是会产生很多有益但宽泛的、不精准的动作，由于分割过小，每个动作虽然有益，但不能独立形成业务结果。

试想一下，如果一项工作需要100个人完成，每个人的工作都是有益的，但每个人的工作与最终结果都没有很强的联系，组织只能监督每个人的工作是否完成，而无法直观地看到每个小问题能否得到解决，也就无法期望有好的管理结果。

近似一致性的问题分析与解决方法是按关键维度法层层进行原因分析的过程（如图4-5所示）。当我们用这种方法分析问题时，此过程可以描述为用"升级全流程课件，并实施考核"的方式来提升产品合格率。这是不是像"靠吃复合维生素片来治疗癌症"一样不切实际？

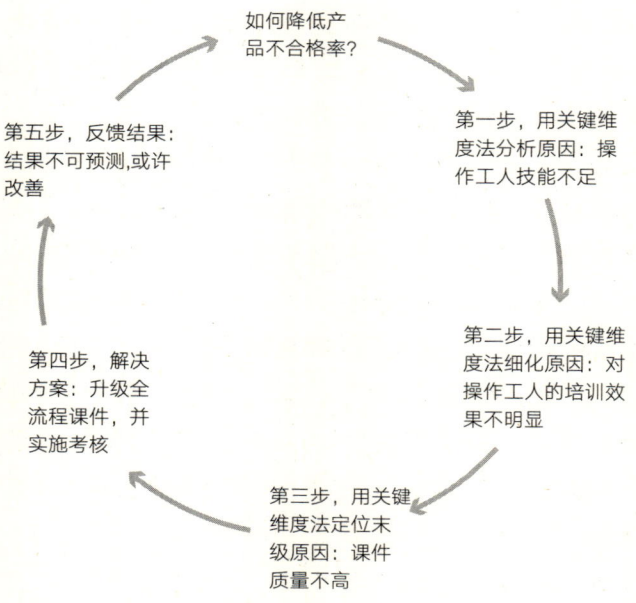

图4-5　近似一致性的问题分析与解决方法

第 4 章　活力组织的引擎 3，流程设计，产生高效的工作内容

极度一致性的问题分析与解决方法向我们展示了同样一个问题的分析过程：先用现象分类法分析原因，再用过程序列法细化原因，最后采用关键维度法使原因的分析过程更精准（如图 4-6 所示）。这样产生的解决方案更精准。

大量的实践经验证明：在一个综合性问题的原因分析过程中，前两级原因的分析方法选择是非常重要的，如案例中先使用现象分类法、后使用过程序列法、再使用关键维度法。我们必须在非线性的世界里面，寻找"可见性"。如果一上来就按关键维度法分类，那么结果就会带着"听天由命"的意味，有可能会有好的结果，也有可能不会。

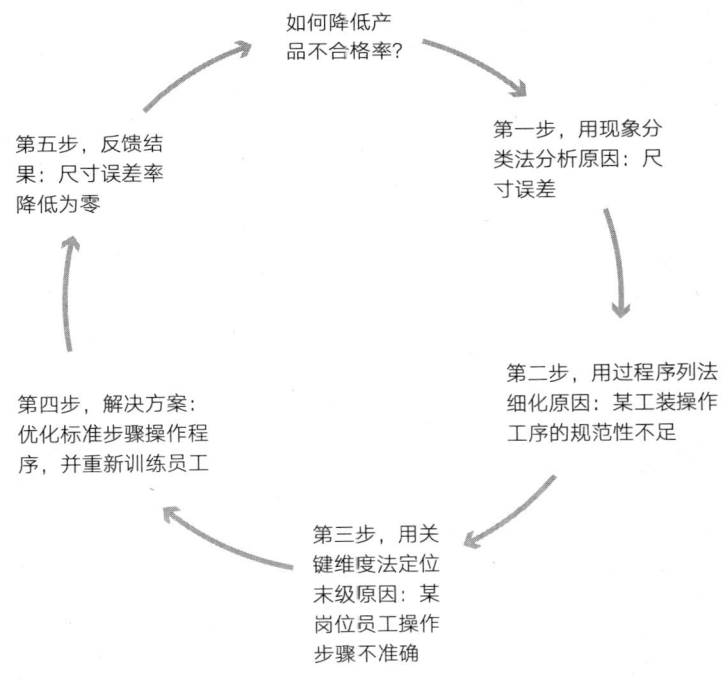

图 4-6　极度一致性的问题分析与解决方法

对综合性的问题，我们应先基于现象分类法或过程序列法进行分类，这样就不会割裂要素之间的联系，相当于把一个战役切割成了几个战场，并且每个战场有较高的可见性，可以测量结果指标。当分析到末级问题或原因时，组织可再采用关键维度法进行分解，对更细节的原因进行锚定，确保行动的精准性。

管理者需要将系统性工作与绩效改进、问题解决类的功利性工作分开。系统性工作是由组织的核心系统与流程设计决定的，这些工作应该按照专业的规划和方案稳步推进。绩效改进或问题解决类的工作，应以短期取得业务结果为核心，总体不宜采取过于偏体系推进类的行动，应主要识别促进短期绩效改善的行动。组织这两类活动，一静一动，分工配合，长短兼顾。管理者经常会发生两种工作的错配，会在改进绩效与解决问题时采用体系性的工作方式。而事实上，组织在改进绩效与解决问题时应立足当下，积小胜求大胜；做系统性工作时应关注长远，立足于系统性和根本性的改变。

在6个月内把某个零件的合格率提升20%，就是绩效改进类的行动。这种行动最合适的方法是精确地统计主要缺陷分类，找出主要症状并逐个定点消除缺陷。这种解决方案成本最低、见效最快，无须关注长期系统建设。经常会有管理者用关键维度法分析问题原因，最后的行动方向就是诸如修正标准、加强培训之类的解决方案。从构建长期能力的视角来看，这类解决方案不直接、不精准、不够有力。

确定原因以后，我们就会制定有效的业务措施，针对业务措施制定有效的行动计划。要确保行动计划的质量，必须找准每个业务措施的关键成功要素。下一级的行动计划应该创造这些关键成功要素。如果不能识别出这些关键成功要素，我们就难以制定高效的行动计划（如图4-7所示）。

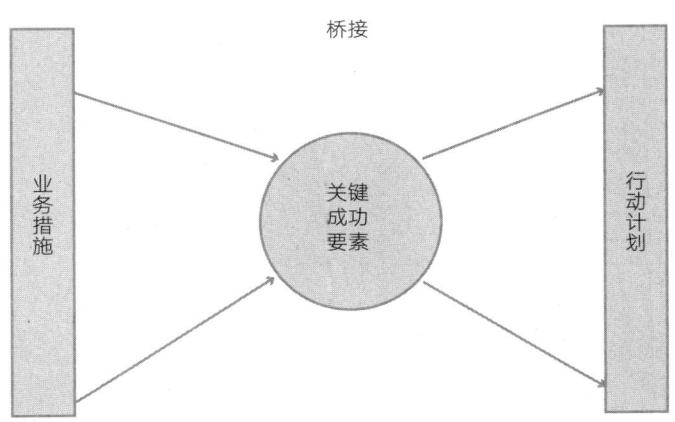

图 4-7　业务措施与行动计划之间的关键桥接

由上级的任务分解至下级的任务，中间必须走过一个"桥梁"。这个过程叫作"桥接"，即"任务—关键成功要素—子任务""绩效指标—关键成功要素—子绩效指标"。关键成功要素这个桥梁帮助组织创造了行动的目标，行动计划的目的就是要创造关键成功要素。

这个过程体现在现实中，就是组织的工作计划制订过程。大多数的管理者不习惯于走中间这个"桥接"，总喜欢"任务—子任务""绩效指标—子绩效指标"这样的走法。没有桥接过程，组织就容易掉到"河"里面，结果是可能产生大量低效的工作。

组织须完整和充分地识别这些关键成功要素。关键成功要素一般在 5 个以内。任何关键成功要素的不完善，都可能导致方案失败。

德国职业教育院校在做顶层设计时发现，要从根本上提高职业教育院校的教学质量，校企师资的流动是最重要的一个关键成功要素。如果没有这个关键成功要素，任何改革都难以成功。为了创造这样的关键成功要素，该职业教育院校设计了学校与企业互认的"双元制"资格体系，实现企业人员与学校人员的资格互认，并确保校企人员待遇平等。这些措施消除了校企人才的流动障碍，保证了德国职业教育院校的成功。如果没有识别出这个关键成功要素，学校就不可能定义出有效院校的行动，就可能天天改教学大纲和课程，产生大量内耗。

没有关键成功要素，行动计划就成为无源之水，计划制订者也解释不清为何要做这个行动计划，而不是另外的行动计划。不识别关键成功要素而开始行动，是组织的一个错误的行为模式。这个过程与战略硬仗的分解过程遵循同样的原理，战略硬仗必须通过组织能力模型转化为行动计划，解决方案也须通过识别关键成功要素转化为行动计划，这样形成的行动计划才能产生极度一致性，我们也可以理解为，组织能力模型只是战略解码场景下识别关键成功要素的一个更具体的工具。

建立流程性思维，根本性改变组织绩效

除了定战略、找问题等策略性的工作以外，组织还存在大量的日常运营性工作，如安全管理、质量管理、人力资源管理、财务管理、风险管理等。这些工作在组织的工作内容中占相当大的比重。组织一般是围绕核心系统和流程展开这些工作的。组织在不同系统和流程之间均衡分配时间和在不同系统和流程之间建立联系是其高效工作的核心。组织必须建立流程性思维，注重开发流程和系统，使之能够始终如一地传递高质量成果。组织为什么要构建系统和流程，并围绕核心系统和流程开展工作呢？因为对于常规工作而言，建立系统和流程，围绕核心系统和流程开展工作，是确保组织高质量、稳定输出的必要条件，否则组织便难以获得持续性的、高质量的、稳定的输出。

组织通过流程思维获取高效执行力和组织效能有四个关键环节：

- 一是识别核心系统和流程，均衡地在不同系统和流程中开展工作，并在不同系统和流程之间建立联系，不在任务过程里过密化工作；
- 二是把能力过程当作一个串行过程，而不是一个并行过程或支持过程；
- 三是围绕核心系统和流程开展工作，不随意地产生工作，否则便是对系统的破坏；
- 四是围绕价值创造、客户导向和灵活性原则设计流程，尽量摒弃不增值的流程环节。

组织获取高效执行力的第一个关键环节是识别核心系统和流程，均衡地在不同系统和流程中开展工作。

组织执行系统实际上是由三个过程产生的：面向任务的过程即如何做事；面向能力的过程即如何发展团队和组织能力以满足任务过程的要求；面向个体的过程即领导者个人的心智、价值观、经验、技能和执行逻辑的调整（如图4-8所示）。三个过程的信息交换、时间和精力的均衡分配、一致性和及时的反馈系统是组织高效工作的关键。这三个过程相互作用，是影响绩效的关键要素。这是所有管理者高效思维的最底层执行逻辑。一切的绩效问题，都可以追溯到这三个过程的运行质量不佳或相互之间的不一致。

从长远看，绩效产生的三个过程里，面向能力的过程和面向个体的过程更具有根本性。一个高效的管理者，应能够均衡地在以上三个过程中分配精力和时间，并在不同的系统间建立联系，这是获取高效执行力的关键。如果管理者不能平衡在任务过程和能力过程中的投入，就会在任务过程里过密地投入时间和成本，而如果他们也无法在不同系统间建立联系的话，那么不同系统和流程之间便形同孤岛,这两种情况通常是工作低效的根本原因。

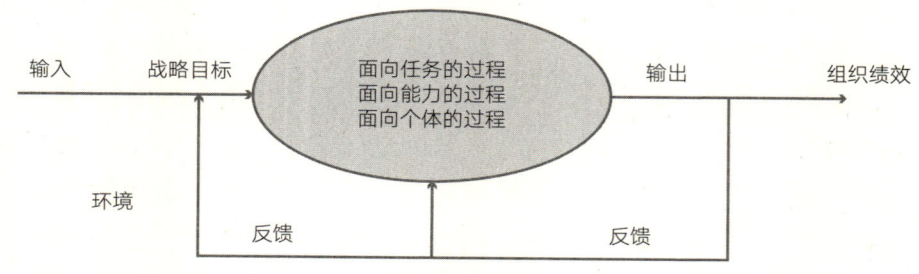

图 4-8　组织执行系统的三个过程模型

任务过程的绩效最终是由能力过程决定的。但很多管理者重视任务过程,而不重视发展团队和组织能力,使得组织能力与团队任务不一致。在早期,人们在任务过程里展开工作可能很有效。但随着时间的推移,其有效性越来越低,只有少数的管理者能意识到这种变化,并调整自己的行为模式。如果管理者不能调整自身行为模式,那么他就永远是一个微观领域的管理者。管理者如果认识不到帮助他人提高绩效是一种高效的工作逻辑,仅仅把发展他人当作对员工个人的帮助,那么这种认知就会限制组织能力的发展,使管理行为十分低效。

　　航空公司飞行管理系统由四个部分组成,分别是飞行调度系统、飞行安全管理系统、飞行员训练系统、飞行员绩效管理系统。其中,飞行调度系统、飞行安全管理系统是面向任务的过程。飞行员训练系统、飞行员绩效管理系统是面向能力的过程。高效的航空运营管理一定是围绕这四个系统开展工作,并在四个系统之间建立联系的。该管理系统把飞行调度系统、飞行安全管理系统、飞行员训练系统的信息和数据传递给飞行员绩效管理系统,同时把飞行员绩效管理系统的数据和信息反向传递。脱离这四个系统随意开展工作,或在任务过程里过密工作,其产生的效果都是低效的，也可能是有害的。

某航空公司的总经理在一次在飞行干部大会上提到，做了许多年的飞行安全管理，自己才认识到一个基本的事实，那就是飞行安全是训练出来的（面向能力的过程），而不是检查出来的（面向任务的过程）。组织天天检查，层层加码，追求过度的精细化，更多是一种自我安慰，是另外一种方式的懈怠，是一种内部消耗和内卷，最终也是低效的。

组织获取高效执行力的第二个关键环节是把能力过程当作一个串行过程。

低效管理者的执行模式是把任务过程和能力过程当作两个平行过程。这样的管理者通常通过任务过程解决问题，并将能力过程作为解决问题的协助和保障。而一旦任务过程无法解决问题，低效管理者往往又会归责于培训等能力发展过程。在这种情况下，能力过程是从属性的，是以发展个体能力为基础的。低效管理者会不定时地基于任务过程识别出能力过程的工作要求，并试图产生一致性。虽然能力过程和任务过程会发生一些联系，但总体是割裂的、并行的（如图4-9所示）。

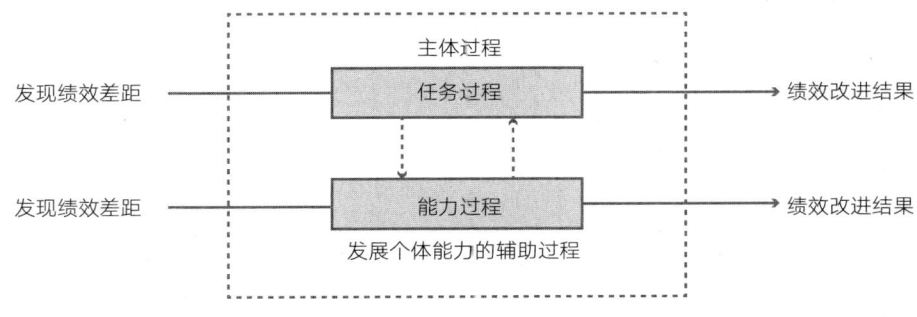

图 4-9　并行的低效执行过程

高效管理者的执行模式是把任务过程和能力过程当成一个串行的过程（如图4-10所示）。我们通过任务过程推进工作、发现问题，为解决问题优化系统和流程，然后通过训练体系完成员工行为的改造和固化，直至转为员工稳定的行为输出，不断循环迭代。在这种情况下，能力过程不再被看作一个辅助性和支持性的过程，而是串行过程的一个环节，任务过程和能力过程相串是一种完全不同的工作方式。能力过程存在的目的不再是提供员工的个体能力，而是确保系统和流程的运作按照组织的要求进行。其赋能的内容也是面向组织能力和流程的，能力过程主要起行为固化的作用。

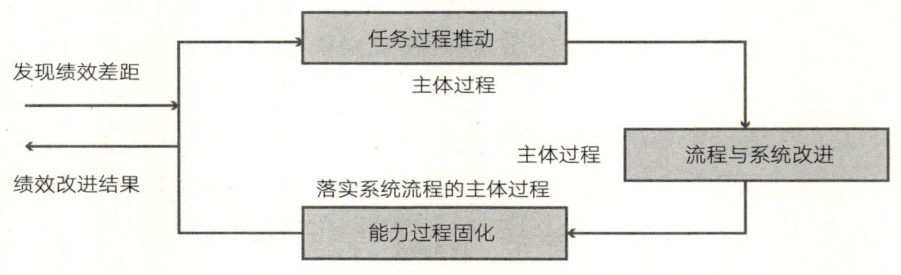

图 4-10　串行的高效执行过程

在长期服务航空公司的过程中，我们发现了这两种不同执行模式的效果差异。

在航空公司的地面服务管理人员的工作过程中，大部分管理者都遵守并行化的低效执行过程。如果工作中遇到绩效问题，管理者总是会在任务过程里较劲，会出台新的制度和文件，进行任务过程的调整，并不断地检查改进，管理者也会提出培训方面的需求。这样做可能短期内会使问题有所改善，但长久看问题可能会复现，总在低水平上重复。团队领导者把这两项工作平行展开，大多数人把重点放在任务过程的工作调整、检查和整改上，把能力过程的工作看作基础性和保障的工作。这些团队的领导者总是非常忙碌，临时事件非常多，问题层出不穷。

有少数高效的管理者，其工作方式是如果发现绩效问题，则先讨论流程和系统有哪些地方可以进行改善。改善后，管理者通过严格的、高度结构化的训练系统重新训练固化员工的行为，并对员工的行为改变进行认证。高效的管理者把时间放在流程改进和赋能上，而不是放在任务过程的调整和检查上。在其看来，能力过程是一个重要的、必不可少的执行环节，能力过程不仅可以发展员工的能力，还能确保流程的实施。这些团队的绩效水平会不断提高，一旦形成正向循环，管理者的工作将会非常从容。

笔者研究丰田的精益化生产和麦当劳的服务管理发现，丰田是第二种模式的实践者。这些企业的产品和服务过程是能力过程产生的结果，训练员工是这些企业重要的执行过程，而非一个支持性的过程。

所有的管理者都应该将并行的低效执行模式切换至串行的高效执行模式上来。这是管理者工作方式的重大调整，也是高效运营的关键。

流程是把原材料和专业知识转变为满足客户要求的产品或服务的过程。流程是穿越组织的，是不同的部门、岗位之间的精细化工作安排。企业中存在着不同的流程，有系统间的流程、系统内的流程、公司级的流程及部门级的流程。这些流程穿越了不同的系统、部门和人员，为彼此建立了联系。

根据系统论观点，改变要素未必能改变绩效，改变联系才能根本性地影响组织绩效。好的流程对绩效的提升是根本性的，坏的流程对绩效的破坏也是根本性的。基于流程对组织绩效的影响，打造流程性组织一直为企业界人士所推崇。

组织获取高效执行力的第三个关键环节是围绕核心系统和流程开展工作。

流程思维和事件思维是对立的。流程思维是流程一旦制定，即具有严肃性和排他性。但很多管理者把流程认定为手段之一，就是"可以这样做，也可以不这样做"，没有排他性，这就是典型的事件思维。这种思维在实践中是非常有害的，如果流程不具有严肃性和排他性，就可能经常出现特殊情况，不断增加特例安排，直至流程失效。

要强化流程的执行力，需注意两点，一点是做到与其他的流程建立紧密的联系，必须把一个流程放进整个企业管理系统中，并明确哪些是必须建立的核心流程，哪些是辅助性流程，这些流程之间如何相互联系和支持。另外一点是企业内部的资源和机制都必须围绕着流程展开，为流程的执行创造各种便利，如奖励机制、晋升机制，同时对不遵守流程的行为实施惩罚。

国内很多企业在进行系统建设时，有深刻的"事件思维"而非"流程思维"。例如，国内很多企业都在做人才盘点，但大部分企业的人才盘点只是个事件。人才流程没有成为企业人才管理的核心流程。很多管理者只是觉得这件事很好，不做就会落后，定期盘点一下人才，摸一下底，对组织很有好处。只有很少的企业会思考如何把人才盘点做成一个人才管理的核心流程，进而做成业务核心流程。

要将人才盘点建设成人力资源的核心流程，就必须确保人力资源部门的资源和机制能与之对接。如果晋升、招聘计划、发展、轮岗、薪酬绩效等模块没有与人才盘点建立深度联系，人才盘点的核心地位就不能确立。人才管理流程构建得比较好的企业会规定，晋升和招聘计划必须80%以上来源于人才盘点的结果。只有建立这样的刚性安排，人才盘点的核心流程地位才能建立起来。人才流程是整个人力资源工作的核心，其他人力资源工作围绕人才流程展开，并产生很高的一致性，组织的人力资源管理应具有战略性，否则人力资源的工作就永远处于事务性的地位。

在生活中，流程性思维也有很多成功的应用案例：

笔者朋友有个特别难以管教的小孩子。朋友借鉴企业的绩效管理系统，制定了一套绩效考核办法并实施了一段时间。实施期间效果非常显著。办法的主要内容是，如果孩子在自主学习、勇于尝试和创新、关爱家人、生活自理四个方面有进步，每发现一次，家长就会给他发一张红色奖励券。如果孩子在以上四个方面表现不好，就会得到一张黑色惩罚券。一张红色奖励券抵一张黑色惩罚券。每得一张红色奖励券可以看一集英语动画片，每得五张红色奖励券可以吃一个冰激凌，每得25张红色奖励券可以买一个玩具。这个方法实施一个月以后，孩子的表现有了根本性的好转。

我问朋友，实施过程有什么难度？他说，没有奖励券的时候，孩子会以各种借口，用哭、耍赖等各种手段，要求看动画片、吃冰激凌、要玩具。家长一定要坚持流程思维，狠下心来，告诉孩子奖励券是获取以上资源的唯一途径。几次下来，孩子就不提额外要求了，会主动按要求做好事，好好表现，以换取奖励券。在这个案例中，绩效考核成为一个核心流程，利益和机制围绕这个核心流程建立，严肃性是确保其成为核心流程的关键。后来，由于担心孩子最终只为了获得奖励而学习，忽略了学习本身的快乐，这个"制度"被废止了。但是这个案例本身还是可以说明流程的严肃性和排他性带来的效力。

需要注意的是，流程一定是建立在标准化的基础上的，因而人在流程中的影响力应该降低。任正非一直认为，华为真正的创新力量并不是那一两个牛人，而是华为有世界级的产品开发流程，是流程让产品持续获得客户和市场的认可。

组织获取高效执行力的第四个关键环节是围绕价值创造、客户导向和灵活性原则设计流程。

企业在强化流程思维时需要注意的是，必须产生价值增值。很多组织过分强调分工和标准化，最后导致每个部门都非常专业化，对环境的反应非常迟钝。企业感知不到世界发生的变化，在这个企业中甚至没有一个人能够对外部环境的变化做出思考和反应。组织分工越来越严密，标准化和对风险的控制占据了主流，影响了组织的价值创造，企业最后变成官僚组织，导致无人对结果负责，企业变得重行动，轻结果。

IBM公司曾经有一个贷款流程。这个流程涉及对客户的信用评估分析。这个信用评估分析涉及很多部门，包括业务部门提出需求，工作人员进行申请单的流转，信用部门进行审核，融资部门进行评估。评估员、审核员有一大堆，对每个过程都要进行分析，最后决定这个事情到底做还是不做。

每轮信用评估分析要花两周的时间，客户对这个周期非常不满意，那么如何进行流程再造呢？

IBM把所有这些环节进行了整合，把工作流程删减、压缩、整合，最后用1个员工取代4个专业人员来做以上这些工作，把原来两周的工作压缩到几小时完成，整个效率获得了巨大的提升。这就是真正意义上的流程再造。

很多企业在流程化的过程中失去了方向，忘记了过程增值是流程建设的根本目标，因而采取了过度的风险控制。

在企业内部有两种流程，一种是"拉式流程"，另一种是"推式流程"。所谓"拉式流程"，就是由客户需求驱动的，解决的是客户有需求，组织如何响应的问题。所谓"推式流程"，就是由组织驱动的，解决的是如何在客户中扩大影响和提高收益的问题。"拉式流程"和"推式流程"共同构成了一个整合型的网络。所有的岗位，不管是一线的还是总部的，都可以在流程中找到新的位置，并在为客户服务的过程中找到价值。

对于"拉式流程"，在流程设计时应强调流程的"快速、灵活、便宜、容易"，以此来满足客户需要。这样的流程一般从客户端发起，从一线穿越到区域，穿越到总部。对于这些流程，哪些要穿越到总部，哪些不要到总部，完全由客户的需求来决定。这种流程总体的设计理念是：怎么快怎么来，怎么满足需要怎么来，速度优先于风险控制。

"推式流程"一般由内部发起，穿过一个个部门，最终到达客户。企业要把总部人员更多地往一线放，把后端前置，让员工在一线实现融合，从而实现最短的反馈时间和线路。这种"推式流程"形成总部人员到客户的闭环，从而使得企业可在闭环的各个环节上检验流程的可靠性。

流程最终是在为业务服务、为客户服务的过程中创造价值的，因此，企业应给一线的员工"呼唤炮火的权力"。组织过分强调控制就会导致"内卷化"，引起消耗。企业应围绕价值流构建内部流程体系，尽量减少中间环节，删除冗余的不能创造价值的枝干流程，让决策过程在一线发生。企业只有让员工可以理性地思考与决策，才能缩短与客户接触的距离，从而提高组织的整体响应力。

第 5 章

8 ENGINES
TO BUILD A THRIVING ORGANIZATION

活力组织的引擎 4，

效率与创新，
设计二元化组织结构

如果说企业是一名剑客,那么组织就是企业的体魄,既要"健壮",也要"灵活"。

第5章 活力组织的引擎4,效率与创新,设计二元化组织结构

　　组织的形成可以说是生物进化史中非常重要的成就之一。组织存在的价值在于帮助我们达成依靠个人所无法达成的目标。蚂蚁是世界上最弱小的动物之一,但是蚁群却拥有强大的力量。它们的组织体系和快速灵活的运转能力是人类学习的榜样。无论是人类,还是其他生物,一旦能够找到更好的组织形态,那都意味着竞争力的巨大飞跃,就能创造远超个体的能量。

　　著名的德国军事战略家赫尔穆特·卡尔·贝恩哈特·冯·毛奇（Helmuth Karl Bernhard von Moltke）有一句名言:"任何战役计划一旦遭遇敌人便告失效。"如果我们把这句话中的敌人换成组织,往往也成立。战略确定以后,决定其成功与否的关键就是它的组织形态。组织形态与战略的匹配程度,决定了战略执行力的大小。组织与战略相匹配的时候,就会对变革产生巨大的力量和推动性,否则就会对变革产生障碍。如果说企业是一名剑客,那么组织就是企业的体魄,想要做到"心之所动,剑之所指",除了熟谙上乘的剑法口诀之外,还需要有健壮而灵活的体魄。

　　组织结构设计的真正挑战在于能够同时满足"效率"与"创新"的二元化要求,确保组织在巩固现有业务优势的同时,有效地管理创新业务,不断地支持创新业务的发展和规模化。

四种输入，七项原则，让组织结构随需而变

组织如此重要，可在大多数人的脑海中，只不过是一个空泛而笼统的概念。我们在设计组织之前，需要进一步去探讨组织的真谛。那么，组织设计包括哪些内容呢？广义的组织设计，既包括硬体部分，涉及组织结构和职责、系统与流程、绩效考核与晋升，又包括软体部分，涉及人才和文化。本章所讲的组织设计，是狭义的组织设计，重点围绕硬体部分展开。

骨骼系统把人的整个身体支撑起来，同理，企业也有自己的框架。企业制定框架的目的是设定边界，同时让整个躯体具有一定的灵活性，能够应对企业所遇到的各种情况。人体只有一副骨架，从出生到死亡几乎不再改变，而企业则有几种不同的组织结构可供选择，企业的组织结构设计必须随需而变，以适应环境和战略的要求。

相比于改善人员构成、提升员工能力和改变组织文化，改变组织结构更容易操作与实现，成本更低。用从外部引入关键人员的方法调整人员构成，有可能破坏组织的稳定性；提升人员的关键能力往往受限于员工素质、潜能和训练手段，其结果难以量化与控制，短期内也难以实现；改变企业的文化同样是个长期的过程。相比之下，改变组织结构设计，可以立竿见影地改变组织成员的工作与协同方式。

掌握组织结构设计方法是管理者的核心能力。一方面组织结构设计可以迅速改变组织成员的工作方式，对成员行为的调节极具刚性；另一方面组织结构设计能深远地影响组织能力的软体部分，影响人才和文化。所有的组织结构设计均通过以下三个方面发挥作用：

- 一是界定工作内容、创立目标、提出措施，并通过奖励机制的使用，

指导员工按照组织要求的方式开展工作；
- 二是通过组织结构设计为组织要求的行为提供便利，提供方法、资源、信息方面的便利，帮助成员高效完成工作；
- 三是组织结构设计能够限制特定行为，并通过限制信息流转、将特定群体隔离等方式，阻碍员工将时间和精力投入组织不倡导的领域和方向。

简而言之，组织结构设计创造了便利，同时也创造了隔阂，这是组织结构发挥作用的主要方式。组织结构的设计流程一般包括确定设计输入、确定设计原则、分组设计、共享与连接设计、组织结构校验五个关键步骤（如图5-1所示）。

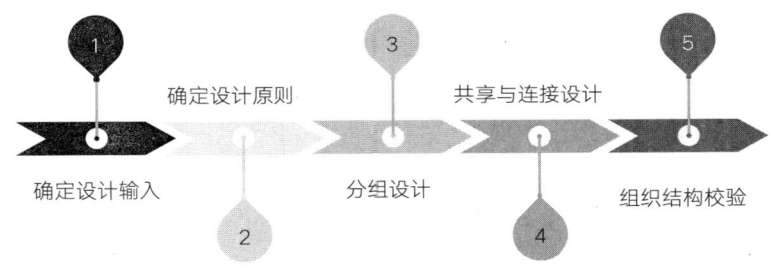

图 5-1　组织结构设计流程

确定设计输入

业务层面战略是组织结构设计的主要输入，但却不是唯一的输入。实际上，业务层面战略、公司层面战略、人才、法律法规及其他限制要素的要求同等重要（如图5-2所示）。

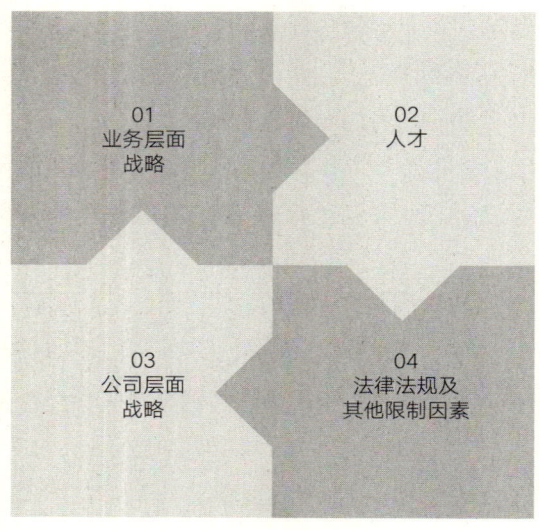

图 5-2　组织结构设计输入要素

组织结构设计的第一个输入是业务层面战略要素。响应业务层面战略主要体现在以下四个方面：

- 一是组织结构的设计应考虑不同产品在竞争策略中的位置，如行业吸引力矩阵中的"明星产品"以及被看好的"问号产品"，要尽快设计独立的组织结构，以提高重点产品的"可见性"，从而提高执行力。
- 二是组织结构的设计应考虑如何应对不同细分市场进行判断与取舍。对于重点的细分市场，可能是行业，也可能是区域，要建立正式的组织结构，提高对细分市场的管理"可见性"，从而提高执行力。若一家企业特别看好中国市场，那么就可以将中国市场从国际市场中独立出来，配备较高层级的管理者，并提升汇报层级，以保障资源，并提高中国市场在企业内部的"可见性"。
- 三是组织结构的设计应考虑如何与关键成功要素和竞争策略匹配。如产品领先战略要匹配强大的研发机构，客户亲密型战略要匹配以客户为中心的一体化组织结构。

- 四是组织结构的设计应考虑如何与战略关键任务相一致。重点的战略任务必须从组织结构设计上体现，举例来说，假如建立训练体系对组织而言是一个战略性的任务，那么组织必须建立一体化的训练结构才可能实现这一任务。

组织完成结构设计以后，必须从以上四个方面测试组织设计是否将管理层的注意力充分聚焦在每个产品在细分市场中的运营优先事项和的规划优势来源上。

组织结构设计的第二个输入是公司层面战略要素。组织设计专家安德鲁·坎贝尔（Andrew Campbell）指出，在设计组织结构时，应区别业务层面战略与公司层面战略。公司层面的组织结构设计应侧重于适应整个集团的优先事项和活动。

组织结构设计应响应公司层面战略，主要体现在以下四个方面：

- 一是组织结构的设计应考虑如何强化行业吸引力矩阵中的"明星业务""问号业务"。如"明星"业务或"看好度"高的业务要尽快设计独立的组织结构，以提高重点业务的"可见性"，从而提高执行力。
- 二是组织结构的设计应考虑如何体现母公司的"母合主张"和"母合优势"，即母公司为下属子公司提供的价值。假如母合优势是提供统一的销售过程管理和训练，公司就可以将此销售模式与训练组织统一化。假如母合优势是市场品牌和客户流量导入，公司就可以将市场组织统一化。
- 三是组织结构的设计应考虑如何体现母公司的管控模式。实际上，集团层面的管控模式在相当程度上决定了职能部门的设置原则，如财务、法务、人力等部分的组织结构设计。
- 四是组织结构的设计应考虑不同业务之间或母公司与子公司之间的联系。安德鲁·坎贝尔把这种需要通过组织结构设计解决的困难协作问题称作"困难连接"。所谓的困难连接，是指某些借由有关单元之间自发建立的人际关系不可能顺利地进行协同。之所以难以协同，是因为各单元无法自发察觉协同的好处，或不愿意为实现协同而共同努力，抑或是这些单元将面临难以调和的利益冲突。为了获利，上级主管单位需要建立协同机制或直接干预。在极端的情况下，唯一方法是重新分配职权。假如不同业务间的交叉销售是一种"困难连接"，那么组织需要进行复杂的结构设计才可能成功。安德鲁·坎贝尔提出：除非有一个强力的权威机构，同时它具有足够的时间和专业知识，由它来设计解决方案、赢得支持并且克服既得利益，否则协同将很难实现。

组织结构设计完成以后应进行如下测试：

- 对于母公司预期的增值来源和战略举措，组织设计是否给予了足够的重视？
- 对于母公司的管控模式，不同业务的困难连接是否进行了响应？

组织结构设计的第三个输入是人才要素。关于在设计组织结构时是否需考虑人员，实际存在两种观点，一种观点认为组织结构设计不应该围绕人进行；而另外一种观点，如集团层面的组织结构设计专家安德鲁·坎贝尔认为，组织结构设计必须充分考虑人员，合适的人选几乎可以使任何组织结构设计成功，而错误的人选甚至可以使最好的组织结构设计变得一塌糊涂。因此，人，也就是组织中的管理者，是设计方案的根本驱动因素。组织结构设计一定要考虑人员现状以及供给情况，毕竟人员不可能总是被撤换，而且合适的新人员可能很难找到。

纳德尔-塔什曼组织一致性模型的提出者之一迈克尔·塔什曼认为，实际上两种观点都没有问题，这是个双向的互动过程。由战略制定到组织结构设计，这个过程完全是理想过程，不考虑障碍和人才匹配与供给，然后再用人员供给和文化冲突进行校验，最终决定采取哪种思路。

依据这种观点，采取何种方案取决于新的组织结构设计所产生的岗位和关键人才需求是否能够获取。如果不能够获取，组织就应该服从现状，优先考虑人的影响；如果能够获取，就应该优先考虑战略。

在组织设计完成以后，必须进行人员校验：

- 设计是否充分反映了现有人员的积极性、优势和劣势？
- 产生了哪些关键岗位，这些关键岗位的人才数量和关键能力与经验要求是什么，可获得性如何？
- 组织结构是否引起了人员内部政治和文化冲突？

组织结构设计的第四个输入是法律法规和其他限制要素。在进行集团一体化组织结构设计时，如果股东结构不一致，集团就必须考虑小股东的利益与公司独立经营的法规要求。这就极大地限制了组织结构设计的选择空间。在对一些特殊行业进行组织结构设计时，如医疗行业，必须充分考虑监管的要求。这些限制使很多在其他行业可行的组织结构设计无法在一些特殊行业得以实施。地理位置、沟通方式、IT系统等其他的因素也会成为组织结构设计的重要考虑因素。

在组织结构设计完成后，必须进行限制要素校验：

- 设计是否考虑到可能使方案无法实行的制约因素，如股权、地理条件、法律法规等？

确定设计原则

组织结构设计的要素输入完成以后,我们需要确定组织结构设计的原则。常见的组织结构设计原则有七个,即专业原则、成本原则、协作原则、效率原则、灵活性原则、文化不兼容原则、满足利益相关者诉求原则(如图 5-3 所示)。设计原则是设计组织结构时取舍的理由,并非组织结构的设计输入。

图 5-3　组织结构设计的七个原则

- 专业原则:组织在进行结构设计时应考虑专业和技术领先性对于实现战略目标和让客户满意的重要程度。当决策所需的知识是"特定的"时,专业和技术领先就很重要,那么组织就应该按活动类型设计结构。
- 成本原则:组织在进行结构设计时应考虑某个组织结构的实施成本与达成目标的投入产出关系。如果组织重视成本,就应该重视结构的合并和共享，如共用销售机构、共用生产机构，并适当地考虑按活动类型设计结构。

- 协作原则：组织在进行结构设计时应考虑对客户的响应程度以及内部合作的便利性。如果组织重视协作原则，就应该按区域、客户、产品或业务设计结构。
- 效率原则：组织在进行结构设计时应考虑其对某个战略意图的实现速度的要求。如果组织重视效率，就应该确保某个产品、市场、举措在结构设计上具有"可见性"，让其能够独立地运转计划、组织、实施、反馈的全部价值链流程，建立流程性的组织。
- 灵活性原则：组织在进行结构设计时应考虑其对不确定事务的应对能力。越灵活的组织越应减少管理层级，并有效授权。如果一项活动不能产生增值，便应被授权给下一级部门，尽量减少冗余机构。在环境快速变化、产品生命周期短、市场分散的情况下，网络型组织结构是最好的。如果组织强调控制和风险，经典型的职能制结构是最合适的。
- 文化不兼容原则：是指对具有不同文化要求的业务应尽量分离、不兼容。文化的差异性是共享组织结构设计的红线，当不同业务对文化的诉求有较大差异时，组织结构设计上尽量对其做物理隔离，这是决策是否共享组织结构的重要判断原则。
- 满足利益相关者诉求原则：组织结构设计是一种调整组织成员利益的方式，集中反映了利益相关者的诉求和冲突。那些不重视社会利益相关者诉求的组织，都很难持续生存。组织结构反映了股东和管理层对战略、盈利及管控模式的要求。组织结构不仅规定了组织成员的发展通道和发展路径，还决定了对外部环境的适应性。组织结构设计须考虑对成员发展需求的满足度及其合理性，要反映出员工如何在组织内获得发展。

设计组织结构时，往往不能只考虑一个原则，而是要综合考虑多个原则。这就决定了组织结构设计的复杂性。组织结构设计完成以后，需要进行如下测试：哪些组织结构设计原则对于组织满足利益相关者的诉求和战略的要求是至关重要的？我们在设计组织结构时对一些原则的满足程度如何？实际上一个好的组织结构设计往往可以达到以上多层目标。

某公关活动类公司的主要业务是公关策划和活动执行。公司的基本组织结构设计是针对项目和客户分组，每个团队既负责打单，又负责交付。长期以来，公司建立了较浓厚的服务文化，但销售文化不强，公司提出由服务型组织向销售加服务型组织转型的战略目标。

为了进一步抓住大湾区发展的机会，公司决定在深圳投入资源发展，使深圳成为第二个增长极，并成为区域业务和管理中心。目前公司在深圳和厦门设立两个分公司，每个分公司员工有20～30人，两个分公司的组织结构都是这样设计的（如图5-4所示）。

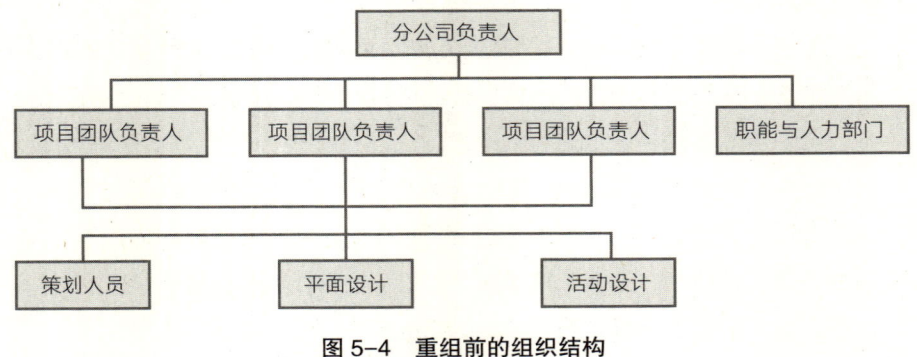

图5-4 重组前的组织结构

经过组织盘点和人才盘点，发现目前两个分公司主要存在的问题如下：

1. 两个分公司的业务在达到 1 000 万元左右的毛利润后，出现了业绩停滞，2～3 年内没有明显的增长。
2. 深圳公司的文化单一，经霍根测评（Hogan Evaluation）发现团队的抱负值非常低，大部分在个位数，数值最高的在人群中处于 30% 分位。领导反映员工比较靠谱，善于协作，但缺乏主动性，工作需要多次催促。再次证明团队的销售文化极为薄弱。
3. 深圳团队的人员由于外部环境、工资待遇和发展路径等原因，流动性很高，团队很薄弱，长期处于缺编状态，基本上无人才梯队。3 年以上员工占比较低，只好由上级领导补位，经常处于救火状态。虽然深圳的市场是较好的，但交付能力限制了业绩增长。
4. 厦门团队目前有常年稳定的大客户，但厦门公司的发展定位不清晰，不知道应该成为交付中心还是业务中心。公司对厦门分公司是否能发展出一定规模存在疑问。
5. 整体团队的干部梯队也严重不足，分公司负责人两地兼职，疲于应付，短期内又找不到合适的负责人。

基于以上情况，公司与客户团队达成共识，将原有组织结构调整为如下情形，调整后的组织结构基本上解决了以上问题（如图 5-5 所示）。

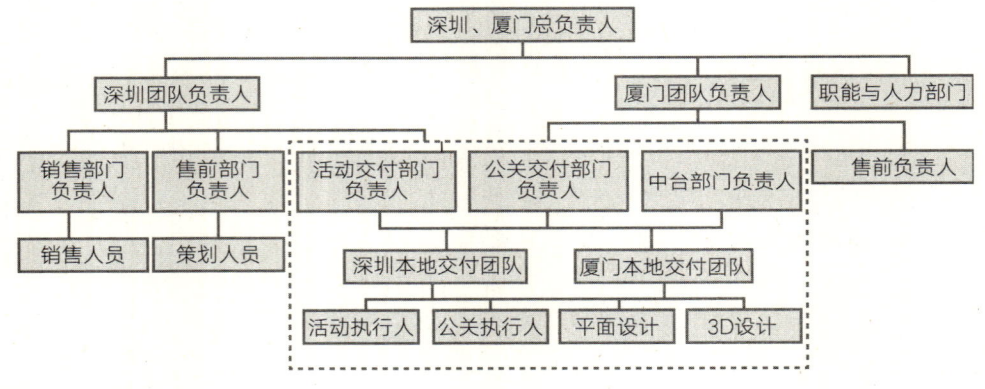

图 5-5 重组后的组织结构

1. 改变按客户和项目设计组织结构的模式，改成按售前、销售、交付、中台和职能分组。按项目设计组织结构，虽然有利于协调，但并不利于每个员工的专业化发展。长此以往，团队的时间全被交付活动占据，导致有效销售时间极少。一个团队同时负责售前、销售、交付的结果是，团队文化越来越偏向服务型文化，进取意识严重缺乏。只有按售前、销售、交付和中台支持的活动重新设计组织结构，才能保证文化的多元性，给组织带来活力。这种方式可保证培养出在售前、销售、交付方面具有突出执行力的人，从而带来更高的绩效。同时在原有组织结构下，组织必须依赖于一个一个的全能型人才出现，而这样的人才既不能快速培养，又难以有效留住，导致组织经常因人才短缺而处于左支右绌的境地。同时，这种组织结构，虽然有利于人员技能培养的全面性，但对体系化培养是不利的，人才培养处于失控状态。因为只有少数的人具有成为全能型人才的潜质，因此发展通道也是不通的，这也是组织难以留住员工的原因之一。

2. 大量的实践证明，一个较小的组织规模和人数是极难解决员工发展通道问题的。经过测算，团队必须发展至 40 人左右的规模，人才的发展通道才能基本畅通，才可能留住人才。目前无论管理者的准备度，还是人才梯度的厚度，都不具备同时将深圳分公司和厦门分公司打造成 40 人左右规模的能力，因此共享组织结构成为必然。同理，该公司也不具备同时将深圳分公司和厦门分公司建设成业务中心的能力，因此将深圳分公司定位成业务中心，将厦门分公司定位成交付中心，并且实现交付资源、中台资源、职能资源全部共享，这样既解决了深圳分公司和厦门分公司由于体量带来的诸多管理问题，又从根本上解决了厦门分公司的定位问题。

3. 线上交付业务的组织结构不需要考虑地域属性，而线下交付业务的组织结构在大部分情况下需要考虑地域属性，因此整体上交付团队、中台团队在厦门部署，这样可以在兼顾到实际人员地理分布情况的同时，极大降低交付成本。在深圳配套较少的交付和中台资源，用于特殊情况下的应急响应。这样厦门分公司能以较高的待遇，吸引较好的人才，而公司的交付成本却降低不少。

4. 在深圳设立独立的销售部门，招聘销售团队，形成销售能力，同时培养售前策划和交付专家。同时，部门启动人员的培养计划，在 1～2 年实现团队能力的根本改观，打造专业优势，创造"放大"优势，从根本上解决团队能力不足和人才梯队层级建设问题，完成由"服务型组织"向"服务＋销售型组织"转型的目标。

5. 本次组织结构调整实现了从按客户和项目分组向按活动分组的变化。这使得人才策略和人才标准进行了较大幅度的调整。组织不再需要大幅度的能力完整，更需要在某个方面特质突出的人才，这是执行力和效率的真正来源，需要对现有人员有重点地进行大幅度结构调整，同时调整原来的员工发展通道，主流通道应是使销售管理者成为经营负责人。只有少数的交付管理者可以成为经营管理者，交付管理者的发展通道是通过业务量增长在垂直职位的晋升实现的。这从长远看将根本性地改变交付导向的文化。
6. 阿米巴绩效考核方法已经不再适用，因为如果组织对交付部门继续按利润考核，会对售前支持和协作产生一定的影响，这也是企业历次前后台分离不能成功的原因之一，交付部门应将利润考核方式改为以交付指标为核心的考核方式。

本次组织结构调整，可能面对的挑战有两个方面：一方面是人员挑战，这也是最大的挑战，组织必须找到具备经验的总体经营管理者和销售管理者，另一方面是文化挑战，目前管理者的思维和组织文化都太偏重交付方面，过于关注风险，缺乏进取和创新精神，改革措施已经从引入不同类型的管理者、改变人员结构、调整考核方式、改变晋升通道等方面进行了设计，成功概率大大提高。

本次组织结构调整可能带来一定的协调问题、绩效考核问题和流程问题和切换问题，但总体上挑战不大。

这个案例体现了通过调整组织结构的设计组织可以达成多层目标，既可以提升效率、支持变革，又能打通发展通道，满足利益相关者的诉求，从而达成公司的目标。这个案例再次证明了组织结构设计的重要性。

分组设计

确定输入要素和设计原则以后，分组是组织结构设计的核心工作。不同的分组方式可以帮助我们实现不同的战略目标。基本的分组方式一般按照活动、产品

第 5 章　活力组织的引擎 4：效率与创新，设计二元化组织结构

及客户三个维度，也会出现几种分组并行的综合分组模式。没有完美的组织结构，只有适宜的组织结构。每一种分组都有其优势，也有其缺点，组织应该根据自己的业务阶段，决定与之相适合的分组模式。任何企业在进行组织结构设计时都会面临理想对现实的妥协。

- 按活动分组，即把共同职能、学科、技能或者工作程序的人集合在一起。履行同样职能和从事同样活动的人，不仅可以在组织内部共享资源，确保资源使用的最大化，也有利于发展专业能力和积累专业知识，形成具有技术和学科优势的大量专家。这种组织结构，可以用于大规模生产创造标准的产品，取得成本优势。按活动分组对成本和效率的重要影响可以追溯到 1776 年苏格兰经济学家亚当·斯密（Adam Smith）的著作中。书中以生产大头针厂为例，通过专业化分工，拥有 10 名员工的组织所能制造的大头针数量是 10 个人单独制造的 10 倍。活动分组也可以用于发展专业化的能力，取得技术和专业的优势。但这种分组模式的缺陷也很明显，只有高层才有权把握整体状况，这就需要一个"上帝之手"在不同单元或活动间进行协调。由于不同单元间的协调性和一致性比较差，提高每个单元的客户意识和市场意识对高层来说也是挑战，高层往往更强调工作的质量，而不关注销售量或顾客满意度。
- 按客户分组，即按照客户类型把相同活动的人组织在一起的分组模式。资源都集中于特定的客户分组，人们都围绕客户在工作。这种分组的优势，是从事不同活动的员工之间容易进行跨职能的沟通，实现面向客户的订制化和一体化解决方案。客户分组模式不仅有利于复杂化的解决方案业务，而且适合对重点客户实施范围经营，从而提高对客户的响应速度。这种分组方式的缺陷就是易造成资源配置重复，增加生产成本，易导致职能和活动专业化丧失，从而将业务导向复杂化，不利于产品化发展。

- 按产品分组，与按客户分组十分类似，把产品的设计、生产、营销流程整合在一起进行分组。资源集中于特定的产品，人们围绕着产品展开工作。这种分组方式有利于产品完善与推广，单一产品响应客户的速度更快，适合标准化产品的组织设计。按产品分组和按客户分组有同样的问题，那就是依然存在资源重复使用的问题。

所谓综合分组模式是指在一种组织设计中综合使用以上三种模式。由于以上三种模式各有优点和缺陷，按活动分组适合专业化和大规模生产，从而取得专业优势或成本优势，但不利于协作；按产品分组，适合于规模经济，内部的协作极强，有利于增强组织的产品力，但不利于客户化和专业化；按客户分组，适合于范围经济，内部的协作极强，但不利于产品规模化。组织结构设计者总是想达到多重目的，于是综合分组模式就产生了，也带来组织结构的复杂性和较高的实施成本。

某医药公司在集采药品后，面临药业的产品数量越来越多，但产量不均衡、不稳定的生产经营状况。若按一种产品设置组织结构和配置人员，就会出现人员冗余问题，从而产生较高的生产成本。在多产品、小批量的情况下，该医药公司开始探求如何进行有效的组织设计，在确保质量和法规要求的前提下，降低生产成本。

该公司在组织设计过程中，认真分析了不同产品的技术、生产流程和工艺、生产的均衡性、设施的通用性、不同产品线人员素质和技能要求的差异，在组织设计时灵活采用了多种分组模式，有效地解决了多产品、小批量的生产组织难题。

各个模块的分组方式如下：

- 生产计划模块：按活动分组，不考虑产品特性，设计一个生产计划部门。
- 生产运营模块：对于生产管理岗位，如生产主管和工艺主管，按产品分组，可以跨产品线生产，跨产品生产时配合辅助管理。对于人工，则采取更加灵活的分组方法。对于罐装和配液类操作工人，考虑绩效可变量、操作文化与操作习惯分组，总体上无菌操作工人可以实施非无菌跨产品线操作，非无菌操作工人不可以实施无菌跨产品线操作。同时强化在职培训（OJT）训练体系，提高跨产品生产的训练水平，增加质量过程检查程序和次数，确保跨产品操作转换期的操作质量和稳定性。对于包装类工人只按活动分组。
- 质量管理模块：针对进料和产品检验，按中药、西药、辅料、包装四种形式进行活动分组，不考虑产品线分组。对于生产过程质量管理，质量主管按产品线分组，人员可以跨产品线调动，主管在跨产品线生产时担任辅助管理者。对于体系质量管理，不进行分类。
- 设备管理：按照活动分组，只考虑设备类型，不考虑产品线。
- 产品力提升与技术转移：严格按产品线分组，以确保有专业人员负责产品力提升。
- 车间管理：按车间配置车间主任，负责工作现场的生产协调与人员管理。

为了实现成本优化，本组织设计总体是按照活动分组的，在部分领域按产品线分组。为确保产品质量和满足法律法规要求，对绩效可变量大、操作习惯和文化差异较大的岗位，即使带来一定的成本，也严格按产品分组。

为了解决按活动分组带来的联系和沟通问题，该公司设置三个岗位，分别是生产调度岗位、产品力提升与技术转移岗位、车间主任岗位。其中生产调度是多产品生产组织的联系性岗位；产品力提升与技术转移岗位是解决单一产品力的联系性岗位；车间主任负责同一生产现场人员的联系、矛盾协调以及现场生产的即时沟通和协调。此外，生产主管和工艺主管则负责生产组织和工艺管理的联系。这些设计，从根本上解决了按活动分组后围绕产品线产生的协调问题和专业能力问题。按产品分组的人员和按活动分组的人员，随时组合，即插即用，有序生产。这种设计在保障质量的前提下，提高了生产效率。

这种运转体制对于以下四个方面提出了较高的要求：

- 跨产品的生产计划与策略能力；
- 精细化的组织设计能力；
- 基于多岗位的岗位职责、晋升路径和薪酬策略的设计；
- 训练与员工操作标准化。

针对以上四个方面，在实际的管理实践中，企业需要建立 IT 系统，并通过制定多产品线的生产策略、库存策略来提高生产计划的均衡性。需要分析各个岗位的特点，做出合适的组织设计，以便同时确保质量和效率。该公司在确保适应关键多品种、小批量生产、生产计划高度不均衡的情况下，满足相关法律法规要求。新的岗位设计打破了原来基于产品线的员工职业通道和岗位设计，因此需要建立新的职业发展通道、岗位标准和薪酬体系，解决员工发展问题。该公司由于增加了跨岗位的人员流动性，对训练体系的要求更高，因此升级训练系统成为支持组织设计的重要行动。

共享与连接设计

在设计完一个业务的分组以后,我们需要做的是不同业务和产品间组织的共享设计,即把不同业务和产品间可以共享的组织合并,从而提高专业性和降低成本,如共用前端的销售组织、研发机构、生产设备、物流组织等。

组织结构共享的优势是可以降低成本,通过规模效应提高专业优势,配备更强的专家力量,从而可能成为组织结构设计的杠杆,给组织带来核心竞争力。如果在前台共享销售组织,可能带来交叉的业务机会,发挥范围经济的作用,避免一个客户面对几个销售的问题;如果在中台共用生产和供应链组织,可能带来极大的成本优势;如果在后台共用研发组织,有可能建立极强的专业优势。

组织结构的共享同时存在一些问题:可能带来协作效率的降低,带来官僚主义。这需要企业花时间通过流程优化去解决。一旦组织解决了效率问题,那么这种共享设计,会极大节约企业的生产成本,同时提高专业性。我们把某些人集中在一起使其便于开展工作,我们同时又将某些人分开,使其不便开展工作。那么有着共同利益和责任的部门及业务之间就会建立起一个个壁垒。组织要在不同的组织之间建立联系,弥合分组导致的割裂,使公司像一个有机体一样运作。

在不同的分组之间建立联系的方式共有六种,分别是设立不同部门之上的经理、设立非正式的部门间联络员、设立非正式的部门间联络机构、设立某一条线的综合管理者(如矩阵结构的产品线经理、职能条线经理、品牌条线经理)、通过设立跨部门流程建立联系、通过非正式的组织行为(主要指私下的人际关系)建立联系。我们可以把前四种方式和后两种方式相结合。

在不同部门之上设立共同的经理是一种调节力度最大的联系方式。这种方式对组织的业务文化和生产流程的要求最低,主要依靠上级领导的权威与领导力实现协作。设立非正式的联络员及非正式的部门间联络机构，虽然实施成本低，但不能处理大量的、高度相互依赖的业务关系，甚至有时候只能传递信息。设立某一条线的综合管理者来实现联系的方式最为复杂，因为这种方式会形成矩阵型组织结构。这种方式往往需要建立双重的结构、系统和流程，每个人都受双重领导约束。设立某一条线的综合管理者虽然能够处理复杂的、高度相互依赖的业务关系，但实施成本最高。

非正式的部门间联络员、非正式的部门间联络机构、某一条线的综合管理者这三种联系方式，都比较依赖组织文化。

> 某药业公司经营中药的配方颗粒业务，其市场份额在相关领域内居于前列。但在中药领域内，饮片业务，即传统中药熬制一直是主流，配方颗粒业务是补充。公司为发挥范围经济的作用，一直想进入饮片业务。组织设计如何适应这种要求，是实现业务策略的关键。
>
> 配方颗粒业务是一种标准化的产品型业务，但饮片业务不同，国家没有统一的标准。每个医院对饮片业务都有不同的质量要求，甚至对外形的要求都有很大的差异性，因此这是一种个性化产品的销售。医院分散化的采购决策、组织对医院的销售能力、产品的个性化是影响饮片市场集中度的核心因素。配方颗粒业务和饮片业务要求不同的文化、不同的技能，同时对生产组织、物流等的要求也不相同，这是一种小批量、多品种的生产模式。
>
> 该公司采取了以下组织设计策略：
>
> - 采购模式：从药材种植户中集中采购，可以发挥集中采购的议价优势。因此，按产品线合并采购，并设立组织结构是有利的。

配方颗粒业务的采购主要是面向采购计划的，而饮片业务的采购是面向订单的。配方颗粒业务采购量大并且是公司主流产品，这势必带来文化差异的挑战。如果不面向饮片业务设计独立的组织，很难响应对饮片业务的及时性要求。在实际运行过程中，针对前期采购人员的技能差异导致的绩效问题，如饮片要求重视外形而颗粒采购只重视成分，这样的技能差异带来的绩效问题通过赋能系统解决即可，不必通过组织设计解决。因此最后的方案是：与配方颗粒同类的产品采用按产品设置采购小组，对除此之外的产品均专门设置饮片业务组进行采购，以同时适应降低采购成本和及时响应的要求。

- 生产模式：前期通过现有的生产能力同时为配方颗粒和饮片业务提供生产保障。但由于这些生产基地需要为多个部门提供保障，对该部门的考核指标是成本。生产部门不愿意做小批量、个性化生产，饮片的生产计划总被排在后面，就导致生产周期太长，不能及时响应客户。在咨询顾问的引导下，组织认识到通过流程协调是不可能解决生产及时性问题的，毕竟配方颗粒业务更加重要。如果不同生产线的负责人同时给生产主管打电话并施加影响，重要的产品线在生产排序中会被优先考虑。在这种情况下，依靠建立临时的联系机制，不能解决问题。但是将饮片生产独立建厂，成本又过高。因此该药业公司决定在原有的配方颗粒生产单位增加新的生产线，同时配备专门的质量管理人员。该生产线不仅在管理上独立于原有生产线，且成本也独立核算。该生产线专门用来生产中药饮片，解决了共用生产线排产困难的问题。考虑到药品行业的特殊性，质量管理人员管理业务时还需要集中管理与监控，以确保产品的品质达到统一的要求和水准。
- 销售模式：饮片业务在自建销售团队的同时，最重要的是实现与配方颗粒业务的交叉销售。组织前期采取了对颗粒业务的人员制定业绩配额10%的方法，实施效果不佳。重新进行组织设计时，该公司在针对以下两个设计方案时需做出选择。

- 方案一：在饮片业务线成立订单执行与协调团队负责订单交付；同时成立专家团队为配方颗粒业务的销售人员赋能，并支持销售。
- 方案二：在方案一的基础上同时成立销售团队，推动与配方颗粒业务的交叉销售。

第一种方案是"拉式"的，业务的拓展取决于配方颗粒业务销售人员的自觉性和拉动作用。第二种方案是"推拉结合"的，饮片业务的销售人员会主动管理客户名单、与颗粒销售人员制订和实施销售计划。两种情况下的部门定位不同，方案一的定位是能力支持中心，方案二的定位是销售与能力支持中心。显然方案二的执行力、处理信息的质量和能力更高，且能为销售进程管理制定更加强有力的工作安排，也使得两个组织间的协调更加刚性和高效，但要解决利益分配问题，否则难以共享客户。

需要指出，无论在哪种情况下，都须调整销售管理者和一线销售人员的考核方式，同时提高赋能系统的能力，使销售新品变得容易。否则，任何组织设计都难以成功。

组织结构校验

组织完成结构设计以后，需要对设计成果做出校验。组织结构的校验分两个部分：一部分是关于设计输入部分的校验，可称为"需求校验"；另一部分是对设计原则达成情况的校验，可称为"设计原则校验"。如不能达到设计输入和设计原则的要求，则应该对组织结构进行调整，具体的校验内容前面已经描述，在此不再赘述。

建立"小池塘"，实现突破式创新

创新为什么艰难？战略、组织结构、人员和文化的一致性是业务短期成功的保障。组织的成功依赖卓越的业务流程和行之有效的业务文化。建立一种卓越的业务流程和文化对组织而言具有两面性。这意味着组织擅长某些事情，同时意味着不擅长或排斥另外一些事情。

依据创新-效率矩阵（如图5-6所示），过于强调创新与灵活性的组织容易抓住机会，但往往缺乏规模化生产的能力；过于强调效率和可靠性的组织，容易充分利用已有业务的机会，实现规模化，但往往无法应对新业务的颠覆式创新，最终无法应对新的颠覆性的竞争对手，从而竞争失败。而最理想的组织具有同时管理效率与创新的能力，这样即可获得效率性组织和创新性组织的双重优势。

原有业务的发展更依赖于"可靠、效率"，而新业务的发展取决于"灵活、速度、创新和反应"。企业必须认识到，组织保持"可靠、效率"与"灵活、速度、创新和反应"同等重要，过分强调前者就会失去创新活力，过分强调后者，可能无法放大创新的成果。任何一个组织的成功，都取决同时具有鼓励创新和管理效率的能力。

"创新与灵活"与"可靠和效率"是组织属性的两端。我们为了兼顾"效率"与"创新"，须在组织内部同时推动"渐进式创新"和"跨越式创新"这两个不同的"创新流"。组织的管理者，就如同一个技术精湛的调音师。组织从"0到1"再"从1到10"的过程，本质是就是将企业的属性从"灵活、速度、创新和反应"

向"可靠、效率"不断过渡和协调的过程。如果组织有多个经营过程,并处于不同的阶段,就意味着组织需要同时拥有协调多架钢琴音质的能力。

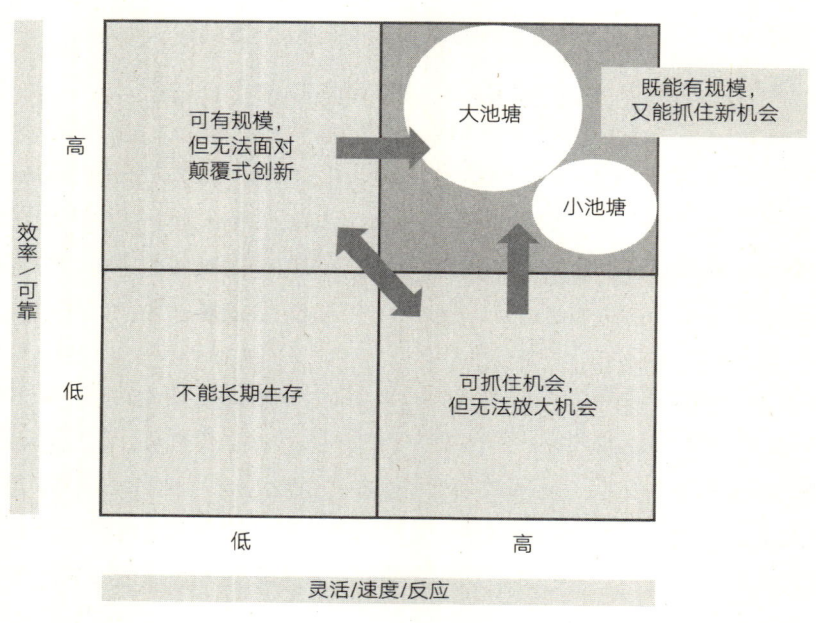

图 5-6 创新-效率矩阵

解决这个问题的方法是划分"大、小池塘",形成一个生机勃勃的生态。组织在"大池塘"里定义和缩短绩效差距、构建核心竞争力,通过关键任务、组织设计、人岗匹配和人才的流动,实现规模和效率。组织在"小池塘"里培养新物种,采用完全不同的组织设计,去抓住新的机会,从而弥补机会差距,打造敏捷型团队。"小池塘"的新物种茁壮成长,有一天也会长成庞然大物,这时"小池塘"就变成了"大池塘"。组织由追求敏捷和创新走向追求规模和效率。"大池塘"最终会因为环境的变化而变得不适合生存。那时候组织就应该放弃,因此组织需要不断寻找新物种,建立"小池塘",如此循环往复。

如果组织特别看好一个创新的业务，就必须尽早给它划好"小池塘"，设立独立的部门，任命高级别的管理者，提升汇报层级。这样这个业务才能受到足够的重视，让这个业务具有全流程的能力、独立的预算以及不同的考核指标。当新业务发展起来后，组织再不断在其中加入效率因子，完成规模化和扩张。

永辉超市是一家深受主妇们喜爱的超市，它的生鲜产品品类齐全，又物美价廉。永辉超市曾试水新零售业务，相继孵化出了"超级物种""永辉生活""永辉到家"等新业态，结果这些业务全部失败了。

2017年，凭借高档的门店环境及新鲜的购物、就餐体验，"超级物种"福州温泉店开业当天吸引了大批福州的消费者。"超级物种"一炮而红，门店客流量非常大，就餐需要排队。很多客人还坐在那里就餐，旁边就已经有人拿着牌子等座了，门店发展前景一片光明。2019年，"超级物种"全国门店数量曾一度超过80家。

然而背靠大企业的创业项目，很难避免遭遇多头管理的问题。大家都坐在自己的位置上，想要把自己的理念塞进去。"超级物种"刚起步，难以脱离对永辉超市原有供应链的依赖。有时供应链部门会抛给"超级物种"一堆新货，但对这种新货是否适合在"超级物种"出售却缺乏考量。"超级物种"力推永辉超市原本实行的一系列标准操作流程（SOP），然而并不符合自身的实际情况。

与盒马不同，"超级物种"在起步时并未想好要做"线上+线下"的模式，这导致很多门店并没有为线上订单做专门的空间预留和设计。"超级物种"与盒马完全是两种思路，盒马是先满足线上再满足线下，而"超级物种"则是一家线下店火爆后，才做了线上门店。最初的"超级物种"门店为线上履约做的最大努力也只是在开店的时候留出了一个几平方米的空间作为"履约中心",用来完成线上订单的配送准备。一旦订单量稍大一些,这点地方远远不够堆放那些等待配送的包裹。线上销售的比例除了在大促冲单期间达到过10%以上,大多数时间仅有4%~5%。

通常线上订单需要员工拿一个袋子,绕着工坊走一圈,再到货架上走一圈拣货,效率非常低下。而通常线上订单的高峰期同时也是店内就餐的高峰期,员工既需要服务门店内的顾客,又需要满足线上订单的需求,人手十分紧张。"超级物种"还曾使用类似盒马的悬挂链系统,目的是让店员能够在特定区域完成拣货后,将商品装入袋子中,靠悬挂链送往后场,组合打包后等待配送,从而提高线上订单的拣货效率。然而盒马在选址时就考虑到了层高和屋顶的状态是否适合传送带,"超级物种"则是在现有的门店里塞进去一个悬挂链系统,最后发现由于转角处有突出的横梁,传送带无法顺利运转。

虽然是盒马的跟随者之一,"超级物种"的"基因"却与盒马完全不同。无论是店型还是面向的消费群体都有巨大的差异。"超级物种"的相关人员认为,从零售的角度来看,盒马有很多"不科学"的地方。例如为了保证线上的体验,需要准备巨大的后场,浪费了大量空间。盒马在很多时候给人的感觉都是"不计成本"。但这在永辉超市是难以想象的,永辉超市没有互联网企业这种不计成本、先占领市场再小步迭代的"基因",也缺乏从根本上改变的勇气。

永辉超市的一系列创新,不管是什么线上模式,都要先投入成本,跟线下门店抢资源。而永辉超市在合伙人制度下,合伙人的分红与营业利润紧密挂钩,因此其本质上是趋利的。在市场份额有限的情况下,如果推线上不能给门店带来增量,反而会拖累线下店,没有人愿意去做这个亏本的生意。

2021年4月20日，永辉超市相关负责人回应"超级物种"接连关店时表示，"超级物种"已经不是集团核心业务。同年5月21日，永辉超市董事长张轩松在年度股东大会上回应公司发展问题时表示，永辉超市将回归到民生超市的原点。实际上，"超级物种"的倒下只是时间问题，"基因"的不匹配会导致各种问题，无论有没有疫情，它的终局都是一样的。

那么大小池塘划分的依据是什么呢？根据克莱顿·克里斯坦森的观点，业务流程的创新程度和文化价值观差异是决定创新组织建构模式的主要决策考虑因素。根据三种不同的情况我们可以做出不同的组织设计。第一种情况是创新业务的流程和价值观文化与目前的业务均有较大的不同；第二种情况是创新业务的流程与现有的业务流程相差不大，但价值观差异较大；第三种情况是创新业务与现有业务的价值观差异不大，但流程差异较大。

创新性组织模式可归纳为三种，分别是：独立组织模式、专属团队模式、联合工作组模式（如图5-7所示）。其中独立组织模式是组织创新程度最高的模式。在这种模式下，现有组织与原有组织在物理上是完全分离的，甚至采用不同的法人结构。专属团队模式是创新程度次之的模式。在这种模式下，现有团队与原有团队有一定的分离，二者往往共享服务或接受共同领导。联合工作组模式是组织创新程度最低的模式，只为创新业务构建临时的团队或建立联络协调机制。

当创新性业务的文化与原有业务的文化差距较大，流程差异也较大时，一般要建立独立运行的组织。比如在组织并购中，如果两个组织的文化和流程差异较大，强行将被收购组织整合进收购组织将面临失败风险。

当创新性业务的文化与原有业务的文化差距较大，流程差异不大时，组织可以将创新性业务与原有业务并在一个组织内，采用专属团队模式，必要时也可以采用独立组织模式。但无论采用哪种模式，新旧组织必须在组织设计上实现一定程度的隔离，必要时建立新的组织。在旧团队基础上通过组织变革取得成功异常艰难，成功概率会下降较多。

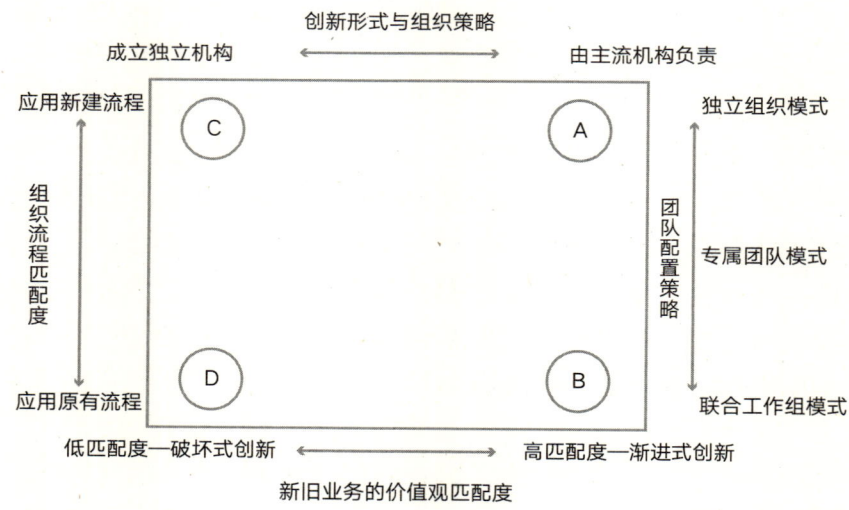

图 5-7　克里斯坦森关于创新业务的组织策略模型

某国内知名的建筑设计公司，曾设计出国内外一些知名的标志性建筑。这是一个强调产品和技术创新的组织，该组织有一种很快进入各种新市场，并取得早期成功的能力。然而当进入成熟市场时，客户对及时响应和成本的要求逐步提高，该组织又会逐渐退出早先进入的市场，把市场扔给其他的竞争对手。这种情况在房地产领域表现得更为突出。该建筑设计公司在早期曾是表现最为优异的房地产设计供应商，与国内的各大地产公司均有合作。当地产市场进入产品标准化和快周转模式时，该建筑设计公司难以接受低利润率，难以适应快速响应要求，转而进入其他领域的建筑设计市场，在民用地产中的设计份额不断降低。该公司目前的客户有两类，一类是商业和民用地产商，另一类是与政府关系紧密的各类行业客户，如体育场馆设计、医院设计、文教设计等。

经过近20年的发展，该公司已经在设计市场上发展出一定的规模，达到了20多亿元的市场份额。该公司重新制定了追求规模和持续增长的目标，并基于新的市场吸引力模型，将房地产市场定义为最有吸引力的市场之一，是少数能支持组织增长和高速发展的细分领域。目前，该公司把"创意领先，追求利润"作为企业文化而重新进入房地产领域，早期该公司需要构建"效率至上、客户响应、规模重于利润"的理念。

该设计公司曾经意图在原有的组织结构上通过改革适应新的业务，但遇到了极大的挑战。对于一些以创新见长的设计师而言，管理效率化的团队十分困难，刻板的流程和长期枯燥的工作，严格的人员训练体系和质量监控流程，都使得他们心力交瘁。前期转型付出了很多的努力，而成效并不明显。吸取经验教训后，该公司决定采取新的组织设计，将效率型的设计团队和创新型的设计团队分离。两者分属不同的部门和不同类型的领导，按不同的人员画像重新招聘团队，并构建不同的管理流程。两年下来，组织变革非常成功，效率团队的交付能力提高了50%。

该公司同时发现，与政府采购类型相似的业务和地产业务的文化差异也很大。与政府采购相似的业务，对技术的要求相对低，但要求及时响应和周到服务；地产类业务，早期要求技术领先，后期要求效率至上和周到服务。而同时做到技术至上和周到服务是比较困难的，如果组织混在一起，就哪种业务也不能做到极致。

笔者曾与《公司层面战略》(Corporate Level Strategy)一书的作者之一安德鲁·坎贝尔交流过这个案例。没有想到，他的处理方式更为激进，他认为原则上这是两个公司的业务，在美国这两类业务一般由不同的公司运营。用事业部方式解决仍有隐患，就是对CEO和职能部门的挑战极高，要求CEO和职能部门必须同时适应两种不同业务的文化要求。

当创新性业务的文化与原有业务的文化差距较小，流程差异较大时。管理者将面临两种选择，即组建新的团队或采用联合委员会制。大部分管理者的选择是组建新的团队，这看上去好像是一个省劲的做法，但会带来较高的实施成本。如果企业采用联合委员会制，通过委员会实现跨活动分组的协作，这种解决方案虽然看上去有难度，但不失为一种兼顾效率、协作和创新的解决机制。这种机制往往会起到意想不到的效果。

思科公司是一家强调按活动分组经营的公司。该公司的主要资源按活动分组的方式分布，集中在由工程、销售、客户服务、营销、制造、物流、信息技术、财务、人力资源等部门组成的组织结构中。由于思科公司面向的客户是个性化的且需求复杂的，因此实现跨功能的协调和创新成为思科公司遇到的主要挑战。思科公司在解决这类挑战时，没有像大多数公司那样，按照业务单元进行结构重组，使每个业务单元聚焦于一个垂直市场，以创造快速响应和优质服务。通常这种做法会牺牲组织可观的利润率，因为这会带来大量分散的功能和重复的配置。

思科公司采用的方法是组建由高级管理者组成的跨功能委员会。根据不同市场设置了全球合作委员会、通信客户服务供应商委员会以及中小企业客户商业委员会。通过这些委员会处理客户驱动的需求，响应市场的变化。这些委员会形成决议，然后让功能性的部门负责执行。

这一变革十分具有挑战性，因而遇到了很大阻碍。同所有的组织一样，思科公司也存在一些顽固且难以合作的管理者，而且这些管理者在相应的领域有较多的经验和较大的影响力。但为了组织变革的成功，思科公司下决心让这些管理者离开。随着这些管理者的离开，委员会开始发挥作用，形成了一系列端对端的组织解决方案服务流程。其结果是组织通过采用按活动分组的组织设计加联合委员会的方式，在没有丢失利润的情况下，同时达到了快速响应和高效运营的要求，组织的毛利率在高峰时达 65% 以上。

第 6 章

8 ENGINES
TO BUILD A THRIVING ORGANIZATION

活力组织的引擎 5，

人即绩效，
选拔多元化高潜能人才

人才是企业最重要的资产,但大多数企业并没有像管理资产那样管理人才。

《管子·权修》中提道:"一年之计,莫如树谷;十年之计,莫如树木;终身之计,莫如树人。"这句话非常贴切地形容了人才对于一个组织的重要意义。我们在讨论如何让企业保持持久的活力时,就必须要认识到人才是组织中最活跃的要素。只有具有非常出色的人才管理能力,组织才有可能在瞬息万变的市场竞争环境中生存。

当然,现在的管理者都意识到了人才管理的重要性。每次员工大会,领导们都会说:"人才是公司最重要的资产。"会场里的员工,也就是领导口中的"最重要资产",却几乎没有一个人把这句话当回事。因为大多数的企业并没有真的像管理重要资产那样管理人才。一个高品质组织一定能够准确地甄别不良资产及优良资产,并且能够清晰地规划好如何利用和处置这些资产。但是大多数的组织却不能甄别哪些员工是人才,而哪些员工并没有企业想象的或者期待的那样有价值。

决定组织人才资产质量的是人才决策逻辑。高效的人才决策逻辑可以帮助企业提升人才引进的质量,确保组织的人才资产不断实现增值,提高组织活力。而错误的人才决策逻辑,则会使组织活力加速下降。

求同、求全、求硬，三个致命的人才陷阱

彼得·德鲁克（Peter Drucker）在《旁观者》(Adventures of a Bystander)一书中描述，有一次通用电气公司众主管针对一个小零件部门的技工师傅一职的合适人选，讨论了好几个小时。德鲁克问总裁阿尔弗雷德·斯隆（Alfred Sloan）："你怎么愿意花4个小时来讨论这样一个微不足道的职位的人选呢？"斯隆答道："请你告诉我，哪些决策比人的管理更为重要？如果我们不用4个小时好好地安排岗位人选，那么我们以后就得花几百个小时来收拾这个烂摊子，我可没有那么多闲工夫。"

"人在事先""人即绩效"，用对了人，事情就成功了一半。组织中有相当一部分绩效问题的本质是人的配置问题，使组织不得不总在任务过程里做改善，显然效果甚微。高超的管理者总在人才的判断和发展上花精力，习惯通过对人的判断来预测绩效，并通过业务过程去证实或修正这种判断。这样，管理者就会在第一时间辨别组织的执行问题究竟是人的决策导致的，还是业务策略导致的，这就会极大提高改善措施的精准性，缩短执行回路。如果不能判断是人才的决策问题，还是业务策略问题，组织就会进退失据，在改善过程中出现"拉抽屉"现象，浪费极多时间。

企业用错人的成本是极高的，包括招聘成本、员工培训成本、工资成本、遣散成本、人事人工成本、更换成本、机会成本。一个错误的人才决策产生的实际成本和机会成本往往是基本薪酬成本的几倍甚至几十倍。

研究表明，迫于填补岗位空缺的压力，企业往往匆忙选择了错误的人，而这一成本高于岗位空缺带来的风险（如图6-1所示）！

第 6 章 活力组织的引擎 5：人即绩效，选拔多元化高潜能人才

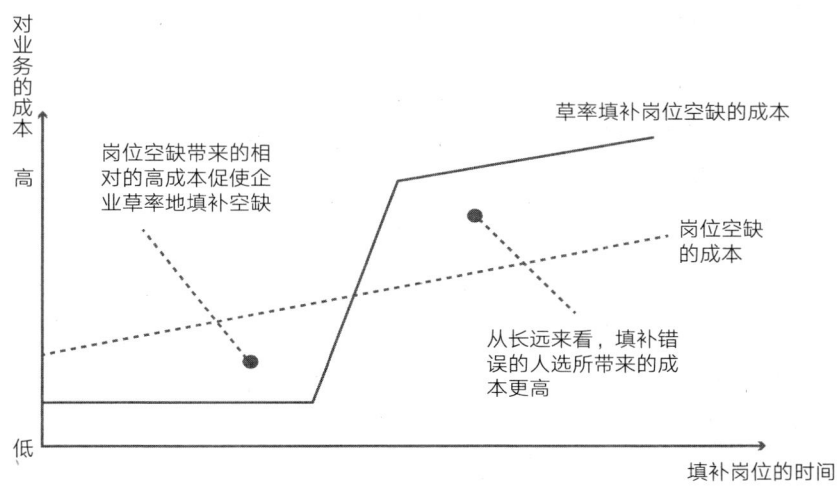

图 6-1 人才决策错误的成本

鉴于识人的重要性，几乎每个管理者都想成为伯乐，但为什么"千里马常有，而伯乐不常有"呢？究竟是什么样的思维误区，限制了管理者选择正确的人才？管理者在人才选拔和决策方面的用人陷阱，究其根本有以下三大类。

- 陷阱一：求"同"。几乎所有的管理者，都倾向于招聘和选拔与自己相近的人。

我们在做过的大量的人才测评和人才盘点项目里发现，进取心比较弱的管理者喜欢招聘同样进取心不强的人，谨慎细致的管理者倾向于选择同样细致的人。慢慢地，组织中的人就会很相似，即便在组织中有少数"异类"存在，这些"异类"在组织中也不容易获得较高的评价。大家可以想象一下，这就好像是一套多米诺骨牌，管理者从上到下总是选择与自己相近的人。这种人才选拔习惯会让企业的文化变得单一

且呆板，最重要的是不同的岗位对人的要求是不一样的，而一类人必然难以满足不同岗位的需求。比如，严谨细致固然是个好品质，但是如果整个团队都是这样的人，那么这个团队将不具备任何创新和冒险精神，导致团队遇到新的问题时，会迟迟难以决策。事实上，任何单一的团队风格都会给企业发展造成极大的障碍，多元化的人才组合才具有生命力。

- 陷阱二：求"全"。管理者在招聘与选拔人才时要求过多，导致核心需求不突出。

我曾经花了很长的时间去浏览招聘平台上的招聘要求：除了特定岗位的专业技能，几乎所有的岗位都会要求：善于沟通、团队协作、自我学习。这三个特质当然都是优点，有肯定比没有好，但是这些特质真的对于所有的岗位都那么重要吗？这是具备一个岗位胜任能力的关键因素吗？

在很多情况下，非关键因素在用人决策中往往起到根本性的作用。候选人的一个毛病或一个不重要的缺陷，往往影响了人才决策。这就要求管理者能够清晰准确地识别岗位胜任的关键因素，在选拔过程中重点考察关键因素，放弃一些虽然是优点，但是在本岗位上不是最重要的因素。

- 陷阱三：求"硬"。管理者在招聘与选拔人才时仅过度重视学历、行业背景和经验等硬条件，忽视了定义关键能力。

对关键能力和关键经验的要求倒挂，这样的人才标准反映了对人才规律认识的误区和急功近利的思想。标准背后好像都写着这样一句话：

"缺人，很急，最好拿来就能用。"

组织追求"来者能战"，是一种常见的用人思维，但很多时候这是一种懒惰的用人思维。招聘或者提拔一个人，希望其能够立刻在岗位上有很好的绩效表现，这当然看起来很划算。然而事实并非如此，如果一个人经验全面，关键能力非常突出，那么在任何组织中都应该展现稳定的高绩效。考虑到职业的迁移成本，组织除非付出极大的人力资源成本或许以更高的职位，否则很难招聘到这样的人才。而那些用看起来合理的成本招聘而来的学历和经验都非常好的人，很可能在别的什么地方有问题，否则这种流动完全不符合经济和人性规律。当然，不排除存在个体由于工作环境等特殊原因导致的个别性流动。

我有个朋友是一家大型设备厂商的人力总监。有一天，他有点兴奋地说，他们从行业标杆企业挖来了一个销售总监。这人的履历特别亮眼，不仅从名牌大学毕业，还曾在原企业有面向多个行业的销售经验。我以为他挖来这样的人才的代价一定很高。可是朋友却说薪酬并没有比现有的销售总监高很多。看着他扬扬得意的模样，我实在不忍心打击他。但是，我觉得这里面一定有问题。果然，半年后我再次询问那个人的情况时，我的朋友捶胸顿足地告诉我，那位被挖过来的销售总监似乎对自己的企业水土不服，什么业绩也没干出来，还受到了下属的排挤，已经离职了。事实上，这是我早就预测到的结果。这样优秀的人才，在薪酬没有大幅度提升的情况下愿意到市场竞争力弱于自己原来企业的竞争对手那里，而且其在原企业经常变更销售领域，就说明其在任何销售领域都待不下去。这样的人一定是能力有问题的。

求同、求全、求硬是三个最常见的用人陷阱，组织想要避免踏入这些陷阱，就需要建立正确的人才决策底层逻辑。

真正的顶尖人物一定有缺点，建立三维人才评价视角

根据范德第一定律，在生活和心理学中，优势和劣势相互联系得如此紧密，以至于不可分离。显著的优点通常也是显著的缺点，反之也成立。优点随着缺点而来，甚至是缺点的结果。每个人的优势和劣势往往都反复交互出现，并相互成就。

据一项对美国几位总统的研究显示，正是他们在人格和道德上的"瑕疵"使他们有效地利用了权力。例如狡猾多变通常被认为是一种性格上的缺点，但这种特质能让一位总统灵活地应对环境的变化。尼克松的狡猾多变让中美关系有了突破性进展，但同时也导致"水门事件"的发生，最终致使他下台。特朗普的狡猾多变让他在国际谈判中占尽便宜，但也因此让人们对他失去信任，最终落选。固执通常也被认为是一种缺点，但固执通常能在一定程度上让一位总统坚持某些重要的原则。而一些通常被认为是优点的特质，如诚实、坦率，有时可能成为一个总统高效推进工作的障碍。

全面发展的人才评价思维可以说在我们的意识形态里根深蒂固。当我们是小学生的时候，总是要评"三好学生"。夸赞一个很好的学生时，教师评语里总写着"德智体美劳全面发展"。

后来又流行了特别著名的"水桶理论"：一个木桶能盛多少水取决于最短的那块木板。于是大家都在努力弥补自己的短板。但是，在信息时代，人们发现如果将木桶倾斜，那么能装多少水取决于最长的那块木板（如图6-2所示）。

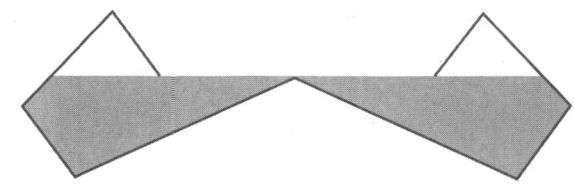

| 工业时代的职业 | 信息化时代的职业 |
| 发展短板原理 | 发展长板原理 |

图 6-2　人才决策的两种思维模式

因此，企业在做人才决策的时候，最关键的还是要看人才的长板在哪里，到底有多长。假如人才的关键能力足够强，那么非关键能力差到何种程度时企业不会接受？同时企业要理性地看待人才的短板（如图 6-3 所示）。

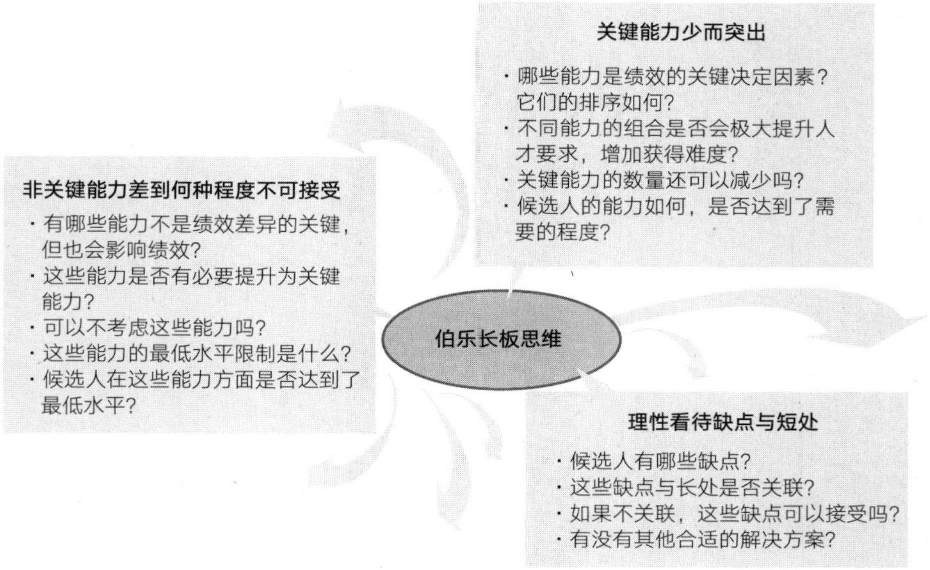

关键能力少而突出
- 哪些能力是绩效的关键决定因素？它们的排序如何？
- 不同能力的组合是否会极大提升人才要求，增加获得难度？
- 关键能力的数量还可以减少吗？
- 候选人的能力如何，是否达到了需要的程度？

非关键能力差到何种程度不可接受
- 有哪些能力不是绩效差异的关键，但也会影响绩效？
- 这些能力是否有必要提升为关键能力？
- 可以不考虑这些能力吗？
- 这些能力的最低水平限制是什么？
- 候选人在这些能力方面是否达到了最低水平？

伯乐长板思维

理性看待缺点与短处
- 候选人有哪些缺点？
- 这些缺点与长处是否关联？
- 如果不关联，这些缺点可以接受吗？
- 有没有其他合适的解决方案？

图 6-3　伯乐长板思维

组织在人才决策时主要考虑三个维度：关键能力、关键经验和潜力（如图 6-4 所示）。关键能力和关键经验对组织现有岗位提出了标准，表明了人才与现有岗位的匹配程度。

关键能力 + 关键经验 = 持续可预测的绩效表现

潜力则是超越具体岗位的要求，可从长远的发展视角考量个体在组织中的发展空间。

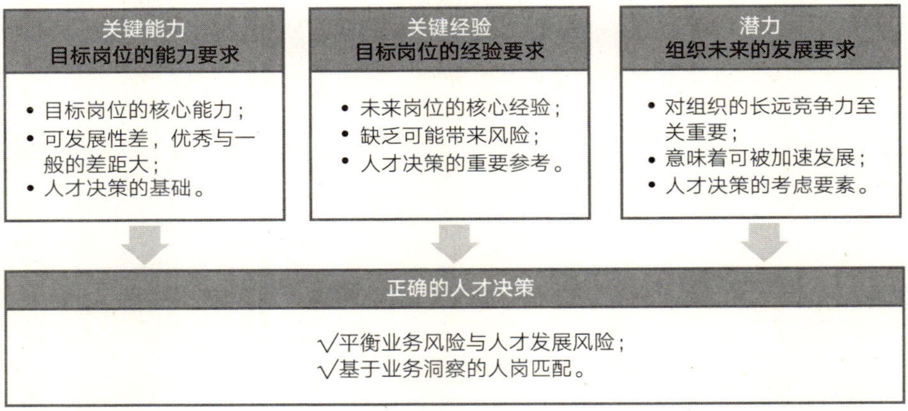

关键能力 目标岗位的能力要求	关键经验 目标岗位的经验要求	潜力 组织未来的发展要求
• 目标岗位的核心能力； • 可发展性差，优秀与一般的差距大； • 人才决策的基础。	• 未来岗位的核心经验； • 缺乏可能带来风险； • 人才决策的重要参考。	• 对组织的长远竞争力至关重要； • 意味着可被加速发展； • 人才决策的考虑要素。

正确的人才决策

√平衡业务风险与人才发展风险；
√基于业务洞察的人岗匹配。

图 6-4　关键人才的决策逻辑

长板思维一，关键能力少而突出

设置过多的人才标准进行人才决策，如同没有标准，甚至比没有标准更糟。目前，大部分企业用人的一个误区是考虑的能力项太多，而且根据多个能力项的综合打分来决定人选。这样的用人思路，选择的人没有太大的毛病，但也没有战斗力。多个能力项相加评分的结果就是那些多项能力均衡发展，但核心能力不突出的人得高分，从而被选拔出来。这就像学生考试排名，假设学校本来要求学生主科成绩突出，但如果把很多副科成绩加进来，那么副科好的人就容易名次靠前。

对于关键能力，我们的思维逻辑是：哪些能力是绩效的关键决定因素？它们的排序如何？不同能力的组合是否会极大提升人才要求，增加获得难度？关键能力的数量还可以减少吗？候选人的能力如何，是否达到了需要的程度？

我们在进行项目咨询时，有一个企业的人力总监说，该企业招聘的每一任IT主管的绩效表现都很优异。我让其分享经验，该总监得意地告诉我：招聘这个岗位有个诀窍，就是到国内的985理工科高校找数学成绩前3名的人。这个岗位要求有很高的概念化能力和系统思维，而其他的能力，比如沟通交流之类的，我们企业不做什么要求，只要应聘者说的话别人能听懂，别人说话应聘者能听懂就行。该企业的招聘完全体现了长板足够长的思路。

在软件研发领域，最重要的成本是质量成本，这就要求一次达到要求的能力很强，因为每一次软件架构的调整都必然增加极大的人工成本。决定软件架构的岗位是应用架构师。这是软件开发中最重要的岗位之一，因为应用架构中的任何微小的变化，都有可能引发几百人规模的工作调整，从而造成成本急剧增高。因此，这个岗位的绩效可能被几百人放大。

这个岗位上的员工要有极高的概念化能力和系统思维能力，用70%~80%的分位值要求已经不能满足此岗位的要求。此岗位关键能力的分位值可以要求达到千分之一或万分之一。概念化能力和系统思维这两种能力，后天的可发展性较差，经验的多少对该能力没有重大的影响。找到在概念化能力和系统思维能力特别突出的人，是提高软件公司执行力和研发效率的关键。

一些软件公司，在决策这个岗位人选的时候，不能瞄准这两个关键能力，往往关注一些非差异化的能力，如沟通能力、可协作性等，或者过分关注候选人的经验，导致选出的人虽能力比较全面，但核心能力不突出。这种做法必然带来极大的效率和执行问题，引起成本增加。

我们为什么要识别和控制关键能力的数量呢？因为没有那么多可选择的人。在人才决策中，如果企业增加能力条目，人才可获得性就会大大降低。

减少关键能力数量，还有一个目的是提高企业对关键能力要求的等级水平。关键能力数量多了，提高对关键能力的要求就变得更加不可能。如果要求思维能力很强，同时又要求人际交往的能力很强，就会陡然增加人才的获取难度。因此，企业在差异很大的能力构造面增加能力要求时，要十分慎重。

企业必须把重要的关键能力找出来，同时必须对增加关键能力数量的要求十分慎重。例如，对于处理投诉的专家，一般来说，企业要求三个关键能力：压力下的情绪稳定性、策略性沟通技巧、发自内心地为他人着想，其他的能力，如学习能力、逻辑思维等，都不能成为关键能力，顶多成为非关键能力。

长板思维二，非关键能力差到何种程度不可接受

核心能力要突出，非核心能力也不能一点也不关注，而是要关注"差到何种程度不可接受"，只要不超过底线，决策时就不需要再考虑非关键能力因素，更不能与关键能力一起进行加减分。比如，沟通能力是一个需要关注的非关键能力。这个能力不要求多高，能基本把话说清楚就行，只要不超过这个底线，就不

再作为人才决策的考虑因素。

考察非关键能力时,应考虑有哪些能力不是绩效差异的关键,但也会影响绩效;这些能力是否有必要提升为关键能力,以及是否可以不考虑;这些能力的最低水平限制是什么,候选人在这些能力方面是否达到了最低水平等。

我女儿小的时候,我们请了一个育儿嫂主要负责照顾她,顺带辅助做家务。因此,我们需要这个阿姨能够照顾婴儿,会做辅食,懂一点早教,干活儿利索,同时做饭要好吃。

在她来了一个星期后,我们开始评估:这个阿姨的厨艺真的很差,做的饭家里人一口也吃不下去;干活儿经常抓不住重点,她干了一个小时活儿,家里反而更乱了;给孩子做的辅食也堪称"黑暗料理",经常出现一些匪夷所思的食材搭配。更重要的是,我们与这个阿姨沟通也十分困难,每次我们提要求,她总是有很多说辞,搞得我们不知道她是否理解我们说的话。

接下来我们全家陷入了一种纠结的情绪。虽然她有这么多的缺点,但是她有一个非常显著的优点。这个阿姨性格天真,喜欢小孩子的东西,所以特别喜欢陪我的女儿玩耍,每天都兴高采烈地给我女儿讲故事,背儿歌,跟我女儿聊天,甚至还会用有限的英语教我的女儿。女儿不到一岁,就基本养成了自己看书的习惯,没事就自己翻书,比比画画,自言自语。

我们聘请过很多阿姨,也不乏各项条件都优秀的阿姨。她们干活儿利索、做饭可口,也很会应承我们的要求,但是没有一个像这个阿姨一样如此高频率地与孩子互动,给她读书。我们召开了家庭会议,经过反复讨论，得出以下三个共识：

1. 人才标准的优先性，这对于我们的人才决策的影响是根本性的，对人的能力和绩效评价会因此完全不同。如果将做家务利落、好沟通作为优先标准，那么这个阿姨无疑应该调换。如果我们认为阿姨的服务对象是孩子，而非大人，关爱孩子、与孩子互动、给孩子养成阅读习惯等能力至关重要，那么这个阿姨是优秀的。
2. 对孩子的关爱、有童心、与孩子互动，以及持之以恒地与孩子交流并引导孩子形成读书习惯，是一种稀缺的能力。这点孩子父母也很难做到。因为这件事难以获得即时的成果与反馈，所以如果不是真心喜欢做这件事，是难以持续做到的。而做家务、做饭这些能力十分容易获得，家里其他人也都可以做到。如果孩子能够在两岁前形成基础阅读习惯，那么这对孩子的一生都极其重要。与之相比，会做家务的能力显得不值一提。
3. 如果认可了前面两点，那么家庭成员必须统一认识，不再寄希望于阿姨做的家务多好、做的饭多好吃。家庭成员应主动多分担些家务，让阿姨以带孩子为主，必要时可以通过外卖或找小时工解决家务问题。

通过这个生活案例，我认识到，即使作为人才管理领域的资深顾问，要坚持用人所长的决策逻辑，并在组织中形成这种用人文化，也是很难的。决策的纠结和内部的冲突随时可能让企业走向错误的方向。众多的企业管理者面对的情况更加复杂，面临的决策压力更加巨大，面对的利害冲突更加严重，坚持用人所长就会十分困难。这种坚持既需要智慧，也需要能力。

长板思维三,理性看待缺点与短处

人们在人才决策中往往喜欢看缺点,这是一个常犯的错误。决策者须认识到:当某个能力优势特别突出时,就可能出现相对应的缺点。例如,进取心特别强的人更容易取得商业成功,也更容易成为团队领袖。这样的人往往不是特别好的团队合作者,也不容易虚心接受别人的意见。但是这也让进取心特别强的人不易受他人干扰,从而保持独立冷静的思考。当然,我们也不是要求在人才决策中人为地追求缺点,但企业必须认识到一个人在某项能力突出的时候,伴随出现相应的缺点是一种概率很高的情况。

在进行了大量数据研究的基础上,霍根测评对能力主题和人格特质缺陷的关联得出一些结论,认为高领导力的人大概率会自高自大,高执行力的人大概率会高苛求,高创新的人大概率会高幻想,灵活性高的人一般在压力下会表现出人际方面的对抗性,人际敏感度高的人大概率会在压力下表现出消极态度。

任正非是一位深谙此道的管理大师。

他在剖析自己的优缺点时讲道:"我的缺点和劣势是明显的。我在大学时代,没能加入共青团,通不过考核呀。我是优点很突出、缺点也很突出的人,怎么能通得过考核呢?……按正常情况来看,我肯定也是有问题的。我并不埋怨任何人,他们指出的确实是我的不足。我们公司以前有位员工,他离职的时候跟我说,你这个人只能当老板,如果你要打工,没有公司会录用你。"

任正非在"我的优点与缺点"一文中剖析道,当他开拓新的事业的时候,虽然语言能力很有用处,但他发现自己最主要的优势是对逻辑及方向的理解与掌握,这比语言的修炼重要得多。如果他用很多精力去练习语言能力，可能对逻辑的理解就会变弱。于是，他放弃对语言能力的学习，集中发挥自身优势。他认为这个选择是正确的。对于任正非来说，虽然英文好，可能会让他在人们面前看起来风光，但是他认为那样的话综合来看自己对社会的贡献反而被削弱了。"我就决定放弃一些东西，集中精力充分发挥自身的优点。"

对于企业如何用人，2019年5月26日，任正非在接受中央电视台《面对面》的独家专访时表示，自己为什么要变成一个完整、完美的人？完美的人就是没用的人，所以华为从来不用完人，如果一个人总是追求完美，就知道其没有希望。相反，如果这个人有缺点，甚至缺点很多，就要好好观察一下这个人，看在哪方面能重用。金无足赤，人无完人。任正非不希望大家去做一个完人。他认为大家要充分发挥自己的优点，做一个有益于社会的人，这已经很不错了。不要为了修炼成一个完人，而磨去自身许多棱角，自己的优势往往就被压抑了，成了被驯服的工具。但外部的压抑并不会使人的本性完全消失，人的内在本性与外在表现形式会不断地形成冲突，使人非常痛苦。任正非希望每个人都把自身的优势充分发挥出来，贡献给社会、集体，贡献给自己的事业。每个人的优势加在一起，就可以形成一个具有"完人"特质的集体。

任正非在用人方面有个很重要的观点，就是真正的顶尖人物一定有缺点。有洁癖的人不能当领袖，按照华为内部评测机制，余承东两次被评为应该下岗的人。但任正非认为，越是这种被评价体系评为要下岗的人，越是优秀人才，说明其有个性并能打破常规。越有创新性思维的人就越应该被重用。最近几年，业界已经看到，虽然被称为"余大嘴"，但余承东吹过的各种"牛皮"，都变成了现实。华为的徐直军、余承东都是优势突出、缺点也突出的人。正是这些个性突出又有缺点的战士，成为华为最重要的成功因素。如果什么时候华为的用人理念有了变化，变为聘用完美的人，那么华为的核心竞争力就将逐渐消失。"有缺点的战士终究是战士，完美的苍蝇也终究不过是苍蝇。"

简单地讲用人所长，或容忍缺点，并不能帮助企业在实操中做出正确的选择。要做到用人所长，须建立三维的人才评价视角，即关键能力少而突出、非关键能力差到何种程度不可接受、理性看待缺点与短处。一个管理者，只有把这三个维度结合起来，才能立体而全面地评价一个人，才能做出正确的决策。企业必须定义相关工作的关键能力，预测关键能力可能衍生的缺点，识别可能的非关键能力。企业只有做到不使关键能力衍生的缺点和非关键能力成为人才决策的干扰因素，才可能成为真正的"伯乐"。

笔者曾经与国内某知名上市企业的 CEO 共事多年，与这个 CEO 在一起工作的时候，我更多被他的缺点所折磨，如高傲自大、过于目标导向而不太考虑个人感受、高领导力导致的习惯支配他人等。直到有一天，他成为这个知名上市企业最年轻和最有才干的 CEO，并做出远远超越前几任的卓越绩效。那时的我已经在人才管理领域耕耘多年，对高潜人才的特征多有研究。我忽然认识到，自己曾与一位高潜人士一起工作多年，但那时我眼里看到更多的是他的缺点。可见，当伯乐是多么困难的一件事。今天，我们提出人才决策的三个维度，希望对管理者有所启示，能够帮助管理者克服人才决策的盲区。

人才标准减少以后，如果候选人缺乏某项关键能力，那么管理者可以直接做出否决性的决策。人才标准减少，并不代表对人才的要求降低了，相反，在关键能力上的要求实际上变得更高。

企业为什么难以做出世界一流的业绩？原因有很多，其中最重要的一条就是企业的用人思路出了问题。企业总想找到完美的人才，导致人才关键能力不突出，最终导致选出的人执行力不高。能力要求越多，人才越平庸。试想，在一个软件架构师的人才决策中，如果组织既要考虑概念化能力和系统思维能力，又要考虑领导力和沟通能力，最后的结果大概率是选择一个没有明显短板，但在概念化能力和系统思维能力方面不够突出的人。这种人可能是组织内部最容易被接受的人，但肯定不是能够做出非凡业绩的人。很多业务差距实际上是用人的视角决定的。

企业要贯彻用人所长的理念，这就要求企业文化具有多元性，否则这样的人才理念很难贯彻到位。因为组织使用了一些个性的，优点突出，缺点也突出的人，所以组织需要更具包容性。

在当下竞争激烈的商业环境中，越来越多的企业意识到，拥有多元与包容的企业文化在吸引和保留人才上已经不仅是加分项，而且是网罗人才的必要条件。毋庸置疑的是，员工对多元与包容的环境是抱以期待的，而在变幻复杂的劳动力市场中，不曾意识到这点的企业将处于不利地位。

企业应该购买能力，而非经验

虽然关键经验在人才决策中并不具有决定性的作用，但没有关键经验则意味着企业必须要投入一定的人才发展成本，并且可能失去开拓业务的先机。

一方面，在理论上，关键能力突出的人可以在关键经验方面有一定的短缺。关键能力比关键经验更加优先。关键能力是比较难以发展的，它在绩效潜力的预测中更具有决定性的意义。在关键经验相差不多的情况下，那些关键能力突出的人更可能做出高绩效。相对而言，关键经验是更容易获取的。

另一方面，从人力资源的实操来看，我们主要基于候选人过去的经验预测其在关键能力方面可能展现的绩效表现。如果没有经验，则对关键能力的判断可能会产生误差。

关键能力不可见，关键经验更可见，因此大家往往会不自觉地强调经验，而忽视能力。在当下过分看重经验的氛围中，有必要提醒各位管理者，关键能力的判断在人才决策中更有意义。关键能力与关键经验的平衡，是人才决策中的核心问题。企业究竟应该购买能力，还是购买经验，这是人力资源的一个重要争论。从总体上来讲，企业应该购买能力而非经验。

关键能力而非关键经验决定了人在某领域的潜力和绩效。在关键能力基本确定的情况下，在一定的时间内，绩效随着经验增长而增长，而达到一定的程度后，会出现停滞现象。绩效并不会因为经验时间的延长而持续维持较高的增长。因此，每个岗位都有合适的经验周期。在合适的周期内，绩效水平会随着经验时间的延长而增长，超过一定的周期，绩效水平随经验时间延长的增长量逐渐减少，直至基本没有变化（如图6-5所示）。

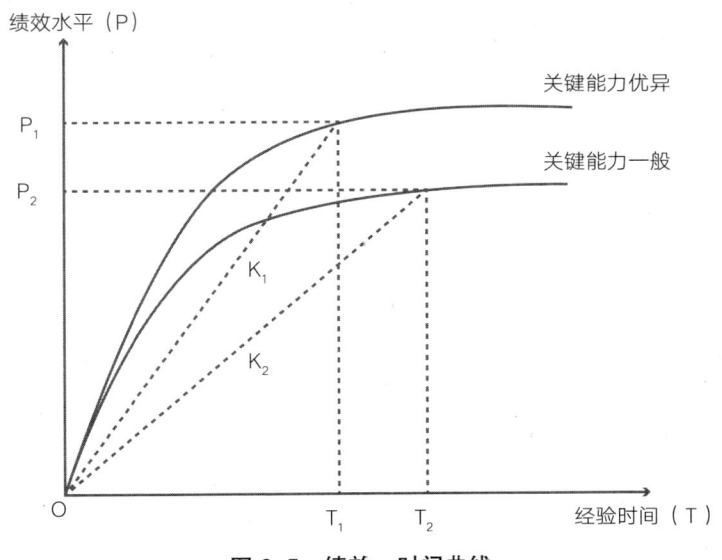

图6-5　绩效–时间曲线

图 6-5 显示了两个关键能力不同的人，随经验时间延长改变绩效水平的过程。关键能力决定最终的绩效水平所能达到的高度，关键能力越强，P 值越大，代表绩效水平越高。关键能力更高的人，最终达到的绩效水平更高（$P_1 > P_2$）。这也就是关键能力在人才决策中更具基础性和决定性作用的原因，关键能力决定了最终的绩效水平。

关键能力不同决定了绩效水平提升的速度不同。关键能力决定了员工绩效水平提升的速度，关键能力强的人，其曲线 K_1 斜率远大于关键能力弱的 K_2。关键能力更强的人，绩效水平提升的速度更快。

特定岗位的经历周期具有确定性。曲线在到达绩效最高点（P_1 或 P_2）后，并非经验越多越好，更多的经验对于个人绩效水平的提升并没有突出的作用。不同类型的工作，有不同的适合的经验数值。关键能力也决定了达到最优绩效水平的周期，关键能力更强的人周期更短（$T_1 < T_2$），因此，对于某一岗位而言，应科学地确定其晋升周期。较长的岗位停滞周期，会让人产生懈怠。如果经验时间过长，就会使潜力大者得不到充分的发挥，可能埋没或失去人才。因此，企业有必要对这样的人才进行重点管理和个别干预，缩短单一经验的周期。为防止类似情况发生，对这样的人才要维持较高的流动性，以与其特质相适应。

在人才配置中过分重视经验是一种用人思路的偏差。实际上，如果一个人的关键能力很突出，关键经验也很突出，那么其在原公司有很大概率会做出高绩效。除非个别的特殊情况，或组织提供远高于市场水平的职位和待遇，否则这种流动是解释不通的。

对于那些能力素质强于经验要求的岗位，这种现象更加突出。如对于 B2B（企业对企业）大客户经理类岗位，销售管理者由于业绩压力，都愿意招聘"有销售经验和现成资源的人"，但这种人才策略并不成功。基于 B2B 的组织间销售业务模式，销售人员职业变迁后，个人掌握的资源往往只有少部分能迁移到新公司。一般来说，发生这种变迁后销售员需要一年左右的时间才能恢复到以前的绩效水平，职业迁移的风险和代价都很高。

销售领域的人才流动有两个基本规律：优秀的销售人员基本不会自己主动到市场上找工作，除非有较大的薪酬诱惑或职位诱惑。否则优秀销售人员职业变动的可能性很小。高客单价行业人才一般不会向低客单价行业流动。组织越强调招聘对象的经验，越会出现用较高的薪酬招聘了资质一般的人的情况，除非给出极高的待遇，否则招新人后由企业自己培训才符合商业规律。

在一次，在人才管理咨询过程中，一个销售管理者站起来激动地说："早听到这个观点就好了，这和我面试的结果太符合了，早知道如此，也不至于浪费我们这两年的工夫，我们总是想投机取巧，总想招聘能立刻上岗的人，又不能给出高待遇，结果这两年总是不成功。"然后笔者把他过去一周面试的五个销售人员的简历以及面试过程了解一番后发现：经验越多、职位迁移越多的人，面试的结果越差。其中有一个高客单价人员向低客单价行业职业迁移的，面试结果更差。

我们关注了不应该关注的方面，那么自然就疏忽或放弃了应该关注的方面，这导致了人才招聘的"光环效应"。经验在大多数情况下成为那个"光环"，让我们忽视了对关键能力的重视，这成为招聘效率低下的重要原因之一。

在招聘场景中，企业应适当降低对关键经验的要求。企业在操作过程中，必须谨慎识别经验，要克服任意增加经验要求的现象。经验要求的增加意味着候选人的范围减小，也意味着候选人群对关键能力的满足度下降。企业往往看到经验多的好处，而没有看到经验多带来的风险。实际上，这种风险可能远大于其收益。在某些情况下，某些同质岗位人员的关键经验越多，如一个销售人员每几年都换一个公司，往往意味着其关键能力可能存在很大的欠缺。

业绩机会的紧迫性，也是考虑经验多少的一个重要方面。时间越紧迫，经验要求就越全面。我曾经与某互联网公司的首席人力资源官（CHO）交流人才发展问题，他非常坦率地讲："人才发展不是互联网公司考虑的重点，至少现在不是，也许再过几年可能是。我们目前人力资源策略的核心就是以高于市场1～2倍的待遇，到市场上购买关键能力和经验都强的人，抓住业务窗口期，快速占领市场并形成规模，依靠自己发展人才，根本不可能抓住这样的机会。"

某知名互联网企业适应懒人经济的浪潮，采用众包物流的方法进入"生鲜到家"业务市场。其主要业务是通过物流将海鲜产品和水果送到消费者家中。当时企业在10个城市拥有城市站，而企业的战略目标是在1个月内建设50家城市站，3年内建设300家。城市站的发展意图是在其所在城市建设若干3千米商圈，以便快速覆盖消费者，全方位融入当地生活圈，通过场景营销构建核心竞争力。城市站总经理是发展这个O2O业务的关键岗位，一般管辖40～100人，其下属有运营部门、营销部门、商务发展部门、行政人事部门。在总部的统一指挥下，城市站总经理独立发展本城市站的业务。理论上，此业务的扩张速度取决于城市站总经理的招聘、发展速度。有多少个合适的城市总经理，就能覆盖多少个城市。

城市站总经理的人才管理策略应该如何设计？由于该企业一直有使用管培生的传统，因此在人才获取策略方面到底是用"管培生+集中培训+较长周期轮岗"方案，还是用"社招+集中培训+少量轮岗"方案？哪种人才管理策略才能支持业务的快速发展？在这些问题上，管理层一直在犹豫。经过专家的介入，大家对城市总经理的工作角色定位有3个方面：团队领导者、商业管理者和创业者。作为团队领导者，需要带领和监督他人完成组织的经营目标；作为商业管理者，要设计相应的营销场景，选择和设计适合本城市的产品和营销方案，实施本地化推广；作为创业者，要在当地发展各种对外关系，发展与线下合作者的关系，开拓市场。

通过进一步的调研，管理层锁定城市站总经理的核心能力有4项：创业激情、商业敏感度、团队领导力与影响力、执行督导力，人才画像是"一个有激情、有执行力和影响力的生意人和创业者"。同时，他必须具备以下两方面经验：领导团队完成任务的经验和商品品类或零售行业经验。具备这两方面有效经验的人，比具有"商业敏感度、团队领导力与影响力、执行督导力"3项能力的人更多。那么对此岗位究竟应该采用什么样的人才管理策略呢？顾问的建议是采用社会招聘方式，招聘有创业激情的，有"商品品类或零售行业经验"的人，因其有过带领团队的经验，故可采用集中培训和快速轮岗（3～6个月）的方法，用这样的人才管理策略支持"生鲜到家"业务的快速扩展。为什么要采取这样的人才管理策略呢？因为在大学生中，具有"领导团队完成任务的经验"和"商品品类或零售行业经验"的人较少，并且这些能力和经验用短期培训的方法是难以达成预期的，必须在长期的生活、工作经历中形成。如果使用管培生，让其在工作中去发展这些关键能力及获取关键经验，失败的概率极大，并且时间成本和机会成本极高。最重要的是，企业因此有可能失去快速占领市场的机会。

通过关键经验去验证知识和关键能力是一条重要的人才管理经验。

相比于关键能力，关键经验在人才决策中虽然处于次要和辅助性的地位，但企业不能忽视其重要性。关键经验在以下两个方面为人才决策提供了依据：关键经验也可以帮助企业判断自身需要的关键能力是否在过去的经验中受到了考验；关键经验还可以帮助企业预测候选人是否有胜任未来岗位所需要的知识和技能。

比如，我们在为 B2B 企业选择业务后备管理人才时，最先确定的一个经验是"求人办事"的经验。如果没有"求人办事"的经验，我们一般情况下不会推荐该人员。在"求人办事"的经验中，我们可以清楚地预见一个人的目标导向、关系建立、进取心等能力。这与销售人员的工作场景极其类似。有了这样的经验，意味着候选人可以放弃内心的清高去追求商业目标，并且为了实现目标与他人建立友好的关系。而一个没有类似经验的人，要突破这个心理障碍是非常困难的，他人能提供的帮助也是有限的。

我们曾经为客户选择过一个销售人员，这位销售人员分享的一个求人办事的场景打动了我：他在做实施工程师的时候，有次为了在月底拿到回款，连续一周每天在客户公司董事长路过的地方，戏剧性地与董事长偶遇。最终，他得到董事长的支持，如期收到了工程尾款。这个人跨岗做销售以后，两年内成了本部门的王牌销售，其业绩远远超过第二名。

经验的缺乏意味着风险，经验是人才决策中的一个重要的考虑事项。在通常情况下，对于一个 CEO 而言，有 5 个经验是非常重要的，分别是"从 0 到 1""扭转乾坤""人才管理工作经验""投资接触经验""核心业务领域的多岗位经验"。这 5 个经验基本上决定了一个 CEO 的成长路径，任何一条经验的缺乏都可能在未来带来一定的风险。

我们在"从 0 到 1"中，可以观察未来 CEO 的敏感性、前瞻性、商业思维、战略思维、承压能力、协作能力、抓住机会的能力及管理早期组织的能力。我们在"扭转乾坤"中，可以观察未来 CEO 承受压力、推动变革、组织设计的能力。我们在"人才管理工作经验"中，可以了解未来 CEO 对人才管理的理解，以及如何通过人才管理驱动业务成功。我们在"投资接触经验"中可以观察未来 CEO 如何在运营管理和投资管理之间平衡精力，能否使用好"经营管理"和"投资"两个发展手段，是否具备观察、设计和管理业务组合，发展第二曲线的能力,以及对投融资策略的选择和风险管理能力。我们在"核心业务领域的多岗位经验"中,可以观察未来 CEO 对业务本质的理解和经验成熟度。

通过经验,企业可以预测知识和技能的准备度。企业在面对一些对知识、技能要求较高,风险较高的岗位时,经验的重要性就会突出出来。如果这些知识大部分是隐性知识,组织还没有将其显性化,那么经验的重要性进一步体现了出来,如飞行员、手工艺者和调度类岗位。飞行员的高风险性决定了其对经验的要求会较高。对于有些手艺人,由于知识无法显性化,因此所有的技能只能依赖于多年经验与心得。对调度类岗位而言,只有熟悉各个子系统和处理过较多特殊事件的人,才能建立起系统的整体架构,理解不同系统间的关系,并妥善处理特殊事件。

五种特质,定义高潜能人才

一个组织当下的执行力取决于现有员工的绩效水平,一个企业在未来 3 ~ 5 年甚至更长时间的执行能力取决于当下的人才结构。这就要看各个层级的高潜人才储备情况。需要注意的是,未来的高潜能不等于当前的高绩效,高潜人才不一定是当下组织中绩效突出的一群人。高潜人才需要在这些人还默默无闻的时候被发现。

什么是潜力呢?潜力是在适当培养的条件下,组织对一名员工是否可以胜任其他职位的预测,特别是对他能否在组织中负担更多责任的预测。潜力是组织对于一名员工在超越他当前级别的某个责任层级上能否取得成功的能力的看法及信任度。潜力也是员工被赋予更多责任、被要求更高领导能力时,组织对该员工能成功胜任的信心的表达。

当一名员工被评价为具有高潜力时,代表组织相信其能够承担更多的责任,并能够发挥比在现有职位上更强的领导力。在大多数情况下,高潜力指拥有可胜任比当前高两个级别的职位的潜力。人的潜力是相对于特定的领域而言的，个体在某个领域没有潜力，不代表其在其他领域没有潜力。

高潜人才标准的实质是表明个体可被加速培养、适应不确定性和承担更大领导责任的能力，是习得其他能力的能力，是后天难以发展的"元能力"。

如何定义高潜人才呢？我们认为高潜人才主要对应进取心、投入度和能力三个维度，其中能力体现在两个方面，一个是思维敏捷性，另一个是可协作性。只有同时符合这三个维度要求的人，才是最匹配的高潜人才（如图6-6所示）。高潜人才是具备进取心、果敢并且有投入度、思维敏捷性和可协作性的人。

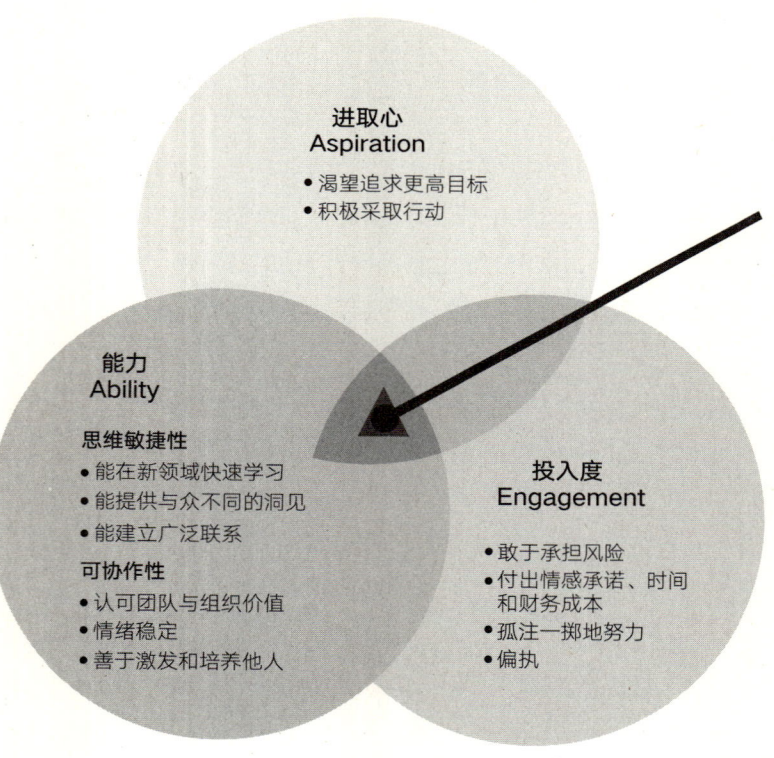

图6-6 高潜人才标准模型

- 进取心：是指有愿望就任更复杂、更有影响力、范围更广及更有分量的岗位，内心渴望达到更高远的目标。高潜人才必须有渴望和雄心去承担更重要、更广泛的责任，并愿意付出行动。这种动机的原始动力可能是名声、权力、财务、实现自我发展等。进取心对于取得职业生涯的早期成功尤其重要。你无法让一个对什么都没有追求的人成功。如果员工想"躺平"，那么其潜能将很难被激发。
- 投入度：是指为了达到目标而愿意付出高的成本和代价，敢于承担不确定性带来的风险，必要时孤注一掷。在迅速变化的时代背景下，机会稍纵即逝，机会的窗口期很短，高潜人才只有快速抓住机会，全力以赴才能成功，甚至要冒一定的风险。等事情能被完全看明白了，机会也就失去了。在不确定情况下的决断、魄力和孤注一掷的投入，对于未来的成功弥足珍贵。
- 思维敏捷性：指善于迅速地发现和解决问题的思维特征。当今时代，快速的商业节奏需要未来的管理者快速收集信息，迅速地洞察本质，构想新格局。没有思维敏捷性，未来的管理者就无法应对市场的变化。思维敏捷性能够应用在许多方面，包括有效管理和领导不同的人、制定不同情况下的业务或竞争战略、管理变革、更新自我认知或情商认知。思维敏捷性是一种难以被培养的能力，因此某个个体一旦被判断为思维不够敏捷，那么基本上就会被撕掉高潜的标签。
- 可协作性：指与别人合作、成为集体的一分子以及和大家一起工作的意愿。独来独往的人虽然可能更有创造力，也更雄心勃勃，但不一定适合更高层级的领导岗位。这也是优秀的个人贡献者和高潜领导者的关键区别。有的人才华过人，但不善协作。这样的人更有可能成为非常好的个人贡献者。与之相比，高潜领导者能够更好地进行情绪觉察，更看重团队合作，能够激发他人、培养他人取得成功。

高潜人才的以上能力特征，具有跨领域和跨岗位的通用性，是习得其他能力的基础，一般难以在成年之后发展。那么如何去发现高潜人才呢？

对未来绩效最具有预测性的指标就是过去的绩效。企业必须基于过去的表现来预测高潜人才的潜力程度。高潜人才在过往经历方面，一般表现出以下五个方面的表现，企业可据此判断其潜力程度。

- **拥有知识专长并能提供洞见**：高潜人才是那些显示已经积累了相当的专业知识的人士。这些专业知识可以是技术性的，也可以是基于人际网络的，同时对于组织来说是非常宝贵的。更重要的是，高潜人才明白自己的专业领域、部门、知识范围与更宏观的组织和知识体系如何关联。高潜人才必须在广泛联系世界和洞察本质之间频繁地思考和行动。这体现了高潜人才的快速学习和概念化的能力。高潜人才体现出与众不同的广泛联系的能力和深入洞察的潜质，经常提出与众不同的观点，从不人云亦云。
- **赢得声誉和尊重**：高潜人才基于知识和人格等方面的特征，会被组织中的其他人所认可，并赢得声誉。组织中的其他人认可高潜人才的知识、能力能有效促进组织的发展。高潜人才不能简单地说是一个好人，必要时其愿意显得并不友好。仅拥有专业知识和技术并不能让某人成为高潜人才，高潜人才必须获得其他人对其使用知识和能力帮助组织发展方面的认可。谈到此人，人们经常说的是："我觉得此人行，此人能帮助我们改变或成功！"
- **展现职业进取雄心**：高潜人才有很强的事业心和雄心。了解其雄心的最佳方式就是评估高潜人才在职业发展上的努力程度，以及是否有相应的成功经历。高潜人才需要努力承担不断增加的新责任，取得新成功，获得新知识，并取得新认可。不管更好还是更糟，总之高潜人才一直在努力，在进取，在尝试。
- **冒险性经历**：高潜人才是"心中有数"的冒险者，他必须懂得，无论自身做出的决定有多妙,都须面对各种条件的不确定性,不存在所谓万全的方案。他还要懂得,无论自身拥有多少信息,无论做出多少成本—利润分析,无论完成了多少市场调查,所有的信息都有局限性。高潜人才知道一些决策必须要做,同时也有勇气去承担由此带来的风险。
- 协作性经历:高潜人才必须善于利用他人取得成功,还必须看重合作伙伴关系。高潜人才的合作能力不是一种政治上的运用,而是务实的战术能力,是其自身的工作价值观。

我们可以使用人力资源的开放式的行为回顾式探索(Behavioral Event Interview,简称 BEI)技术,针对以上五个方面的特质,通过行为事件法,对相关人才的潜力程度进行评价,尽量寻找候选人在以上五个特质方面的表现,从而预测其潜力水平。

第 7 章

8 ENGINES
TO BUILD A THRIVING ORGANIZATION

活力组织的引擎 6，

建立人才通道，
驱动有序的人才流动

人才的流动对组织有益,流动的人,就是组织的新鲜血液。

在前面的章节里我们反复提到了"熵增"与"熵减"的概念。这是本书的重要课题。熵增定律指出，在一个孤立系统里，如果没有外力做功，其总混乱度（熵）会不断增大。熵增定律有一个重要的条件就是系统是孤立的。因此，系统的开放性是对抗熵增的重要手段。

组织中的技术、思想、文化和人才是组织系统开放性的重要因素。而这其中的人，作为其他要素的重要载体，流动性显得更为重要。

人类的本性喜好追求安逸和舒适的生活，在没有流动性的组织中，利益和层级就会固化。既得利益者因此会混日子，其他人看到没有机会就会"躺平"或者离开，企业会迅速衰退。只有在实现了有效流动性的组织中引入竞争，员工才会警醒，才会去克制懒惰和散漫的本性，去追求更高的目标，组织才能不断进步。

人才流动是组织活力激发的核心环节。企业须通过人力资源部与外界进行高质量的人才交换，剔除机体不健康的部分，不断获取外界的最新能量和新鲜的血液，维持组织活力。通过人在组织内部的流动，企业可实现个体的发展和组织能力的提升。流动的人，就是组织的新鲜血液、新空气，会使组织充满活力、充满朝气。

一切组织都须重视流动性

人才流动性管理有狭义和广义之分，狭义的人才流动性管理是指人才在不同组织间的流动，即"跳槽"；广义的人才流动性管理是指人才从一种工作状态到另一种工作状态的变化，包括工作的岗位、工作的地点、职业的性质、管理和技术层级、服务的对象等因素引起的任何职业或经历的变化，是人才从一种状态到另一种状态的变化。

- 人才的流动性是人力资源效率的保障。人的流动性是人才调节的基本和主要形式，是充分发挥人才潜能和改进组织人才生态的核心。人力资源作为社会生产和组织经营的一种重要资源，组织只有有秩序地轮岗、升迁、调整，随时按照人才、岗位的要求及其他客观环境的变化使人才进行有序的流动，才能实现人力资源的合理配置，做到人尽其用。
- 人才的流动性决定了企业的竞争力。日本企业一直以低流动性、员工持续忠诚享誉管理界。我们要正确地看待这种低流动性的状态，较高的稳定性和低流动性对于发展偏重技能和经验积累的传统工业是有利的，对于互联网等新兴行业往往是不利的。这也是日本在传统制造领域保持持续的领先性，但在新经济领域领先性不足的重要原因。
- 人才的流动性是组织变革的保障。一个员工待在一个职位上的时间久了，不仅头脑和技能会固化，还会形成一定的利益格局和圈子。为了保护既得利益和获得安全感，员工自然就会站在反对变革的一方。很少有人能够走出这个循环。员工通过建立人际网络来"抱团"是其对抗变革的主要手段。流动性能够重构人际网络，并改变原来的连接。变革要成功，仅依靠研究怎么做事情是不行的，业务调整和人的流动性调整需协调进行。事要怎么做，人如何与事相匹配，如何流动，这几个方面同等重要，偏废任何一个方面都会失败。常言道，"不换脑袋就换人"。实践证明，"换脑袋"很困难，"换人"更实际、更可行，成本往往也最低。
- 人才的流动性是文化变革的要求。文化要变革，关键在于用什么样的人，不用什么样的人。何人在人才流动中得益，何人在人才流动中失利，哪些人在人才流动中晋升得快，哪些人被淘汰，反映了企业最真实的文化状态。只有通过流动性把与组织文化、价值观相匹配的人快速推到重要岗位上，才能在企业内部形成进取、创新、向上的良好风气。改革企业文化，最重要的就是"让合适的人向上升得快点，把不合适的人流失掉"。如果让不合适的人待在岗位上，会使其他人纷纷效仿这个人的做法，对文化的破坏作用是很大的。企业需要通过人才的流动，向内部宣示组织倡导什么与反对什么。

流动性的重要性不容置喙，人才只有在流动中才能获得激情、更新经验、发展能力，从而推动组织的成长。企业的人才流动性不能依赖于某些领导的个人意志和心头一热，必须依赖于组织建立的一套科学的人才管理流程。这才能从根本上解决人才的流动性问题。在 IBM、宝洁、通用电气等西方知名企业中，人才管理流程就是继任管理流程，是与战略管理流程、经营管理流程相并列的、公司级的核心业务流程。

很多组织将人才管理流程称为"人才供应链"，笔者认为这个提法值得商榷。在这个提法中，人才管理是辅助性的，从属于业务流程。实际上，人才管理流程是与业务流程同等重要的，并且人才管理流程不仅能够响应业务，还能够牵引业务。

国内企业也做了很多人才盘点或人才梯队项目，但从总体上看，应用水平极低。对大部分企业而言，人才盘点或人才梯队建设是个独立的事件，想起来就做一做，没有持续性。只有少数企业能够连续3年以上实施人才盘点，多数企业的人才盘点更像是"赶时髦"，人家做，我也做，好像不做就会显得很落后。

人才管理流程要发挥作用，必须作为业务流程，而不能作为人力资源流程。企业的人力资源部门可以在人才管理流程里负责搭台子、建机制，提供技术支持和培训，但人才管理的主体责任只能由业务管理者来承担。目前国内企业的人才盘点大部分是围绕人力资源团队进行的，业务管理者大部分是被动参与的，并没有承担主体的责任，可以说这成了一个人力资源流程，或者说是一个人力资源部门的"游戏"。

衡量一个企业的管理素养和执行力，最重要的有两点：一是业务管理者的人力资源素养水平，二是人力资源的职责是如何深化到业务团队中去的。

企业的人才管理流程要成为业务流程，最关键的是必须引导业务管理者产生对人才的深入讨论，并使之认识到"关于人才的判断是影响绩效的最关键因素"。这样业务管理者才能真正地加入这个流程，并乐此不疲，从而实现领导力行为的转型。业务管理者只有产生对人才的深入讨论，才会发自内心地去发现人才、培养人才。业务管理者通过这个过程须认识到，大部分绩效问题本质上是由人的判断与决策引起的，过分在业务问题上投入精力于事无补。

国内企业的人才盘点，极少引发这样深度的讨论。在很多公司的人才盘点现场，测评技术吸引了大家的注意力，成为主角。世界上哪里存在什么赋予人"上帝视角"的万能的测评技术，即使如霍根测评这种特质层的、领先的测评技术，也只有与管理者的行为评价结合，才能确保足够的信效度，更何况那些基于胜任力方面的并不权威的测评。

在人才盘点中，让业务管理者产生深入的人才讨论是一个基础。在此基础上，我们须帮助管理者完成对被评价人才过往绩效的解读及未来绩效的预测，对话须围绕以下框架展开：

- 未来3年企业的业务策略是什么？
- 这样的业务策略需要哪些核心竞争力作为支持？
- 这些核心竞争力应该由哪些岗位上的人提供？达到什么样的水平？
- 企业的人才获取策略是什么？
- 目前此岗位上的员工的能力是怎样的？是否处于优异的水平？
- 如果存在差距，弥补的措施是什么？
- 企业的这些措施是否同时考虑了组织需求与个人发展需求？
- 企业经过行动，是否有效弥补了差距？

在人才盘点的过程中，既要产生真正的人才讨论，又要有真正的业务讨论，并且把对人才的讨论与对业务的讨论相联系。不能将人才盘点做成一场人才"秀"，否则，业务管理者往往觉得似乎有道理、有启发，但又对业务没有根本性的促进作用，就会导致坚持不下去。

对于公司级的人才管理流程而言，还有一个重要的标志是须实现跨部门的人才流动，因为只有流动才能让个体和组织同时得以发展。如果不流动，人才盘点的必要性何在？

在大部分的企业中，跨部门流动是很困难的，通常有以下三个原因：一是下属部门把人才当作部门私产，而非公司资产；二是核心的人力资源总监和上级领导没有清晰地认识到自己在人才盘点中的角色定位，对跨部门流动的重视程度和协调努力不足；三是组织中没有建立起有效的人才流动通道，不知道人才如何产生有效的流动。

企业人才管理流程的建设是一个长期的过程，不可急于求成。很多企业的人才管理流程重盘点、轻应用，盘点的时候搞得阵仗很大，盘点以后往往没有下文，结果只是和领导汇报一下而已。

在一个健康的人才管理流程中，人才盘点只是开始，最重要的是人才使用、人才流动和人才培养。企业只有重视对人才盘点结果的应用，重视通过盘点结果让人才流动起来，认真进行人才培养，才能把人才管理流程的各个模块的工作联系起来，令其产生一致性。否则，人力资源系统的各个模块必然陷入各自为战的情境，只能局部作战，没有协同精神，陷入战术性的人力资源管理泥淖之中不能自拔。

人才盘点还必须与人力资源的其他模块建立刚性的关系，如任命的人必须源自人才盘点的结果，招聘计划也必须源自人才盘点的结果，否则人才管理流程的核心地位难以确定。

人才的流动性必须是全方位的。企业是连续性系统，像一条连续的河流，不可能只有一部分保持流动，而其他部分保持不动。企业之中员工要流动，管理者也要流动。只动员工，不动管理者，管理者就会成为企业发展最大的瓶颈，企业发展就会出现停滞，从而影响员工的发展；只动管理者，不动员工，最后会导致人才供给不足，管理者的流动也会出问题。

企业在抓好自身组织的人才流动管理和人才梯队建设的过程中，一定要关注以下几个阶段的流动性管理。

- 试用期员工的流动性管理：试用期淘汰或者调岗的人员比例不能低于20%，因为国际上人才招募识别率的上限是80%。如果不坚持这个基本比例，一定会有一些不良人才流入企业，其所造成的损失往往不是个体成本，而是组织效能下降的高昂代价。
- 入司2～3年员工的流动性管理：这个阶段的员工已经获得了在该岗位上能够获得的几乎全部职业能力，开始思考下一步职业生涯发展。这个阶段是企业员工流失率最高的阶段，作为活性资本，企业要坦然地面对人才流失，同时也要尽量减少顶部 20% 优质人才的流失。企业应尽快地将顶部的 20% 识别出来重点保留，并识别出组织中 2%～5% 的高潜人才重点加速培养，而让其他 80% 的员工维持合理的流动性，后 20% 的员工则淘汰出组织。

- 入司 10 年员工的流动性管理：这个阶段的员工，在专业领域中介于熟手与专家之间，在管理上处于能不能升到更高层级的关键时刻。这个阶段企业要加强流动性管理，依然要识别出顶部的 20% 作为重点保留对象，将其中 2%～5% 的高潜人才重点加速培养；而让其他 80% 的员工维持较高的流动性，因为这些人员在组织中的潜力已经确定，用工成本越来越高，企业可提供的岗位越来越少。高度的稳定可能会让员会产生懈怠心理，并阻碍人员的流动，形成人才"板结"现象。

- 同岗位满 3 年期员工的退出和轮换管理：任何岗位的任职时间一般不能超过 3 年。3 年的时间使个人在本岗位上的潜力、激情基本已经用尽。个人在这个岗位上通过经验积累得到的绩效水平已经接近极限，企业必须启动退出机制，并进行常态化、制度化的轮岗，才能做到人才的能上能下、能进能出、有序轮换。

- 高潜人才和重要岗位后备人才的流动性管理：企业在入职不同年限的员工中都识别出最优秀的前 2%～5%，列入高潜人才和重要岗位的后备人才计划。高潜人才在企业中可以充分发挥"鲇鱼效应"，激发员工活力。这不仅可以保障企业关键岗位持续获得高质量的人才供给，还大大提升了优秀人才的保留度，并且降低了优秀人才的保留成本。

从能力养成机制入手，打造人才通道

为了说明什么是人才流动性和通道设计，笔者需要花时间去讨论一下能力在组织中的养成机制。这是人才流动性和通道设计的基础。

领导力的发展是一个复杂的过程。简单地说，领导力的产生过程是"个人特质调用商业技能和人际技能产生领导力"。我们可以把这个过程比作一个化学反应过程、一个涌现的过程，无法进行线性的预测，也许我们做了很多却没有结果，但也可能在一夜之间忽然发生质变。

既然这是一个涌现的过程，那么便难以测量。许多领导力培训项目，经常先搭建一个领导素质模型，然后进行前测和后测，去证明领导力培训的效果。这只不过是人力资源从业者的一个自我证明的"游戏"罢了。经过几个月的时间和几堂培训课程，就从根本上提升领导力水平，无论在理论上，还是在实践上，都是不可能发生的，也是可笑的。然而，似乎相当一部分企业和从业者沉迷于这种掩耳盗铃的游戏。

领导力就是化学反应过程所产生的化合物。一个化学反应过程需要两个条件，一个是反应物，另一个是反应所需要温度、湿度、催化剂等环境条件。领导力发展的反应物由两部分构成，一部分是被发展者自身的特质，这部分在成年之后相对稳定；另一部分是商业和人际知识、技能。企业通过选人可以判断人才的特质，通过培训可以提供这个化学反应过程所需要的知识和技能，而发生化学反应的条件是被发展者的经历。我们只能把合适的人放在合适的经历和场景中去锻炼，让被发展者在实践中完成这种化学反应过程，从而形成领导力（如图7-1所示）。

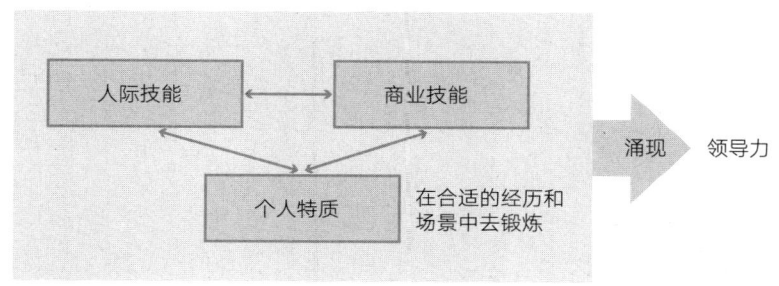

图 7-1 领导力的涌现过程

领导力是不能只靠培训来获得的。培训本身不能有效地解决领导力的发展问题，只能解决领导力发展过程中的知识、技能问题。鉴于领导力发展过程的复杂性，无论怎样精心设计的培训项目，对于发展领导力而言，作用都是极其有限的。

在形成领导力的复杂的化学反应过程中，个人特质和人际能力都具有比较低的可发展性，只有商业技能有较高的可发展性。狭义的领导力培训，如旨在发展自我特质、塑造领导角色和认知、提升领导技能和人际能力的培训，其转化效率是极低的，因此不应该成为领导力培训的重点。现实的情况却完全相反，大部分组织将主要的领导力培训资源投资于狭义的领导力和人际技能方面，导致大量的投资浪费，只有很少的领导力发展项目会有较高的投资收益比。国外曾经针对这类培训项目做过一个调查，在培训完成 1 年后，80% 的受训者认为自己的领导力并没有发生改变。

拉姆·查兰（Ram Charan）在《领导梯队》（*The Leadership Pipeline*）一书中，提出了领导力发展的三个维度，即角色认知、领导技能（商业技能）和时间分配。大部分人认为在领导力的发展过程中，角色认知是基础，也是最重要的，人只有具备角色认知后，才可能有效掌握技能和分配时间。但大量的领导力实践证明，从商业技能入手才是最重要和最有效的。如果管理者没有掌握商业技能，则角色认知是肤浅的，也是不稳定的。如果管理者不掌握商业技能，不会"新走法"，只掌握了一些领导力的理论和原则，要实现时间分配方式的改变，是根本不可能的。

授权他人是一个重要的领导力维度。为发展这个领导力的技能，企业经常让学员参加类似"情境领导"这样的领导技能课程。实际上，这样的领导课程对于领导者授权能力的培养，没有根本性的作用。

领导者学会高效授权，就是从一个擅长管事的微观管理者，向一个面向任务、面向组织能力和团队能力的全面均衡的管理者转型。这需要重构其执行逻辑。在新的执行逻辑未建立前，高质量的授权并不会真正地发生。

从领导力产生的逻辑来看，授权他人的领导行为要求领导者拥有能够容忍不确定性和一定风险的特质。对于那些高审慎、厌恶不确定性、高苛求的个体来讲，要发展授权他人这个领导力本身就存在非常大的挑战。同时，拥有这些特质的领导者具备了向他人授权的倾向性，但还不能展现高效的授权行为。要展现高效的授权行为，领导者还需要掌握商业技能。

要展现高效的授权行为，领导者需要在以下的商业技能方面有较强的积累：理解人的管理和组织能力建设决定了绩效的高低，重新审视能力过程与任务过程的关系，掌握与人才和组织能力相关的人力资源技能，理解训练和发展他人是取得业绩的手段和一种高效的工作方法，掌握如何定义核心问题和行动方向等。如果没有掌握这些商业技能，领导者则只可能产生低层次的授权行为，并且更多地取决于领导者的个体特质，高效授权行为基本不可能产生。

历练是领导力发展的主要方式，人们在经验中发展自己的关键能力和知识经验。经验对领导力养成的影响应主要从两个方面进行度量。一个是经验的跨度，即个人脱离自己原有的经验背景或准备的程度，包括人的知识和视野的扩展度、技能变化程度、工作场景和方式的变化程度等。例如，从研发工作调配至技术支持岗位，相比于从研发工作调配至销售岗位，经验跨度要窄。另一个是经验的强度，是指在此过程中能力受到挑战和锻炼的程度，主要与压力的大小、时间的紧迫、工作的受关注程度、责任的大小、任务的挑战性等有关。

我们将有效的关键经验分为三类（如图 7-2 所示）：

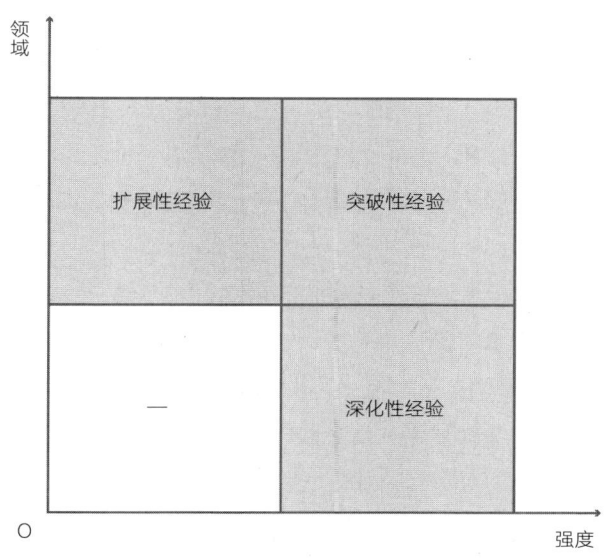

图 7-2　有效的关键经验

- 扩展性经验：主要指新的经验与已经具有的能力相比，经验跨度发生了变化，需要新的知识和技能。扩展性经验可以发展人的全面性、系统性、战略思维和知识技能。
- 深化性经验：主要指经验的跨度没有发生根本变化，但经验的挑战性、强度、压力、责任等条件发生了变化，对人的能力挑战在强度上更高。这样的经验侧重于发展人的抗压力、领导他人的能力、推动变革的能力等。
- 突破性经验：主要指跨度和强度都有较大变化的经验，在这样的经验中，个人的知识、技能、战略思维、全局思维、适应性、抗压能力等同时受到了考验，对人的发展的推动作用更强。

如果一个员工总待在舒适区，那么意味着此工作对其而言，不再具有发展意义，该员工的工作激情和创新能力也会枯竭。从高潜人才发展的角度来看，这是极其不利的。如果一个高潜人才，每段工作经历都符合以上三个经验的要求，理论上经过五段左右的工作经验，在大约10年时间之后，其个人能力就会得到极大的发展，可以在组织中担任中心岗位职务。如果组织中每个人都得到了这样的发展，组织的能力就会产生根本性的改观，个人和组织都会实现增值。

在对某医药企业进行人才盘点时，业务部门提出一个原料药合成部部长的岗位招聘需求。合成部部长的职责是协调研发与生产的关系，将研制的药物从研发部门转入生产部门，协同研发部门与生产部门的工作，并通过生产设备的建设实现规模化生产。

这个岗位所需要的关键能力是系统性思维、沟通能力、督导推动能力，非关键能力是团队管理能力、快速学习能力。因为需要协调研发部门与生产部门，所以该岗位的经验模型是：最好具有生产车间质量保障、研发外包和团队管理经验。在讨论招聘策略的过程中有人提出候选人最好具有生产车间质量保障经验3年、2～3年研发外包经验、团队管理经验三个关键经验。咨询顾问指出，如果是这种情况，那么这个人的关键能力大概率可能存在问题。因为有这么好的经历背景，在原单位没有理由不获得升职，除非有特殊情况。又有人提出，那么我们找生产车间有最好3年质量保障经验的人。负责招聘的人力资源负责人提出，这恐怕也比较困难，如果这个人有这样的关键能力和经验，那么在生产序列里晋升的空间和幅度都较大，为什么要到研发序列里发展？毕竟合成岗位在研发序列里是非主流岗位，上升空间有限。如果我们能招到这样的人，首先招聘质量可能存在问题。其次这个人可能留不住，因为没有发展通道，在未来两三年后可能会流失。一时间，大家不知道如何办才好。

事实上，这个岗位属于一个轮岗性岗位，应该通过轮岗和内部流动来满足人才需求。如果不能及时轮岗，企业就会产生人才招聘需求，但人才市场很难有适合的人才供给。同时具有研发和生产序列经验的人基本上找不到。即使存在同时拥有这两种经验的人，其关键能力也大概率有问题。如果企业非要招聘，则只能关注生产经验，因为这个经验是在本岗上无法获取的，并且通过知识学习和培训也无法习得。这个岗位人选应该靠内部的流动产生，在研发序列找具有系统性思维、沟通能力、督导推动能力这三个关键能力的人，到生产序列轮岗2年，然后提拔到合成部部长岗位上。由于研发序列不能解决发展通道问题，故需要在约3年后让此人再回到生产序列。

很多企业没有人才管理流程，没有有序的人才流动性，就会产生大量急迫性的人才需求，不仅推高了企业的用人成本，还很可能由于招到的人不合适而带来任用风险和业务的机会风险。

如何定义岗位的有效经验呢？我们对有效经验的定义是：在一个特定的工作或实践中，员工经过一定时间和强度的工作考验。其中，领导力的有效时间经验一般不应少于 18 个月，偏重知识的有效经验可根据岗位的特点适当降低时间要求，但应取得良好评级以上的绩效表现。

从内容角度看，员工的经验类型有以下四种：

- 与业务和管理相关的经验。业务和管理相关的经验又分为 3 种类型，分别是发展新业务的经验，包括业务创新、从 0 至 1 等经验；前端业务经验，主要指销售、市场开拓创新等经验；后端支持类经验，包括产品研发、生产组织、人力资源、财务管理等支持性职能等经验。
- 应对不确定性的经验，主要包括处理重大特殊事件、化解危机、应对高风险的情况、负责令人关注的变革项目、负责重大的谈判等。
- 扭转逆境的经验。如扭转经营困境、处理挑战性的人际关系、处理重大员工事件、大量裁员、财务艰难或企业发展衰退等。
- 职业生涯的相关经验。一般包括跨文化工作经验、国际化工作经验、发展他人的经验、重大业务活动经验等。

企业为了确保人才流动的科学性，须识别不同岗位的经验要求，基于经验地图提供的路径，在内部识别和设置不同的人才发展通道，使人才在通道内有序地流动。这样的流动才会是高效的，能产生人力资源增值。

基于关键能力和经验地图做规划是设计人才通道的合适方法。关键能力是设计通道的重要决策依据，关键能力差异不大的岗位之间应形成通道。企业对关键能力差异很大的岗位之间的人才流动要慎重，因为只有极少数人才能完成这种跨越；关键能力差异不大的岗位可维持高流动性，通过经验地图实现有序流动。企业通过人才流动获得组织与个人所需要的能力，就能在内部形成若干"人才通道"。

人才发展中最合适的方法就是接受挑战性的任务、轮岗和职业经历，这是最重要的三种经验形式。发展一个人的最好方法就是把目标岗位的经历地图做出来，把过去需要用 10 年时间所经历的事情，用 5 年左右的时间去经历。

我们在航空业培养服务管理干部时，给负责服务管理的分部经理岗位定义了六个关键经验，分别是值机、贵宾等核心业务岗位经验、处理重大投诉的经验、处理挑战性人际关系的经验、训练他人的经验、负责绩效改进项目的经验、领导小团队的经验。

在入职 3 年左右的员工中寻找那些具有一定的责任感、投入度、人际成熟和督导能力突出的人，评估这些员工在以上六个关键经验方面的完整性，快速让其经历未曾涉猎的经验，在较短的时间内就能发展出很多可用的干部。

众多领导力项目为我们提供的数据和经验表明，只有挑战性的经历才能真正锻炼人，让人充满激情，才能促进个人和组织的能力成长。只要流动性停滞，组织就自然产生倦怠，个人和组织的成长也会停止。

在经历发展中，我们应该从延展性和强度两个方面评估下一段经验对人的发展性。人们往往过分担心新经历的挑战性，致使新的轮岗经验或挑战性任务不足。实际上，真正有潜力的人，能够承受环境给予的挑战的能力往往远高于我们的估计。

IBM 曾经根据自己的岗位特点，针对十几万员工，划分了 23 个人才发展通道，让员工在不同的通道内有序地流动，图 7-3 显示了其中 16 个人才发展通道。

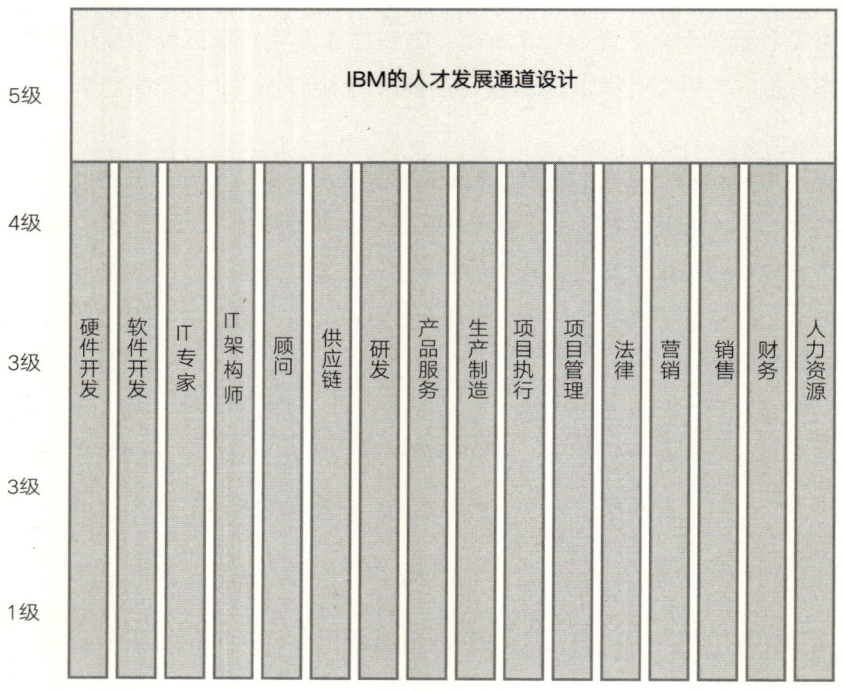

图 7-3　IBM 的人才发展通道设计

IBM 对每个员工的经验状态都进行记录和管理，以确定每个员工流动是否符合组织的发展要求和个人的职业生涯规划；对每个目标岗位都设计经验图谱，针对特定的岗位对相关人员进行经验描述，定义了 3 种状态：完全具备目标岗位的经验类型，状态是"准备就绪"（Ready Now），这意味着岗位人员一旦有空缺，该员工就可以立即就任；距离目标岗位有一个经验的差距，状态是"一步之遥"（One Job Away），意味着该员工还需要再积累一个经验，约需 18 个月时间才能成为准备度良好的后备者；距离目标岗位有两个经验的差距，状态是"两步之遥"

（Two Job Away），意味着该员工还需要经历两个经验，约需 36 个月的时间才能成为准备到位的后备者。IBM 通过持续有序的人才流动，不断地提高每个人的准备度，以此提高组织能力和个体能力。

在人才发生流动时，企业要统筹考虑组织业务的风险、人才梯队的厚度、人才需求的急迫度、个人的流动意愿和高潜特征，从而综合做出判断。企业只有平衡好人才的发展与精力风险，高潜人才才会在流动性管理中受到特别的重视，得到更多的资源和流动性机会。

从战略性人才着手，提升组织能力

大部分企业的人才管理工作往往与战略没有很高的关联性，这些工作与战略之间更像是一种近似一致性的关系。我们必须改变这种近似一致性关系，让人才管理和企业战略之间建立起极度一致性的关系，让人才管理的每项工作都与战略建立关联。

要建立这种关联，最重要的做法是识别战略性岗位和在战略性岗位上都有哪些人员，评估这些人员的水平是否达到了业内一流，然后采取相应的干预措施，确保 A 类岗位配置 A 类人员。差异化的员工战略是承接战略的关键，组织通过人才管理的动态过程，最终确保关键能力岗位上人员的能力水平、绩效水平达到业内领先；企业要加大对战略性岗位和关键能力岗位的投资，并降低对非关键能力岗位的投资。

根据布莱恩·贝克尔（Brian Becker）等在《重新定义人才》（*The Differentiated*

Workforce）[①]一书中的相关理念，战略性岗位主要从两个维度考虑：一个维度是绩效可变量，另一个维度是战略影响力。所谓的绩效可变量是指不同的人做同一件工作，绩效的差异有多大。绩效差异越大，即绩效可变量越大，该岗位越有可能是战略性岗位；绩效差异越小，该岗位越不可能是战略性岗位。所谓的战略影响力，主要是指这个岗位对战略目标达成的影响力，以及对价值创造和核心竞争力的影响力，影响力越大，该岗位越可能是战略性岗位，影响力越小，该岗位越不可能是战略性岗位。

绩效可变量主要从以下四个维度考察：

1. 从组织规模、收入额等维度和对成本的影响程度来评价，高绩效人员和低绩效人员带来的绩效差距有多大；
2. 从这一岗位所涉及的工作来看，低绩效人员是否很难被检测出来；
3. 这一岗位工作的复杂性和不确定性是否很高，或者有较高的沟通要求；
4. 这一岗位对特质和经验的要求是否很高。

战略影响力主要从以下四个角度考察：

1. 这一岗位是否影响一个或多个企业的核心竞争力或关键任务的实现；
2. 这一岗位是否直接影响组织的价值创造或成本节约，是否能够显著提升公司业绩；
3. 这一岗位失误的可能性以及失误成本是否极大；
4. 这一个岗位在创新方面的贡献如何。

[①]《重新定义人才》一本提示了如何让人才转化为战略影响力，以切实提升企业战略的表现。本书简体中文版由已由湛庐于2016年策划出版。——编者注

不同的专家对战略性岗位占所有岗位的最佳比例有不同的看法，笔者根据自身的咨询经验，倾向于此比例在5%左右，有的专家则认为这个比例应该更高些，如10%。总之，在不同的企业中，这个比例应该略有不同。

根据布莱恩·贝克尔等人的观点，如果组织不能识别战略性岗位，在人才管理上的投资就不能实现差异化，人才管理和战略就无法建立关系，就可能在非战略性人才上浪费投资，在战略性岗位上容忍低绩效员工。他们核心观点是：组织应从工作交流、工作设计、甄选配置、培养发展、激励保留、绩效管理六个维度实施差异化的员工管理策略（如表7-1所示）。

表7-1 战略性岗位人才管理策略

工作交流	• 通过各种形式确认员工对企业的贡献 • 创造机会让他们接触更多的客户，学会更多的价值创造方法 • 让他们得到与公司战略相关的信息 • 不断向高绩效员工保证在组织中的未来发展空间
工作设计	• 增加新的能够提升战略价值的工作岗位或方法 • 定期对战略性工作的价值进行评估，不断淘汰低价值的工作岗位，没有工作岗位是神圣不可替代的 • 定期召开最佳实践的培训会议，不断开阔视野，培养战略性员工 • 在能力建设、人才梯队建设方面，不断面向市场前端定期调整角色
甄选配置	• 不断甄选顶级人才 • 永远不要等到现有职位有空缺时再招募员工 • 不断关注市场上的顶级候选人 • 让绩效卓越的员工推荐候选人 • 采用具体的、高期望值的标准认真筛选被推荐人

续表

培养发展	• 给战略性员工投放大量的发展资源 • 给每个战略性员工配置辅导者 • 为员工提供轮岗和挑战性工作机会 • 奖励员工所做出的各种最佳实践 • 为员工参加外部会议和学习最佳实践提供支持 • 强制规定员工参加某些会议和特定培训
激励保留	• 薪酬应在一定幅度上高于市场 • 提供较高额的浮动薪酬，以激励绩效卓越者，浮动薪酬可以是固定薪酬的 2～3 倍
绩效管理	• 在较高层级上设定期望绩效数值，对标行业一流水平或世界先进水平 • 不断监控绩效，并提供人才对绩效贡献的反馈 • 解雇绩效水平不高的战略性员工

组织要确保战略性岗位上的人才取得业内一流绩效标准，需给予其超越同行的待遇，确保战略性岗位上的员工是业内顶级人才，并在人才管理的各个角度进行差异化投资。如在招聘策略上，对于战略性岗位，组织必须与业内最好的人才维持交流，而不能等到现有职位有空缺时才去招聘；在人才发展上，须针对每个战略性岗位上的人才制订个性化的发展策略，而不能实施通用的培养计划。组织每年都需要评估战略性岗位人才的能力和绩效水平是否是业内一流的，并针对每个人采取有效的处置措施。

某生产家电的大型公司定义了四种战略性能力：高层领导力、工艺制造能力、销售与市场营销能力、新产品研发能力，并确定了 114 位在职者所在岗位为战略性岗位。

• 在高层领导力方面，A 类员工的岗位表现将决定该公司与竞争对手的差异,而非 A 类员工的表现则不会,所以组织要通过不断增加对战略性岗位员工的投资来为客户创造更高的价值,不断评估这些员工的绩效水平,并在市场上寻找最好的员工来弥补职业的空缺。

- 在工艺制造能力方面,尽管该公司的生产制造能力被定义为"世界级"的,但在某次评估中仍有 40 位在职者被评估为中等能力和中等绩效水准,该公司认为这是一个严重的问题。
- 在销售与市场营销能力方面,虽然该公司认为自身具有竞争力,但在 24 位战略性岗位员工中,有 9 位被认定处于中等水平,3 位被列为跳槽型员工,有 50% 不是顶级人才。
- 在新产品研发能力方面,20 位在职者中,有 14 位被定义为职业中级水平,有 70% 已达到绩效巅峰,很难再提升业绩。因此,该公司针对所发现的问题,计划在战略性人才管理方面采取相关措施(如表 7-2 所示)。

表 7-2　某公司战略性岗位员工管理策略

战略性能力分级	○极差　○较差　○有一定竞争力　○有优势　○世界水平
• 高层领导力(有一定竞争力)	
• 工艺制造能力(世界水平)	
• 销售与市场营销能力(较差)	
• 新产品研发能力(有一定竞争力)	

战略性岗位	数量	策略
高层领导力		
• 营销部负责人	1	• 发展更多销售和营销方面的人才
• 制造部负责人	1	• 考虑对制造部负责人进行更换
• 首席财务官	1	• 增加首席市场官的人才储备
• 首席人力资源员	1	• 人力资源部门要跟踪潜在的顶级管理人员,今年必须聘任至少 1 名高级人才,
• 首席市场官	1	招聘至少 2 名高级总监

续表

工艺制造能力		
• 厂长	16	• 从最好的学校和最佳实践公司招聘至少12名人才，他们必须熟悉精益制造流程
• 区域总监	48	• 至少替代20名管理者，并将此作为人力资源部门领导者的绩效考核项
		• 在新员工中推进先进的制造部门领导力培养方案
		• 实施一项推广至主管的制造技能提升计划
销售与市场营销能力		
• 营销主管	6	• 替换所有的跳槽型员工
• 品牌经理	5	• 招募两名营销总监
• 消费者洞察专家	7	• 为有志于成为营销总监的品牌经理和消费者洞察专家提供发展计划
• 采购经理	6	
新产品研发能力		
• 设计工程师	11	• 推行敏捷研发管理的培训和项目
• 制冷专家	4	• 大面积地辞去未通过试用考核的新员工
• 洗衣专家	5	• 招募新团队个体员工
		• 由总裁负责直接管理研发部门

第 8 章

8 ENGINES
TO BUILD A THRIVING ORGANIZATION

活力组织的引擎 7,

绩效管理,
重构基于战略的绩效系统

不衡量绩效管理过程中的行为和能力,只管理工作结果,是绩效管理的最大失误。

第 8 章 活力组织的引擎 7，绩效管理，重构基于战略的绩效系统

绩效管理是个风向标，指明了组织的活力方向。好的绩效管理将使组织的目标与战略目标导向一致，差的绩效管理必然将组织的目标导向无序，使组织走向内卷。

绩效管理是组织确保价值创造与客户利益相一致的传递过程。这个传递过程的一致性与可靠性对组织的活力有根本性的影响。组织通过绩效管理过程，把客户利益、部门利益和员工利益深度捆绑在一起，从而使组织的所有工作都围绕着价值创造展开。

绩效管理是连接组织与个体的桥梁，对于企业发展非常重要。有效的绩效管理能激发员工的工作潜能，将个体目标与组织目标相统一，促进企业长短期目标的实现，使组织运转通畅，提高组织的活力。无效的绩效管理会影响团队合作热情，影响管理者的威信，挫伤员工的积极性，使组织逐渐失去活力。

在第 1 章我们讲过系统的延迟性。这个规律在绩效管理中也极为重要。当下的结果只是过去趋势的反映，并不能时时反映组织的形态。当结果出现问题时，往往代表某一趋势已经持续了一段时间，组织须同时关注财务结果与组织健康度。在绩效管理中过于关注结果，就会造成管理干预的滞后。

绩效并不只关乎结果

绩效是什么？这个名词经常被人们挂在嘴边，却很少有人能够说清楚它的概念。80% 以上的管理者认为绩效是结果，80% 的员工认为绩效是考核。彼得·德鲁克曾说："所有的组织都必须思考绩效为何物，这在以前简单明了，现在却不复如是。"《牛津现代高级英汉双解词典》中对"performance"一词的释义为"执行、履行、表现、成绩"，因此，简单的绩效定义应该是组织或员工的成绩和表现。

员工或组织的成绩和表现包括三个层级的内容，即业务结果、驱动行为和达成结果的能力（如图 8-1 所示）。这三个层级的内容综合性地描述了完整的绩效概念。不衡量绩效管理过程中的行为和能力，只管理工作结果，是绩效管理的最大失误。

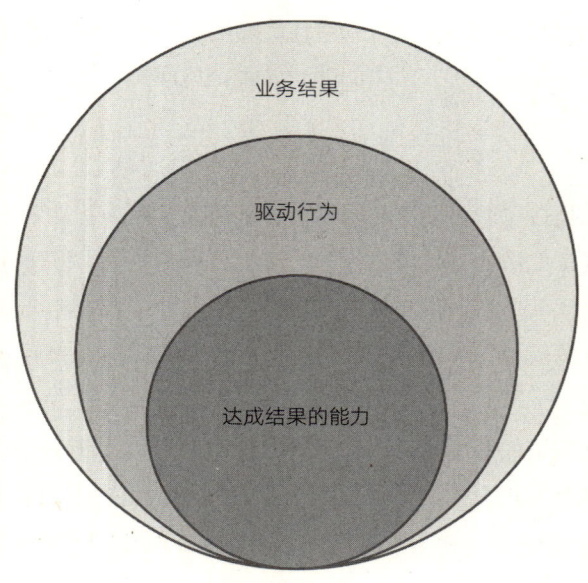

图 8-1 绩效洋葱模型

系统的延迟性决定了在不同情况下绩效三个层级的占比有很大差异。组织需要根据岗位的特点确定合适的绩效指标结构。总体的原则是：个体或部门的能力和行为所导致结果的反馈周期越短，在一个考核周期内，三者的倾向就越一致，组织可偏重结果指标；反之，能力和行为所导致结果的反馈周期越长，三者的倾向越不一致，组织就要偏重能力和行为指标。

下面将以不同类型的销售岗位为例，来说明延迟性对绩效指标的影响，以及不合适的绩效指标结构对业务的影响。

对短周期和小订单的销售模式而言，绩效指标主要指结果指标。因为小订单的销售周期很短，大多是半个月，抑或几天，甚至几个小时。此时结果和行为有效性及个人的能力就高度一致，系统没有延迟性。以结果为导向的绩效指标结构简单又客观，成为管理者的首要选择。

对于面向战略性大客户的长周期销售模式而言，其绩效指标中结果指标的比重相对较小，行为和能力指标的比重相对较大。因为战略性大客户需要较长的经营周期，有时候甚至需要2～3年的时间才能产生业绩结果，并且这种结果的出现还要受各种偶然事件的影响。根据前面的原则：能力和行为所导致结果的反馈周期越长，三者越可能出现不一致，组织越应偏重能力和行为指标。此时对销售人员业绩表现的考评重点应该放在销售人员的行为有效性和销售能力上。只要这两个方面没有大的问题，结果自然就会产生。一旦将绩效指标的重点放在结果指标上，做战略性大客户销售的人就只能够去做中小客户，因为在这样的评价体系中，他们的业绩结果一旦不行，就会被评价为表现差。因此，在将结果指标作为主要绩效指标的情境中，销售人员的短期行为会受到鼓励，他们不太可能有动力做面向战略性大客户的销售。

即使是同类岗位或部门，当处于不同的业务阶段时，三者的绩效结构也应不同。例如，对于销售的"艰困战区"或"盐碱地"领域，在一个考核周期内，能力和行为导致结果的反馈周期较长，此时应适当提高能力和行为指标的占比；而对于销售的"产粮区"，市场培育成熟，业务稳定，能力和行为导致结果的反馈周期较短，应适当提高结果指标（如收入额、利润额、完成率）的占比。否则，没有员工愿意去"艰困战区"作战，因为其贡献不能得到客观的衡量。

很多管理者总认为经营性的数字指标是最客观、最公正的。这导致财务数字至上的绩效考核概念广为流行。实际上，单纯的财务数字虽然是客观的，但未必能真实地反映部门或个人的绩效水平。

出现这种情况，主要有以下两个方面原因：

- 一是业绩结果受各种客观因素影响，并不能反映相关人员和部门真实的业绩表现。比如，做战略性大客户销售的员工，其客户今年的投入因某种原因增长较多，每个供应商的业绩数字都有增长，但本公司的相对市场份额在下降。组织单独用业绩结果指标来判断销售人员的绩效时认为是在变好，实际上，销售人员真实的绩效表现却是在变坏。相反，如果客户今年的投入因某种原因减少较多，每个供应商的业绩数字都有减少，但本公司的相对市场份额在上升。组织单独用业绩结果指标来判断销售人员的绩效时认为是在变坏，实际上，销售人员真实的绩效表现比数字指标呈现的要好。
- 二是在制定数字指标的时候，组织往往参考以往年份的指标完成情况或市场的总量进行判断。实际上，组织不可能得到真实的市场潜力数据，因此这种数字指标具有一定的盲目性。组织用以此为基础制定的数字指标去考核销售人员的表现，自然会失去一定的公平性。比如，一个软件公司在上海分支机构的业绩指标完成率为 105%，在北京分支机构的业绩指标完成率为 110%。这是否意味着北京分支机构的真实成绩表现一定好于上海分支机构？答案是不一定。要看软件产品的比例结构、客户的重复采用率和深度的产品销售情况，才能判断哪个分支机构的经营更优，哪个分支机构实现了深度经营。

既然不同类型的岗位、不同的业务阶段，绩效指标的结构不同，那么会出现一种情况，就是三个指标可能是矛盾的。如果三个指标发生矛盾，对于反馈周期较短的业务，我们倾向于相信结果指标；对于反馈周期较长的业务，我们倾向于相信能力和行为判断。因为结果往往是内外部因素共同作用的，将结果全部归为组织和个人的"成绩和表现"，必然引起误判。我们经常看到某个组织或个人的业绩结果不错，但在进行了组织能力盘点或个人能力盘点后，发现能力和绩效结果存在较多的不匹配。这时候，组织需要对纯数字性的结果指标进行修订。

一些管理者认为，考核周期足够长时可以避免这种矛盾。但是这就涉及前面提到的延迟性问题。这就如同一个学生高中三年都不交作业，也没有做过期中测评，到了高考时才发现自己很多题都不会。太长的考核周期会掩盖周期内工作存在的很多系统性问题，不仅影响当期绩效，还会影响此后很多年的业绩。

组织仅仅依赖于经营性的结果指标会有诸多的弊端。组织要公正、全面地评价部门或个人的绩效，必须对能力和行为进行评价。这对管理者的业务管理素养和人力资源素养都提出了较高的要求，否则管理者将只能依赖结果指标。在战略客户的经营过程中，在短期内看不到经营数字结果指标的情况下，管理者必须对销售人员的能力和行为的有效性做出评价，以做出中断还是继续投入的决策。除非管理者对销售人员的能力和行为评价结果有信心，否则管理者将难以忍受长期投资的压力，可能导致投资中断，战略性大客户销售难以为继。

基于系统延迟性问题，有时候财务指标虽然很好，但可能组织的竞争力和活性正在丧失。这完全无法从当时的财务结果看出来，如 2000 年初期的柯达公司、2010 年前的诺基亚，都在绩效指标看起来很好的时候突然崩塌。因此，任何组织的绩效指标，只有同时反映组织的能力、管理的创新、业务探索行为的进展和财务结果，才能真实反映组织的运行状态。

绩效管理并非绩效考核

为什么要进行绩效管理呢？80% 以上的管理者会有这样的答案：绩效管理是为了考核。"绩效管理害了索尼""绩效管理扼杀创造力"的言论曾经甚嚣尘上。

绩效管理的根本目的在于使局部或个体的资源按与战略相一致的方向投入。我们不能否认绩效管理的考核功能，但那仅仅是局部的、技术性的、手段化的。绩效管理的目的不是考核，而是以关键指标为牵引，确保组织的资源配置到与关键绩效指标相关联的领域，使得组织全体成员的精力和经营重点能够聚焦在帮助组织达成目标的关键要素上。

绩效管理有三个重要的过程（如图 8-2 所示）：经营管理过程、能力发展过程和评价反馈过程。这三个过程是相辅相成、密不可分的，强调一个过程、忽视其他过程或不能将三个过程相联系的看法和做法都是有害的。

绩效管理是一个公司级的核心经营管理过程。这句话有两层含义，一是绩效管理是与战略管理同等重要的公司级核心经营管理过程，是承接战略落地的基本管理流程。绩效管理具有排他性，组织中的每个人都必须依照这个过程开展工作。管理者的核心职责之一就是确保这个过程的权威性和可执行性。二是绩效管理既然是一个核心经营管理过程，就必须由一把手推动，不能交予人力资源团队。

第8章 活力组织的引擎7，绩效管理，重构基于战略的绩效系统

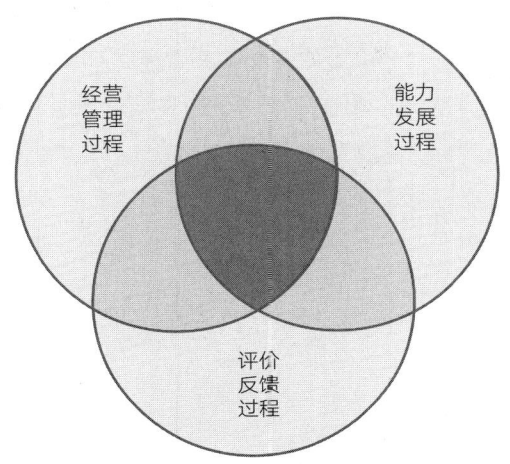

图 8-2 绩效管理的全过程

目前普遍的情况是，绩效管理过程在相当一部分企业是由人力资源团队推动的。由于没有把绩效管理当成一个核心的业务管理过程，组织用大量的工作会议代替了绩效管理过程。这种管理方式不是结构化的，具有高度的随意性，严重影响了运营系统的效率，妨碍了组织的执行力。

绩效管理过程同时是一个能力发展过程。组织不能过分强调绩效管理的经营管理过程，而忽视绩效管理的能力发展过程。绩效指标制定、绩效达成复盘、绩效反馈与应用的整个循环过程应始终围绕着两个课题，一个是公司的战略目标如何通过局部贡献得以实现，另一个是如何帮助员工发展能力，以帮助组织达成与战略一致的目标。仅仅关注前一个课题是不够的，只有同时关注这两个课题，才能将组织的目标与个体目标结合起来，才能激发组织做出真正的绩效承诺并激励员工自觉地努力。当每个个体都在实现组织目标的同时看到了自身的发展时，就会焕发出不可思议的激情和投入度。当每个个体都努力成为更好的自己，每个部门都成为更好的局部时，将他们的努力连接起来，自然能成就伟大的组织。

在销售人员的绩效管理过程中，始终伴随着对销售人员的能力判断和能力的培养。比如，销售人员需要具备"进取心、销售主动性、目标导向性、关系建立能力、策略性思维"等关键能力和"销售商机挖掘、销售拜访、项目分析"等技能。管理者需要随时根据业绩完成情况和销售人员的行为表现，对销售人员的关键能力和技能的现状进行反馈，并指出通过哪些训练可以提升以上能力，帮助销售人员厘清发展个体能力和完成组织业绩之间的路径关系。销售人员就会在努力成为更好的自己的过程中爆发出惊人的力量和投入度，组织的绩效目标自然达成。

绩效管理过程也是一个评价反馈过程。组织通过此过程对经营管理过程和能力发展过程的结果进行评价，并与员工进行深入的绩效对话，对绩效评价的结果进行应用，从而形成一个正式的管理闭环。

绩效评价与反馈的重点并不在于沟通技巧，而是个人发展与组织发展能否建立联系。如果反馈信息能被认可，个人发展目标与组织目标建立了联系，那么绩效评价和反馈的过程就是有效的；如果不能建立这种联系，那么无论使用什么样的沟通技巧，都不会真正使员工有所触动。

绩效评价反馈过程为绩效的经营管理过程和能力发展过程提供运营保障。良好的评价反馈过程可以周期性地不断强化经营管理的效果，促使被反馈者不断挑战能力的极限，不断突破现有目标。差的评价反馈过程则会使经营管理过程成为一种程式，削弱上级的威信和下属的积极性。如果没有反馈评价过程，经营管理过程和能力发展过程就不能形成闭环。

绩效评价结果的应用是影响绩效管理的一个重要的步骤。绩效评价结果一般应用在员工晋升、流动性和价值分配三方面。如果绩效结果没有得到严肃而有效的应用，绩效管理就可能面临失效风险。

强制分布是应用绩效评价结果的一个重要方法。该方法就是按事物"两头小、中间大"的正态分布规律，先确定好各等级在被评价员工总数中所占的比例，按照每个员工绩效的优劣程度，强制将员工列入其中的一定等级。实施强制分布的目的在于靠着这种"末位淘汰"机制，不断地把机体中不强健的个体清除出组织，使得组织在竞争中脱颖而出。

应用强制分布方法最有名的是通用电气前董事长兼CEO杰克·韦尔奇，他凭借该规律，绘制出著名的"活力曲线"。按照业绩及潜力，通用电气将员工分成A、B、C三类。三类员工的招募比例为：A类，20%；B类，70%；C类，10%。对于A类员工，韦尔奇采用的是"奖励、奖励再奖励"的方法，提高工资，授予股票期权及给予职务晋升。A类员工所得到的奖励可以达到B类员工的2～3倍；对于B类员工，根据情况确认其贡献，并提高工资；对于C类员工，不仅没有奖励，还要将其淘汰。

关于强制分布方法的应用一直存在争议：实施强制分布究竟是利大于弊，还是弊大于利？笔者认为是利大于弊的。如果我们不使用绩效强制分布方法，那就需要用其他的方法来强化绩效评价结果应用这个模块，而目前来看没有更好的方法可以替代强制分布方法。前文提到的熵增理论认为，混乱是一种趋势，而懒惰是人的一种本性。强制分布和末位淘汰是一种强硬的规则，对混乱的状态进行规范。没有淘汰机制或绩效不能被区别化的评价时，搞关系和内部政治的人会成为主流，必然使组织走向逆淘汰，然后导致组织的活力下降。

绩效管理的三个过程都是很重要的，忽略其中的任何一个，都是极其有害的。忽视绩效管理的经营管理过程，将使绩效管理变成人力资源的游戏；忽视绩效管理的员工能力发展过程，将使绩效管理无法激发员工活力；忽视绩效管理的评价反馈过程，将使绩效管理举步维艰，难以运营。

两种路径，重构绩效指标体系

绩效指标制定在绩效管理中具有核心作用。如果绩效指标体系不合适，真正的绩效对话就不可能产生，也不可能得到员工的认可。许多企业的绩效指标事实上只是一个无效的工具，企业只是将不同的评价指标随意地组合在一起，这样的指标无法提供有价值的信息，也无法指导员工有序地开展工作。

构建绩效指标体系有两种路径，分别是基于输出控制的绩效指标体系和基于行动控制的绩效指标体系。

基于输出控制的绩效指标体系

基于输出控制的绩效指标体系建立在组织划分的基础上，其为每个单位确定衡量产出的标准，评估产出是否达标。基于输出控制的绩效指标体系最为流行的有两种，一种是关键绩效指标（KPI）方法，一种是平衡计分卡（BSC）方法。这两种方法的本质和原理并无根本性的差异。其区别在于，KPI方法没有结构化，如何构建取决于使用者个人对绩效理念和绩效管理的理解；BSC方法的意义在于第一次有人提出了描述战略的方法，但是它又过于结构化和强调纪律性，须从财务指标、客户层面指标、流程层面指标和学习机制指标四个维度制定绩效指标结构。BSC在描述整体业务时有其优势，但在应对部门级绩效指标，尤其是后台部门绩效指标时，显得架构过于"肥大"，灵活性不足。无论是KPI，还是BSC，都基于绩效概念的三个层级，因此只要使用绩效的三层架构（结果、行为和能力）建立绩效指标体系，就没有问题。

绩效管理是策略导向的，不是职责导向的。这是制定完善的绩效指标体系的重要理念基础。绩效指标结构是在与职责大体匹配的情况下瞄准战略目标展开的，绩效指标不需要与岗位职责一一对应，也不应该与岗位职责一一对应。从组织层面讲，绩效管理从根本上回答了两个问题：为了达成战略目标，局部在总体中的独特贡献是什么？为了达成战略目标，最合适的资源投入策略和方式是什么？绩效管理的主要指标必须能够定义组织的业务策略和资源投入方式。

人们经常认为，相同部门的绩效指标结构在任何时候、任何情况下都应该是一样的。这是一种认知误区，因为绩效管理是策略导向的，时间和环境改变了，即使是同一个部门的绩效指标结构也应该进行调整，以与战略目标相适应；在同一时期，即使同种类型的部门或个体，因为面对的市场环境不同，指标结构或指标权重也应是不同的。

某旅游会展业务公司 2020 年在某南方大省的业务指标是 4 000 万元。其中，收入的 80% 多来源于该省旅游业的一个客户，其他省内客户的业绩占比不到 20%。这说明，一方面，战略性大客户的经营取得了不错的成绩，另一方面，战略性大客户的经营并未形成辐射效应，经营业绩的持续增长存在风险。

2021 年该公司的绩效总目标如下：

- 财务指标：6 000 万元收入规模，利润不低于 1 000 万元；
- 客户结构指标：地市收入占比不低于 40%；
- 能力指标：开办 8 个以上市级分支机构，当年业绩不低于 100 万元。

2021 年的指标结构表明：该公司在某南方大省的业务将在较长的时间内成为其业绩增长引擎，作为其"产粮区"之一，同时贡献利润和规模。2021 年此旅游会展业务公司在该南方大省的扩张策略由建立分支机构、开拓区域市场、聚焦于区域扩张和跨区域人员招聘等构成。

在制定绩效指标的时候，除要根据策略导向原则确定绩效指标结构外，还需注意避免绩效指标制定的两个陷阱：指标数量过多和制定内向型指标。

要想让绩效指标体系失效，最简单的方法就是把指标数量做多，这么做意味着稀释了核心指标的比重。为什么管理者会把指标数量做多呢？一方面可能源于前面提到的绩效是面向职责的思维。这种思维会追求将每条职责都在绩效指标上予以反映，导致指标的数量越来越多。另一方面可能源于人类的一种古老的安全心理，如果不在指标里看到某一职责，就会感觉到不安全；如果看到了，仿佛就意味着该项职责会得到落实，满足内部利益相关者的要求。大部分人没有看到指标过多带来的负面后果，事实上，其带来的弊端远超过其带来的好处。

好的绩效指标少而精，能反映策略和资源投放的要求。关于绩效指标构成比，业内一直没有达成共识，根据多年的咨询经验，笔者认为3～5个核心绩效指标是比较合适的，过多就会让组织失去对重点和主要方向的关注，过少则可能不能对核心能力进行充分描述。

好的绩效指标须同时反映组织健康度和财务指标的要求。绩效指标应导向与战略相一致的方向，在短期目标和长期目标之间取得平衡，避免短期主义倾向。一些管理学者将绩效指标中的长期指标和反映组织健康度的指标叫作"遗赠指标"，绩效指标必须同时体现财务指标和遗赠指标。

如果说把绩效指标的数量做多是导致绩效管理失效的第一个罪魁祸首，那么制定内向性指标就是第二个了。一旦出现这种情况，就会引发部门指标都完成得不错，但公司目标没有达成的情况。同时，内向性指标还会导致组织极度内卷。

所谓的内向性指标是指以部门内部视角制定的，而非以市场视角或客户视角制定的指标，与之相反的指标即外向性指标。内向型指标通常只描述完成了哪个动作，而对这个动作带来哪些业务和市场层面的改变却漠不关心。如"在3月前举一次市场会议""在4月前完成新产品的发布"，就是典型的内向性指标，外向性指标应该是"客户签约量"或"反映产品性能的领先性指标"等。组织一旦出现用内向性指标管理的情况，部门或个体就只需要对做事负责，而对事情导致的结果不承担责任。内向性指标能够将绩效传递过程的压力消弭于无形之间，不但占据了绩效权重，而且稀释了责任。组织只有确保绩效传递过程的责任没有被稀释，要尽量站在市场层面、业务结果层面和客户部门的接口层面制定指标，才能保证绩效传递过程的有效性。

绩效指标体系属于输出控制系统的范畴，这种管理机制并不注重下属部门如何行动，但追求结果的实现。比如，组织要求生产车间必须把成本指标降低20%，至于部门是通过提高生产规模、改善生产工艺，还是通过优化生产计划系统实现结果，在输出控制机制下并不被关注。在输出控制体系下，指标越外向，机制就越有效；指标越内向，机制越失效。

绩效管理的核心是确保局部和个体的资源按与战略相一致的方向投入。因此，确保上下级部门的一致性和水平部门的一致性是非常重要的，这也是建立以战略为核心的组织的关键。每个部门的绩效指标制定者均须回答：

- 为了达成上级部门的绩效指标或前台部门的绩效指标，我们在哪些指标上改善最具影响力？
- 哪些是实现生产成本降低20%的目标的最关键要素？
- 绩效指标表明我们的成本和资源应在哪里投放？

为了确保垂直对齐和水平对齐，绩效指标制定的流程一定是分层展开的。每个层级的管理者都应先做前台部门，再做中台部门，然后做后台部门，以保障绩效指标的一致性和充分性。那些按垂直流程分解的指标体系，背离了绩效管理的基本原则和精神。绩效指标从诞生的那天起就在部门间垒起了协作壁垒，使组织只能通过大量的日常协作和会议去消除壁垒。

除一致性外，指标制定者确保充分性也是重要的。指标制定者需要在制定绩效指标时，讨论这样的绩效指标对于组织的目标完成是否足够，以及挑战性如何。只有同时满足一致性和充分性的要求，绩效指标才是有效的。

针对绩效指标体系，评审流程和问题一般如下：

- 这些绩效指标体系是否符合数量要求？
- 这些绩效指标是否符合外向性、结果性的要求？
- 这些绩效指标表明组织的业务策略是什么？资源如何投放？
- 这些绩效指标与上级目标的一致性、充分性如何？
- 这些绩效指标是否具有挑战性？

输出控制系统需要经过一个阶段的累积才能看到结果，这就降低了其协调的效率，所以无论用 KPI 还是 BSC 去协调重大的战略变革，或适应快速变革的经营环境，都是比较困难的。因此，KPI 和 BSC 比较适合经典战略的业务，但对重大战略变革或 VUCA（易变性、不确定性、复杂性、模糊性）业务类型的支持程度有限，这时候组织就需要使用基于行动控制的绩效指标体系。

基于行动控制的绩效指标体系

绩效指标体系还有一种路径，就是基于行动控制来构建。行动控制指定了在特定时间点上要开展的特定行动及需要达到的标准，并通过行动规范的方式规定了行动的方式。第 4 章讲过的战略硬仗法或 OKR 是其中最主要的两种形式。

基于行动控制的绩效指标体系，其难点在于行动方向的定义上，如 OKR 中的"O"。我们对行动方向的定义一般有三条要求，即综合性、具体性、杠杆性，如果不符合这三条要求，行动体系将面临失效风险，执行效果会大幅减弱。比如，黑龙江省某公司制定了"在非政府行业实现 1 000 万元销售额"的目标，明确地指出了行动方向，符合"具体性"要求；在实现的过程中需要对资源投放、市场公关、销售过程、销售管理、销售技巧等方面做出动作才能导致改变发生，符合"综合性"要求；同时该目标一旦实现就可以改变此企业在黑龙江地区的客户结构，减小该地区收入受到政策波及的可能性，根本性地改变经营品质，让该地区的收入更加可持续。并且，相比于其他的措施，该组织目前有可使用的独特资源，收益比最好，符合"杠杆性"要求。

当然，我们也需要把握指标的颗粒度，过粗或过细的颗粒度均是不合适的。指标如果过于综合，不能明确具体的行动方向，就不能精确地协调不同部门的行动，从而失去了行动控制体系的意义。例如，"提高顾客满意度"这样的行动方向定义就过于宽泛，在这个方向下，组织内部无法实现更高效的协作。各部门只能根据自己的想象在宽泛的定义中采取行动，但很难保证产生极度一致性。在这种行动方向过于宽泛的情况下，OKR 的管理效果就同 KPI 的是一样的。

指标如果过于具体，可能导致组织内部进行着很多有益但很局部的行动，让组织进入虚耗状态。指标如果定义得过于细碎，就会导致下属部门机械地执行，只管行动不承担结果；指标如果定义得过于粗犷，下属部门不知道具体要求的行动方向是什么，行动体系就起不到协调作用，与输出控制系统并无区别。基于不同层级"O"的综合性和颗粒度不同，这个"度"比较难把握。

为提高不同层级的"O"的一致性，我们应尽量依赖一定的管理模型去分解，否则就会过于随意，导致对齐效果不佳，协同效果变差。第 5 章谈到的组织能力模型就是我们经常使用的模型。

"O"应尽量具有杠杆性，有较好的投入产出比，以提高行动效率。组织最重要的改变往往是由那 20% 的关键行动引发的。每个层级的"O"都要尽量找到这些有杠杆性的行动方向，这样就会极大地强化执行的效果。

针对关键行动体系，评审流程和问题一般如下：

- 这些行动是否符合综合性的要求？颗粒度与部门定位是否相适应？
- 这些行动在符合综合性的同时，是否表明了具体的行动方向？它是否在实质上是一个目标？
- 这些行动是如何与上级部门或平行部门对齐的？分解过程的质量如何？
- 如何评价这些行动的结合性？
- 如何评价这些行动的杠杆性？
- 行动方向及所衡量的结果指标的挑战性如何？

第 9 章

8 ENGINES
TO BUILD A THRIVING ORGANIZATION

活力组织的引擎 8,

文化变革,建设二元化组织文化

"创造性惯例"是实现组织文化二元化的有力武器，组织要追求"乱糟糟的生机勃勃"。

第9章 活力组织的引擎8，文化变革，建设二元化组织文化

所谓的文化，本质是人们约定俗成的一种非正式的规则，一般是指人们实际做出的决策和实施的行为，或人们不倾向于做出的决策和实施的行为。

企业文化是蕴藏在组织内部的一种隐秘的力量。它无所不在，又似乎无所不能。一方面，当企业文化与正式的工作安排相一致时，它可以助力变革；另一方面，当企业文化与正式的工作安排不一致时，它可以"兴风作浪"，让我们的正式组织设计和工作安排的效果消于无形，功败垂成。健康的企业文化是企业活力的来源，也是提高组织活力的根本，是确保战略执行的关键。

文化一旦形成，就会十分坚韧且牢固，可以帮助组织保持传统和方向，同时也给创新与变革带来了掣肘。为此，组织需要设计一种新的组织文化形态——二元化组织文化。

所有创新型组织都具有二元化组织文化，一种是响应效率化和规模化的文化，强调规范、纪律、效率；另外一种是响应变化和创新的文化，强调敏捷、自由、灵活。这两种组织文化看似矛盾，但并不是非黑即白的，而是可以在一个组织内并存的。

孵化"创造性惯例",激活组织的关键抓手

日本经营理论专家野中郁次郎和绀野登提出了"创造性惯例"的概念,"创造性惯例"是实现组织文化二元化的有力武器。

我们可以在组织中孵化、发现、培养"创造性惯例",并为这些"创造性惯例"设计独立的组织空间。一旦"创造性惯例"成功,组织就可以通过规范化使其成为正常惯例。有活力的组织不断地孵化、发现、培养"创造性惯例",不断将业已成熟的"创造性惯例"规范化,从而实现规模化。

任何企业都在同时运行着两个发展过程,我们可以称之为"双环发展回路"(如图9-1所示)。其中,一个发展回路是正常惯例的高效运营,这个发展回路以渐进性创新为主,即正常惯例回路;另一个发展回路是创造性惯例的孵化回路,这个发展回路以颠覆式创新为主。二者相互配合,确保组织生生不息地发展。正常惯例回路不断地识别差距,通过解决方案进行优化,然后予以固化。创造性惯例回路不断发现创新焦点,通过组织区隔孵化,然后实现规模化。创造性惯例回路的最终归途是融入正常惯例回路。

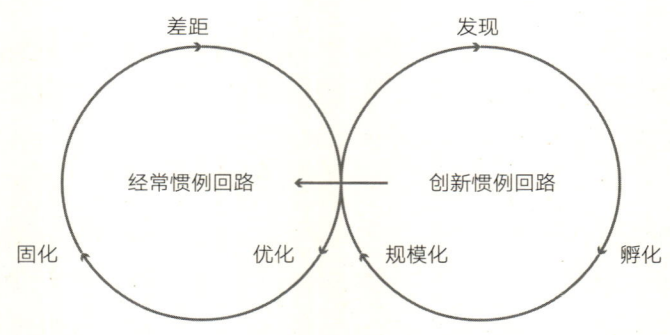

图 9-1 双环发展回路

正常惯例回路最终形成的是"慢文化"。流程的规范化、纪律性都会导致"慢",追求的是"缓慢的效率",但不能因为慢,而失去效率;创造性惯例回路需要的是"快文化",要求敏捷性和适应性,可以容忍错误、混乱,如一团乱麻,但必须活力四射,追求的是"乱糟糟的生机勃勃"。

无论"慢文化",还是"快文化",都要追求组织一致性。一致性越高,对正常惯例回路而言,意味着运营的效率越高;对创造性惯例回路而言,意味着试验的效率越高。

我国的深圳特区建设就是一个创造性惯例。20世纪80年代,中国开始建立深圳特区。国家对深圳特区采取与其他省市完全不同的经济政策,深圳特区是经济改革的试验田,是我国在改革过程中建立的一个创造性惯例。

在改革之初,我国要从计划经济过渡到市场经济,一方面没有经验,另一方面思想还没有转变,市场也不太接受。"摸着石头过河"的渐进式改革思维成为改革的重要方式,深圳特区就是这一思想的具体体现。国家对深圳特区实行的是"特殊政策、灵活措施、先行一步",鼓励外商投资办企业,赋予其更大的自主权。

通过深圳特区这个创造性惯例,国家可以实现三个意图:

- 一是试验:通过试验,一些成功的经验被推广到其他地区,不成功的则摈弃不用,或及时纠正偏差。
- 二是开放:经济特区是开放的窗口。所谓"窗口",包括两个方面的含义,一是借鉴、吸收国外先进的东西,二是向国外展示国内的政策和成果。"特区是个窗口,是技术的窗口、管理的窗口、知识的窗口，也是对外政策的窗口。"
- 三是创新撬动：经济特区的建设要有创新思想。在计划经济时期，我国主要采纳了平衡发展的思想，既要求部门间的平衡，也要求地区间的平衡。在这样的理论指导下，实现大面积不平衡的创新是不可能的。

深圳特区实行改革开放的结果有力地帮助政府拉开全国改革开放的序幕。"创造性惯例"是连接新旧组织的纽带，也是推行组织变革和激发组织活力的抓手，是促进业务持续发展的关键。激活企业文化，只喊口号是没有用的，不如脚踏实地地去孵化、发现、培养一些"创造性惯例"，没有比这更生动、更有效的文化变革方法了。

三个支柱，推行活力组织文化

与"双环发展回路"相适应，活力组织文化有三个支柱，分别是基本文化因子、活性文化因子和强势而激进的领导者（如图9-2所示）。基本文化因子是组织文化中的静态部分，负责实现现有业务的效率，使其精益化；活性文化因子是组织文化中的动态部分，负责激发未来业务的创新；强势而激进的领导者负责协调以上二者之间的关系，激发组织的雄心，强势推动创新进程。

基本文化因子立足于追求卓越、专注精深，执着于把已有业务做到极致；活性文化因子立足于挑战新事物，与外部进行联络与合作，不断地突破自己（如图9-3所示）。

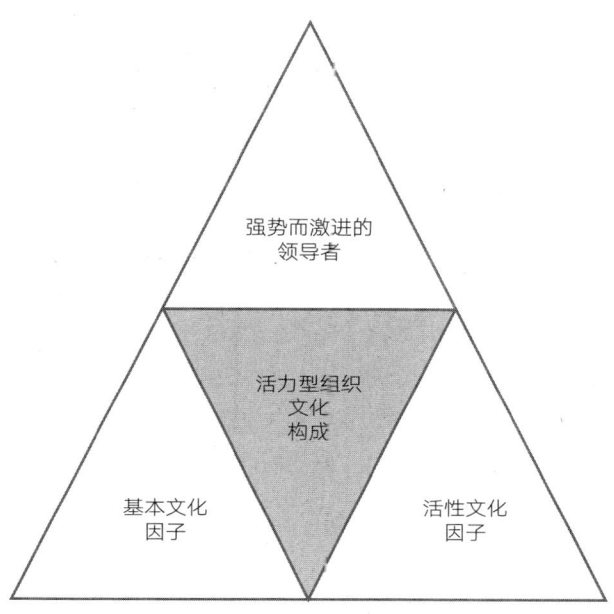

图 9-2　活力组织文化的三支柱

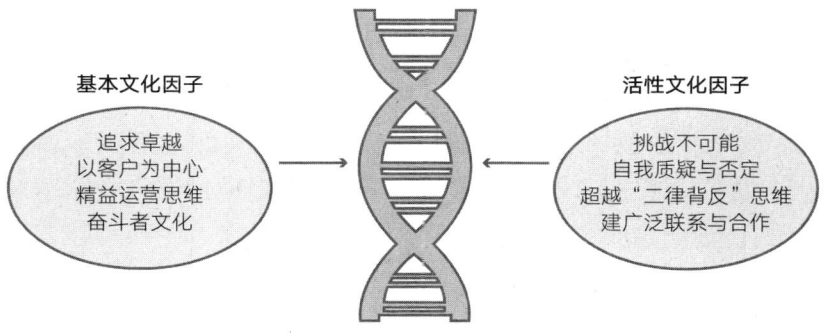

图 9-3　二元化组织文化的双螺旋结构

基本文化因子是企业的灵魂，恒久不变。例如，"研发工业设计新颖美观、方便用户使用的产品"是苹果公司的基本文化因子。这决定了苹果公司将对工业美学、产品便利性不懈追求，无论是苹果手机、电脑还是其他产品，这一原则从来没有变化过。活性文化因子是企业的新鲜血液，代表的是企业不断挑战新的不确定性的蓬勃生机，将帮助企业摆脱基本文化因子的束缚。例如，对苹果公司来说，发现客户在使用MP3时存在各种不便，就发明了iPod，这就是无处不在的活性文化因子在起作用。

在通常情况下，基本文化因子由这样四个元素构成：追求卓越、以客户为中心、精益运营思维和奋斗者文化；而活性文化因子也主要由四个元素构成：挑战不可能、自我质疑与否定、超越"二律背反"思维、与外界建立广泛联系与合作。基本文化因子和活性文化因子相互纠缠，组成二元化的组织文化，共同决定组织的行为。企业一只脚以基本文化因子为圆心，保持身体基本不动，而另外一只脚驱动活性文化因子旋转，探索未知的世界。

挑战不可能

史蒂夫·乔布斯提倡"非同凡想"，鼓励打破自我设立的边界，强调打破制约才能创新。"盒子存在的意义就是被破坏"，所有自我设立的盒子，都是为了让人破坏的，创新者要发现自我设限的盒子，打破现有的盒子，"思考盒子之外的东西"。

苹果公司身上有一种奇特的基因，世人称之为"苹果魔法"。这个魔法让苹果公司做出的所有创新都具有颠覆性。苹果公司将优秀的设计能力、卓越的供应链管理能力与异想天开的创新能力完美地结合在一起，缔造了一个商业神话。

自我质疑与否定

反思是人类的一种可贵品质，更是一种难能可贵的企业文化。人在思考的过程中，常常会因受到自己的思维框架的束缚而难以突破，从而停滞不前。管理学中有一个著名的达克效应（D-K Effect）。这个效应的基本结论是：人的能力越一般，就越会自视甚高，认为自己无所不能；人的学识越渊博，越容易为人谦虚。达克效应是建立在人的一种认知偏差之上的，指的是能力欠缺的人在自己欠考虑的特质基础上更容易得出错误的结论，但是无法认识到自身的不足。人们往往沉浸在自我营造的虚幻的优势之中，常常高估自己的能力水平，而无法客观评价他人的能力。

彼得·德鲁克针对人类思维的局限性提出：有效决策必然建立在"议论纷纷"的基础上，从多种不同而且相互冲突的见解中产生，并特别强调反对声音的重要性——决策的过程必须特别重视反面的意见，从对立的观点中汲取营养，拓宽思路，从而减小失误的概率。

这种管理智慧在军事实践中被广泛使用。各军事强国为提升部队实战能力，竞相建立相对于"红军"而言的"蓝军"。其中，"红军"是指正面战场作战的正规军，而"蓝军"是与"红军"对应的假想敌部队，也被称为"红军"的"磨刀石"。"蓝军"通过模仿竞争对手的作战特征，与"红军"展开有针对性的对抗演练，让"红军"在真刀真枪的磨炼中暴露问题，从而在实战化危局、险局、难局中得到锤炼。

华为在2006年成立"蓝军参谋部"，目的就是从竞争对手的视角观察华为的战略或技术发展，通过逆向思维和换位思考，审视和论证"红军"的漏洞和弱点，在组织内发出"反对"的声音，模拟竞争对手研究打败华为的战略。

"蓝军"通过唱反调来模拟各种对抗性声音和市场上可能面对的各种风险，甚至是一些危言耸听的信号，通过自我批判、警告与对抗，使华为始终保持强烈的"冬天"意识，并持续触发竞争机制、创新机制，为华为董事会提供决策建议。按照任正非的解释："蓝军存在的目的就是想尽办法否定红军，让红军时刻保持竞争状态。"

"蓝军"对华为的决策起到了重要作用。2008年，华为打算将终端业务出售给贝恩资本，而"蓝军"发现了终端业务在未来市场中的重要性，及时否决了这项交易。当时，刘南杰等华为"蓝军"专家给任正非写了份报告，标题是"放弃终端，就是放弃华为的未来"。报告旗帜鲜明地提出通信产业是"端—管—云"三位一体的：只有保留终端业务，华为才能真正了解消费者的需求，进而理解并引导运营商的要求，把管道业务做大，把云做大。今天来看，这真是一份极具战略眼光的报告，正是这份报告成就了华为手机未来的辉煌。

正是通过"蓝军"与"红军"的相互厮杀，华为在自我批判中反思和成长，在内部冲突后达成共识并全力以赴，在左右互搏中保持活力、探路创新，从而在复杂的动态竞争环境中拥有更强的应变能力，不断自我改造、自我革命、自我迭代。这正是创业30余年的华为仍然保持高速发展的重要驱动因素之一。

超越"二律背反"思维

长期以来，"二律背反"规律深深地影响着人们的思维。"二律背反"指规律中的矛盾，在相互联系的两种力量的运动规律之间存在的相互排斥现象。人们认为"效率"和"创新"不可兼得，"差异化"和"成本"不能共存，两者之间的关系只能是"A 或 B",而不能是"A 和 B"。但二元化组织的成功关键不是"或",而是"和"。二元化组织需要并且必须兼顾"创新"与"效率",创新往往都在"二律背反"之处。

哥伦比亚大学的丽塔·麦格拉思(Rita McGrath)提出,"当今世界上所谓的竞争优势不过是幻想罢了",企业应考虑寻求非连续性增长,建立组合性的优势。以效率和创新的关系为例,企业可以在整体上追求效率,在局部追求创新。二者结合,让组织产生领先优势。在传统上,我们认为品质和成本不能同时兼顾,而事实上两者完全可以实现最优化的平衡。比如,著名的快消时尚品牌优衣库的成功就是依赖此二者的结合实现了高品质、低成本。

企业一旦超越"二律背反"思维,就会进入竞争模式的新天地,不再只是单一追求成本领先、产品领先和客户紧密战略,而是将它们组合起来。这种新的成功组合模式,越来越受到管理者的关注,也可能极大地促进成功。

与外界建立广泛联系与合作

在充满不确定性的当今市场中,企业如果要进行创新,就绝不能封锁自己。创新理论的创始人约瑟夫·熊彼特(Joseph Schumpeter)认为,创新就是"新"的结合。日本著名战略学者名和高司提出了"异结合"理论。所谓异结合,是指与基因差异较大的企业的合作。

日本东丽株式会社与优衣库之间的合作就属于异结合。东丽是世界上最大的碳纤维生产商,在面料研发领域拥有世界级的领先地位。优衣库拥有强大的品牌能力、设计能力和供应链管理能力。东丽和优衣库的合作始于研发自 2003 年开始销售的 HEATTECH 系列产品。自 2003 年以来，全球已售出 10 亿多件 HEATTECH 系列产品——其面料头尾相连能绕地球 7.5 圈。截至 2017 年 7 月，东丽与优衣库合作的面料业务价值 8 500 亿日元。东丽旗下的尖端服装研发实验室第三代 Technorama GIII 的最大特点在于配备了最先进的 3D 模拟器等设备，除纺织品外，此实验室最重要的任务就是研发最尖端的服装。东丽与优衣库拥有完全不同的资产，二者的结合极大地拓宽了优衣库的发展空间，而同性质的开放和合作则不会产生如此的市场效果。

沉静、坚韧、有灰度且追求极致卓越的领导者

要确保活性文化的实施，组织需要强大的领导者。这类领导者一般具有沉静、坚韧、有灰度且追求极致卓越的特征。

这类领导者执着而低调。低调使其避免在许多细枝末节上招惹不必要的纷争。执着和专心致志为领导者在事业领域积累起足够的经验、深沉的思想和超人的感悟创造了条件。

这类领导者是坚韧且具有坚强的职业意志的人。他们对愿景和目标的关注远重于对组织中人际的考量。与受到同事的赞美相比，实现目标更令这些领导者神往。只要不超越道德底线，他们只关注目标及达到的手段，而不会因纠结于各种利弊的权衡而犹豫不决。遇到挑战的阻力时，他们从不介意采取果断措施。他们雄心勃勃，经常让人感觉到压力，甚至不舒服。这类领导者往往是备受争议的，他们让人又爱又恨，但人们在解决难题时总会在第一时间想到他们。

这类领导者是对组织的使命、愿景和战略目标有偏执特征的人。他们经常会制订让人惊讶的目标，挑战不可能。他们的决心之大让人难以置信。敢想别人所

不敢想，是这类领导者的重要特征，他们总是善于给组织描画蓝图并制定富有挑战的、令人兴奋的目标。

埃隆·马斯克（Elon Musk）是一个一心想要改变世界的狂人。1995 年，从斯坦福大学辍学的马斯克开始创业，创立过鼎鼎大名的支付公司贝宝（PayPal）；为了在火星上建立实验室，让地球上的植物可以在火星上生存，2002 年，马斯克成立了太空探索技术公司，也就是闻名于世的 SpaceX；他虽然不是特斯拉的创始人，却是特斯拉的缔造者。

2004 年，他向特斯拉公司投资 630 万美元并成为董事长，不久就担任首席执行官，并把经营特斯拉当作长期事业。他说："我们不会停步，直到路上的每辆汽车都成为电动汽车。"

有次接受采访时他谈到太空探索技术公司 SpaceX 时说："乐观主义，悲观主义，都去他的。我们要实现目标。老天作证，我一定要做到。"SpaceX 降低了火箭运输的成本，此外，他还投资了太阳能公司 SolarCity，旨在为火星上的电动车提供能源，创建 The Boring 公司铺设高速交通隧道网，发起 Starlink 项目通过轨道卫星搭建基站，一步步向殖民火星的梦想前进。

作为领导者，马斯克靠榜样作用来管理，通过努力工作，要求完美，打破传统思维，坚持认为不可思议的任务如果简化为合理步骤就一定能完成。曾在他的公司当过 5 年总顾问的托德·马龙（Todd Maron）说："他给你力量，让你变得比自己想象得更优秀。他有极高的标准，由此推动你做到自己的极致。"

关于马斯克如何重塑高管的思维，让他们看到没什么是不可能的，最经典的莫过于"伸缩门把手"的故事。21世纪初，特斯拉开始设计豪华车型Model S，马斯克坚持要求这款车要有与车体齐平的门把手，车主走到车旁时，门把手接收到电子钥匙的信号，要像变魔法一样自动滑出。一位前高管说："全体管理人员一致认为，这个关于门把手的想法太荒唐了。"因为它需要极其复杂的设计，解决的却是别人根本不认为是问题的问题。但无论人们如何坚决反对，马斯克就是不听，甚至直到这款车面世以后，门把手有时仍然会制造麻烦。2015年，《消费者报道》月刊曾想发表一篇Model S的测评文章，却不得不推迟，因为"那高级的伸缩门把手拒绝让我们上车"。

但马斯克是对的。伸缩门把手迅速成为一种标志性的特征，现在是每辆新特斯拉的标配。那位前高管说："它在人与车之间几乎创造出了一种情感上的依恋，这是一种你属于未来的感觉。这就是马斯克的过人之处。他知道人们想要什么，在他们自己知道以前就知道了。"这是特斯拉公司常见的工作模式：马斯克要求做出某种看似不可能实现的东西，同事们反对，马斯克坚持，然后创新便以难以置信的速度产生了。《消费者报道》评价这款车时称，它"在我们试验中的表现比史上其他任何车型都优秀"。更重要的是，特斯拉推动了整个汽车业去研发电动汽车。今天，通用、福特、宝马、大众和日产等许多公司都在生产电动汽车。

同事们说，身为首席执行官，马斯克常常陷入情绪化，在极度受挫或者任务太重承受不住时，甚至会在员工面前哭泣。他对人际关系的处理有时令人尴尬。别人如果没表现出尊敬顺从，他很容易发怒；别人纠正他的时候，他也表现出受到冒犯。在某些人看来，他似乎有一种机器人似的缺乏同情的怪异做派。一位前高管对记者说："别人告诉我，开会的时候在椅子里坐得矮一点。马斯克在坐得比别人高的时候对别人的态度会好些。"

他的下属经常描述工作环境的惊心动魄、混乱喧嚣。有才干的工程师和设计师做出自己一生最值得骄傲的成绩，但正如一位前高管所言，"特斯拉的每个员工和马斯克都是被虐待的关系"。①

进入新领域后企业遭遇失败或不尽如人意，往往有很多原因。如果没有沉静、坚韧、有灰度且追求极致卓越的领导者，企业转型往往很难成功。那些高调、强势、社交明星型的领导者，往往只能带领组织取得一时的成功，而在身后留下"一地鸡毛"。国内很多知名企业的领导者属于这种情况，这些企业转型或进入新领域后往往以失败告终，很难收获第二曲线。

名和高司在《成长企业的法则》一书中，对杰克·韦尔奇和杰夫·伊梅尔特（Jeffrey Immelt）的行为做了比较。他认为杰克·韦尔奇只注重带领企业做到行业内数一数二的位置，而不注重事业方面的做法是值得商榷的，而杰夫·伊梅尔特则要求聚焦环境与健康两个事业方向，以不变的潮流作为企业的发展方向。

杰克·韦尔奇和杰夫·伊梅尔特是完全不同类型的领导者，杰克·韦尔奇是强势、命令式的领导者，把通用公司带入"非连续性的增长模式"，追求股价的上涨，走的是机会型企业的道路，一度收购了环球影城和美国全国广播公司（NBC）；而杰夫·伊梅尔特则相对民主，即使卖掉金融部门会让股价大跌也毅然决然，以"不应让未来负债"为

---

① 注：相关内容改编自《连线》月刊2月号刊登的题为《埃隆博士，马斯克先生》的文章，作者为查尔斯·杜希格（Charles Duhigg）。

经营理念，鼓励创新，追求健康经营和成为品质企业的道路。

如果按照名和高司的观点，无疑杰夫·伊梅尔特才是沉静、坚韧、有灰度的领导者，而众所周知的杰克·韦尔奇不是，通用电气在21世纪的衰落与杰克·韦尔奇不是毫无干系，杰夫·伊梅尔特做的是正确的事情，但他在为杰克·韦尔奇买单。

沉静、坚韧、有灰度且追求极致卓越的领导者应成为组织创新基因的核心，成为组织文化的引领者，否则组织就不会真正发生改变，颠覆式创新便不可能发生。

五项杠杆，撬动组织文化变革

文化一旦形成，就会拥有强大的惯性力量。它指导我们如何做事，以及如何在组织中获得成功。一个组织一旦具有了强势的文化，那么这种文化对组织而言既是一种优势，也是一种缺陷。一方面它会强化组织当下的价值观，影响组织的行为，并驱动组织业绩朝期望的方向发展；另一方面它会阻碍组织发生变革，或使组织的机能失调。因此，一切组织变革的根本都在于文化变革。然而，企业文化的复杂性和隐身性让企业的文化变革难以落到实处。为了让企业文化变革有迹可循，我们提供企业文化变革的流程：文化诊断与变革设计、文化行为观测和推进文化变革。

文化诊断与变革设计

如何评估企业文化与企业战略的契合性并启动文化变革呢？一般的步骤如下：

- 第一步：确定企业的最终目标；
- 第二步：确定达成最终目标所需要的关键成功要素和措施；
- 第三步：识别这些关键措施的文化要求；
- 第四步：评估书面文化的匹配度与支撑性，提出新的文化要求；
- 第五步：识别真实的企业文化与变革障碍；
- 第六步：检视文化假设；
- 第七步：启动和实施文化变革方案。

某互联网职业教育创业公司的组织内部对文化与战略的匹配性有异议，不能达成共识。该公司目前的文化是：正直、投入、执行、创新。该公司决心对文化展开一次讨论，笔者作为参考讨论的外部顾问为其提供了以下文化诊断与变革设计流程。

第一步：企业的发展目标回顾。该公司员工达成的共识是做职业教育领域内专业和领先的校企桥梁；近期目标是在3年内上市。

第二步：确定达成最终目标所需要的关键成功要素和措施。经过共创，大家认为有四项关键措施：
① 促进新人的融合和团队的扩张；
② 保证客户的持续满意和口碑传播；
③ 推动市场的快速扩展和占领；
④ 提升新产品和一体化解决方案成熟度。

第三步：识别这些关键措施的文化要求。经过投票和整合，大家一致同意成功实施这些关键措施的文化要求为：追求极致、尊重包容、专业利他（包括发展他人）、投入执行。
① 促进新人的融合和团队的扩张对组织文化的要求：尊重与包容、

开放性沟通、发展他人、言出必行、以人为本。其中最重要的是企业增加对人的关注，以及具有复制他人的能力。

②保证客户的持续满意和口碑传播对组织文化的要求：利他、以客户为中心、专业化。

③推动市场的快速扩展和占领对组织文化的要求：业务激情、执行能力、追求极致。

④提升新产品和一体化解决方案成熟度对组织文化的要求：开放性。

　　第四步：评估书面文化的匹配度与支撑性。目前公司提倡的文化是正直、投入、执行、创新。这四条文化要求基本上都是针对事情的，缺乏人文色彩。这些文化要求对促进新人的融合和团队的扩张、保证客户的持续满意和口碑传播的支持很弱，推动对市场的快速扩展和占领及对提升新产品和一体化解决方案成熟度有相对较强的支持度。而在达成组织目标的关键措施中，新人的融合、团队的扩张、客户的持续满意和口碑传播更具重要性和优先性。因此，只有让组织文化发生变革，才能支持组织战略目标的实现。

　　第五步：识别真实的企业文化与变革障碍。经过评估，真实的企业文化是业绩第一、数字第一，而非客户满意度第一。这严重影响了客户复购指标。销售骨干的利己主义和个人英雄主义突出，不愿意分享经验与发展他人；高管团队有精英主义思想，对错误的容忍度不够，灰度不足。

　　而变革的障碍在于组织的考核系统强调业绩，而不考核客户满意度；组织既没有对客户满意度的测量过程，也没有对服务的管理过程；组织对发展他人没有晋升和绩效上的激励；此外，领导者内心模式的改变可能比较困难。

第六步：检视文化假设。对于导致实际文化现象的底层文化假设，大家经过探讨达成了共识，主要有以下两个原因。

- 过于追求功利目标，把客户价值与价值增长对立，认为可以不追求客户价值而实现价值增长；
- 头脑中有潜在的精英主义思想，过分看重个别聪明人的作用。

第七步：启动和实施文化变革方案。经过对真实文化和变革障碍的识别，针对真实文化与理想文化的差异和组织实际存在的变革障碍，我们确定了以下五项变革措施：

- 调整绩效考核体系，加入客户层面的指标和发展他人的指标；
- 针对销售序列建立分级晋升体系，并与训练成果相联系，发展他人是获得晋升的必要条件；
- 完善新员工的训练体系，升级训练内容，发展一批训练经理；
- 对交付流程进行调整，融入更深入的客户服务和客户价值理念；
- 对核心高管团队进行个别辅导，促进意识进化。

组织完成了文化的匹配性诊断后，就进入了文化变革的实施阶段。一般来说，组织的文化假定和文化机制决定了文化的行为层面。因此，组织很少会出现行为层面发生变化而文化假定和文化机制不变的情况。除非由组织的某几个关键人着手改变关于文化的基本假设，否则真正的文化变革就不会发生。

组织成员的看法、态度通常是历经多年形成的，不但受目前组织形态的影响，而且受组织成立之前社会各方面因素的影响和熏陶，没有人能在一夜之间就改变这些看法和态度。

在给建筑设计等行业做战略和组织咨询时，笔者发现一个有趣的现象：技术领先的公司往往不能规模化，或规模化以后盈利能力很差；而与客户紧密联系的公司往往更容易规模化并实现高盈利。

经过进一步的研究就会发现，这个领域的最大市场控制在地产商手里，而地产商对房地产的要求是产品化的，对技术领先的要求并不高，但对客户响应和效率有很高的要求。技术领先的设计师会认为给地产商做设计没有什么技术含量，无法发挥自己的才能和价值。建筑文化深厚的团队由一批有创意的人组成，他们往往活力四射，但基于思维结构和文化的差异，更适合做创意，而非管理规模化的公司。设计文化很浓厚的团队往往可以做出很好的项目，但往往不能做出规模和盈利水平都很高的公司。

因此，这个领域出现的规模化的设计公司，往往不是由技术最领先的人组成的，而是由严谨性和纪律性高的人组成的。这两种文化的团队，谁向谁转型都非常困难。

文化行为观测

企业文化包含深层级的文化假定和可观测的行为。企业文化假定对企业文化的行为层面具有很强的影响力。如果不能改变假定，企业的行为层面将不会改变，企业文化变革便难以发生。

相对于文化假定，行为层面的文化特征更可衡量，并且易于采取行动。这为我们确定文化变革杠杆提供了变革框架。组织文化的行为层面，集中表现在以下三个方面：

- 一是关于战略和目标优先性的实际排序。企业文化的本质是优先性。在冲突情境下的组织选择，反映了组织真实的文化。比如，一个组织每天都在喊"以客户为中心"，但一旦"以客户为中心"与财务利益相冲突，就选择财务利益，那么就说明这个组织的真实文化是以组织利益为中心，而不是"以客户为中心"的。组织可以通过对战略目标和绩效指标排序，向内部表明哪方面对组织而言更加重要，如组织健康度与财务指标相比哪个更重要、规模与利润相比哪个更重要、技术领先与和客户的紧密联系相比哪个更重要、如何看待创新业务的投入产出比等。
- 二是关于权力和利益的实际分配。观察一个组织的文化，最有效的方法就是观察过去一段时间中，哪些人在组织内部晋升得最快，哪些人在组织的经济利益分配中受益了。这彰显了组织在鼓励和赞赏哪些方面，同时也意味着组织不鼓励和赞赏哪些方面。这些标杆就会成为人们实际上的行为规范。
- 三是关于"好"与"不好"的实际绩效标准。究竟什么样是做好了，什么样是没有做好，看起来似乎很容易判断，但实际情况往往更为复杂。某公司两个不同区域的经营负责人，一个业绩指标完成了120%，另外一个完成了95%，是否意味着第一个区域负责人的表现一定更好呢？其实是不一定的。但是大家直观上一定会判定第一个区域负责人的经营成果更好。但事实上，如果第一个区域负责人的经营指标是竭泽而渔得到的结果，则组织核心竞争力没有改善，而第二个区域负责人的经营指标虽然低，但组织核心竞争力有了改善。在这种情况下，如果我们表彰第一个负责人，短期主义就会在组织内部盛行。

企业文化的行为层面具有可见性，为我们促进企业文化变革提供了方向，使我们可以通过绩效目标去调整员工对实现目标的看法，通过晋升去调整权力的实际回报，通过价值导向的分配去调整经济利益的实际分配，通过表彰、激励、惩罚和制度建设等手段去调整员工关于好和不好的判断标准，通过流程制度去鼓励某些行为和反对某些行为，从而调整员工的行为规范。

推进文化变革

组织对文化的变革可以通过撬动五个文化杠杆进行，分别是：调整战略与目标优先次序、改善人员晋升及流动性、价值分配与激励、组织流程和制度、集中的社会化活动安排（如图9-4所示）。

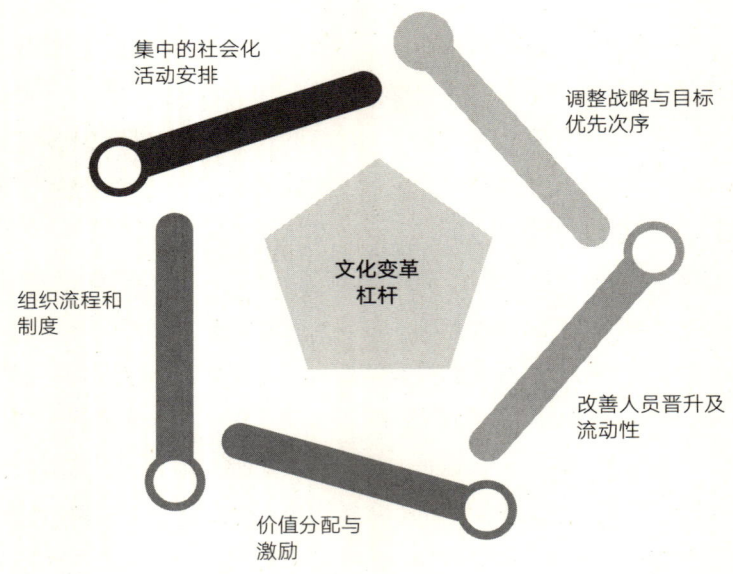

图9-4　组织文化变革的五个杠杆

第9章　活力组织的引擎8，文化变革，建设二元化组织文化

调整战略与目标优先次序

调整战略和目标是高可见性的，在战略目标、绩效考核、经营复盘、晋升评价的每个环节上都会看得到。它们时时在提醒组织什么是最重要的，什么是不那么重要的。

在很多人员密集且轻资产的行业中，比如培训、咨询等经常存在这种情况，即销售额在增长，但企业的利润水平并未增长。这种现象往往说明人效在降低。人效降低说明出现了反规模效应，这意味着组织的增长潜力越来越小。

许多管理层对这样的情况感到困惑不已。其实这是一种非常正常的情况。对人员型业务而言，总体上拓展业务的边际成本不会随业务规模扩大降低很多。这种组织一方面存在着规模效应，即中后台的管理成本可以随着规模增大而降低；另一方面存在着反规模效应，而随着业务规模增长，管理效率在降低。规模效应和反规模效应同时在发生作用。这类组织的增长，取决于人员识别与复制系统的能力。人效增长和规模增长并不矛盾，以低人效换取的增长是非良性的，也是不可持续的。

但在实际的咨询过程中，我们发现企业将"市场份额"这个指标看得过于重要。几乎所有的管理者都对市场份额类的报告和数据非常感兴趣，对人效数据则不那么感兴趣。管理者坚信"销售额上去了，人效和利润自然会跟进"，总幻想可以避开人效，通过提升过程实现高速发展，从而实现上市目标。这些组织中的每个人都满怀急功近利的思想，所有的工作都基于短期增长，甚至为了增长放弃一些基本的经营原则，经营动作因此出现变形。

要调整这种组织的经营文化，就必须加大对人效指标的考核。把人效指标提高到与规模指标同等重要，甚至更重要的位置。这样管理者才会改变竭泽而渔的做法，专注于发展和复制组织能力和团队能力。

改善人员晋升及流动性

通过快速晋升和改变人的流动性是撬动企业文化变革的有力手段。在人员流动与晋升方面常用的手法有三个：一是晋升与组织文化匹配的人，淘汰与组织文化不匹配的人；二是通过流动性重构成员与人际联系；三是采用"掺沙子"的方法往组织中掺入不同类型的人员。

要改变一个组织的文化，识别和发展高潜人才是一种非常具有杠杆性的措施。组织通过实施5年左右的高潜人才项目，基本上可以快速改变自身的人才结构、改善组织文化。我们要观察一个组织的真实文化，一个最有效的方法是观察组织晋升最快的那10个人的个人特质和价值观。其团体特征会清晰地告诉组织中的所有成员，什么样的人会在组织中被重视和重用。

组织发展到一定程度，就会产生层级和规则。这是组织走向强大的基础保障，也是组织老化的原因所在。人性导致人在上升到一定的层级就会贪婪，也可能感觉到上升层级有限而产生怠惰。但不管如何，人都会因不安而抱团，形成复杂的人际关系网络来对抗组织的变革。只有人才的流动才能让组织从根本上改变这一切，从而重构内部的人际网络，减小变革的阻力。

企业文化归根结底是由组成企业的若干个体的特征决定的。组织形成一种文化和价值观以后，会吸引相应的人才。这些人进入组织中也会进一步固化这种价值观。要改变组织文化，就要往组织里掺入不同类型的人。只有调整人员类型结构，才能真正改变组织文化的基因。最重要的文化往往源自人的特质，多年的人才管理经验告诉笔者，不调整人员构成，变革便难以成功。笔者曾经给前文提到的一个服务型文化公司导入营销文化，经过人格测评发现组织现有人员的抱负都极低，这样的团队过于追求安逸，缺少主动性和变革意识，不可能成功地导入营销文化，只有调整人员结构才可能成功。

华润啤酒是一家国有企业，它在组织创新和文化变革方面做了很多大胆的实践，其力度让人惊讶。

华润啤酒从2017年开始提出"3+3+3战略"：前3年（2017—2019年）：质量增长、转型升级，创新发展，"去包袱""强基础""蓄能量"；中3年（2020—2022年）：决战高端，质量发展，"补短板""提质量""增效益"；后3年（2023—2025年）：高端制胜，卓越发展，"赢高端""双对标""做一流"。

第一个3年实际上是在推动组织创新与文化变革，通过去包袱、蓄能量为后两个3年提供组织保障，华润啤酒通过前3年的组织创新由7万多人减为不到3万人，裁减了50%以上的中层管理者，组织得以迅速年轻化，变得富有活力。接着，华润啤酒大量招聘管理培训生，计划在3年内招收500名左右的管理培训生，用5年左右的时间加速培养，使部分人员能够提拔到中层管理岗位，为企业未来的发展、队伍年轻化和人员流动做好准备。因为前面有目标、后面有"追兵"，后以组织追求卓越的文化快速改善。

笔者的一个朋友刚好在同行业的另一家知名啤酒公司任职，最近刚得到晋升，笔者祝贺他得到高升时，他却告诉笔者："我没有感到非常兴奋，因为我已经看到了职业生涯的尽头。我晋升得太晚了，今年我已经快50岁了。如果5年前提升，我的心态肯定和现在不一样，我会拼命工作来回报公司的认可。"

说起组织和文化变革，我朋友所在的这家啤酒公司远远落在华润啤酒的后面。企业的成长短期看战略，长期看组织，企业之间的差距最终是由组织决定的，因此它们的差距会进一步扩大。

价值分配与激励

虽然我们每个人都会偶尔在没有激励的情况下做一些事情，但就长期而言，激励肯定会极大地影响组织的行为。组织的价值分配必须基于价值创造，并综合利用物质激励和精神激励的双重机制。

物质激励在人的激励因素中属于保健型要素。几乎没有人会无偿工作，但这并不意味着金钱的激励手段总是有效的。心理学上有一个说法叫作"享乐适应"效应。在这个效应的作用下，物质激励带给人们的刺激会逐渐减小，并很快消退。在新激励政策刚出台时，人们通常比较兴奋。然而这种兴奋通常不会维持多久，人们会越来越觉得，这是理所应当的。并且，也没有人会在薪酬不平等的时候还努力工作，面对不公平的分配时，人们会消极怠工，并相互传播抱怨，这种反作用会在组织内部迅速放大和发酵。

组织的价值分配只有导向企业的价值创造，才可能最终取得成功。《华为基本法》中核心价值观的第五条阐述的就是利益分配："华为主张在顾客、员工与合作者之间结成利益共同体。努力探索按生产要素分配的内部动力机制。我们决不让雷锋吃亏，奉献者定当得到合理的回报。"

任正非说："华为人的付出不是白付出，而是要让付出者有回报，华为人创造了价值，要回报价值创造者，机会要向奋斗者倾斜。我们奉行不让雷锋吃亏的理念，建立了一套基本合理的评价机制，并基于评价给予回报，尽量给员工提供好的工作、生活、保险及医疗保健条件，给员工持股分红并提供在业界有竞争力的薪酬。"

相对于同方向和同比例增加的物质激励，不同向或不同幅度的激励调整往往容易起到更强的激励作用。例如，在组织变革中，把某些人的报酬和待遇降下来，把某些人的报酬和待遇提上去，或者实施不同幅度的薪酬调整，往往能起到非常强的文化示范作用。

相对于物质激励，精神激励的效果相对更加持久，因为声望一旦建立，就会被组织内部反复提及。同事或组织的认可往往在文化塑造中更能起到奇效。

保险业是荣誉体系建立得比较完整的行业，这个行业有各个层级的荣誉体系，如年度一级业务员、金钻俱乐部、群星大满贯、个人客户经理俱乐部、钻石年会、国际 MDRT 会员、国际 IDA 龙奖、国际 EQA 品质奖等。

组织在建立一些正式的荣誉体系时，须确保评估标准的科学性和评价的客观性。荣誉体系一旦流于形式或论资排辈，不但不能起到塑造正向文化的作用，反而容易起到反作用。在这种情况下，认可变得虚伪和程序化。人们会认为这是一种操纵。一旦成员认为自己是被操纵的，就会对领导者的信用产生怀疑，组织将越来越难以建立新的激励方式。

组织在强调正式激励的同时，应该注意非正式激励或及时激励的作用。在李维斯（Levi's），每个员工都有奖励券，当员工做出一件符合期望的模范行为时，可以收到奖励券。一张奖励券可以兑现 25 美元或相应的礼品。李维斯的人力资源高级副总裁唐娜·歌雅（Donna Goya）惊讶道："人们为了获得认可而努力的劲头真让人吃惊！"

对激励的时机和节奏的把握非常重要，激励姗姗来迟，无论对于被激励的个人，还是旁观者，其效果都会大打折扣。人的本能是喜欢及时奖励的。在远古时代，我们的祖先和非洲大草原的动物一样，日复一日地面对严重的威胁，想办法找吃的，想办法躲避暴风雨，活在当下并生存下来是当时最重要的事。即使经过了成千上万代的演化，我们的大脑还是偏爱及时满足而非长期回报。

我们喜欢玩游戏，因为游戏就含有及时奖励。当你冲破一个关卡时，游戏会给你奖励分数、装备、升级、技能，可以说，游戏无时无刻不在及时奖励玩家。我们在及时奖励中获得了快感，于是沉迷在游戏中，消磨了时间，消费了金钱。及时的激励和认可，可以发挥想象不到的文化引导作用。小而频繁的及时奖励，往往胜过大而不及时的延时奖励。

文化的建立往往久久为功，但文化的毁掉往往只需要一两个典型事件。组织在注重使用及时激励的同时，须关注及时惩罚。如果不能及时对错误行为进行惩罚，这带来的坏的影响往往远大于正向奖励，因为这等同于奖励不妥当的行为。在一个销售团队中，如果一个老员工不使用客户关系管理（CRM）工具填报销售信息而不受到惩罚，那么 CRM 系统的推行很快就会失败，因为组织中的大部分人会通过观察他人行为得到的反馈来决定自己的行为习惯。

组织流程和制度

组织的各种流程、制度都是有其价值取向的。有什么样的文化，就会衍生出什么样的流程和制度。同时，有了流程和制度机制，才能保障文化更好地落地，只喊口号的文化宣传是靠不住的。一家公司的规章、制度、流程等都从不同的侧面体现着公司的文化，并保障组织文化更加完美地实现。

制度和流程为做某些事情创造了便利，同时为做某些事情或按某种方式做某些事情创造了不便，因此所有的制度和流程的背后都隐含着组织的文化假定，表明了组织关注什么及不关注什么，哪些是组织期望的，哪些不是组织期望的。

集中的社会化活动安排

人类是喜欢群居的社会化动物。人类的情感、认知、行为都不知不觉地受到社会和群体的影响，持续的社群活动能源源不断地带给群成员温度感、存在感、优越感、归属感，从而让群成员不自觉地产生跟随的力量。因此，社群建设在文化形成中有重要的作用。

价值观是社群文化的体现，更是社群的灵魂，拥有共同的价值观是凝聚社群成员最根本的保障。一旦个体通过社群文化，将自己归属到社群这个集体后，当其看到个体的行动成为集体行动效能的重要元素时，就会反过来强化个体的社群意识，从而更加强烈地依据社群规范行动。有意识地建立社群活动，把成员融入社群，可以实现文化和价值观在组织中生生不息的即刻传播。这对于建立正向的企业文化非常重要。

例行会议：晨会、夕会、月度会、季度会和年度庆祝大会是非常重要的社群活动方式，这些会议可以激发组织的奋斗文化，激发成员的自豪感和上进心。这些会议应该被认真设计并固定下来，成为公司的重要社群活动和企业文化的一部分。例行会议是实现组织愿景的有效手段，管理者可以通过点评统一团队的价值观，通过细化目标保障战略目标的实现，通过部署工作便于成员间的相互配合，通过相互鼓励提振员工的信心，通过奖罚培养雷厉风行的作风，通过经验分享促进员工提高技能，通过交流解决信息的"肠梗阻"现象。

体现荣誉和奖励的社群和活动：精英社群、精英荣誉活动、精英会议在企业文化建设中往往也会起到重要的作用。

一位资深的保险业 CEO 说:"在追光灯的聚焦下,随着音乐响起,摄像头对准表彰大会中的成功个人和团队,没有任何时刻能比这样的时刻更能产生激励人的作用。保险业的荣誉体系、社群活动对业务员产生的激励作用,对文化形成的影响,远超我们的想象。"

自我反思会:互评活动要求员工对照企业文化当众评价同事的工作状态,也当众评价自己做得如何,并由同事评价自己做得如何。通过互评运动,员工可摆明矛盾、消除分歧、改正缺点、发扬优点、明辨是非,以实现工作状态的优化。

华为特别重视自我批判,把自我批判作为拯救公司最重要的行为之一。任正非说:"20多年的奋斗实践,使我们领悟了自我批判对一个公司的发展有多么重要,如果我们没有坚持这条原则,华为绝不会有今天。没有自我批判,我们就不会认真听取客户的需求,就不会密切关注并学习同行的优点,就会陷入以自我为中心的状态,必将被快速多变、竞争激烈的市场环境所淘汰。没有自我批判,我们面对一次次的生存危机,就不能深刻地自我反省、自我激励,没有自我批判,就会故步自封,不能虚心吸收外来的先进东西。"华为有各种形式的民主生活会、自我批判大会,定期对组织的文化、价值观和干部的行为进行反思,这是华为组织活力的重要来源。

网络社群:网络社群在企业文化建设中的作用越来越得到重视,虚拟空间成为企业文化建设的一个新方向。

华为的"心声论坛"是利用网络进行卓有成效的文化建设的一个范例。任正非经常会去"心声论坛"上看员工们如何吐槽华为,并会针对一些批评做出回应,以解决公司管理问题为目标来处理事务。"心声论坛"是任正非听取基层员工意见和进行文化建设的一个重要窗口。曾经，华为的一些员工在"心声论坛"上吐槽公司在二手交易平台上购买旧鼠标、旧键盘供员工使用，但因为产品质量问题，已经更换过多次；有员工吐槽在入职公司时，竟然需要自费购置耳机、鼠标垫、键盘、鼠标，甚至插线板；有员工建议，作为一个规范的国际化公司，应该为员工提供工作所需的一切生产资料和工具。任正非在2019年1月25日以总裁办邮件的形式对这一系列问题做出了回应，在邮件的"按语"中写道："木匠要斧子好、刨子好；石匠要锤子好、凿子好；工具不好累死人。现代社会了，为什么还在用鲁班师傅的方法？我们是正规军，为什么还要民兵带红缨枪来参加现代化战争？有关部门要反思上网，解答问题。"华为的"心声论坛"，缩短了员工与高层的距离，成为企业文化建设的有力阵地。

正式的培训：培训作为一种正式的学习机会，在文化建设中有着重要的作用。在培训场合中容易达成高度共识，形成一致的思维，可以为变革提供有力的保障。

结 语

以组织能力为转轴，
实现连续性价值增长

在本书即将结稿的时候，又发生了很多的事情：

- 恒大一路高歌猛进的势头忽然停滞，并陷入巨大的不确定性中；
- 发展迅猛的民航业集团公司海航破产重组；
- 国家针对中小学教育发布"双减"政策，传统 K12 教育行业面临经营环境的重大变化，好未来、新东方等公司陷入经营困境；
- 互联网公司的发展已经进入成熟阶段，各种热点事件频发，在全社会范围内引发普遍关注。国家对互联网发展的态度越来越理性，监管力度越来越大；
- 抗击新冠肺炎疫情形势依然严峻，偶发性的新增病例总是出其不意地打乱我们的计划和日程……

"灰犀牛"和"黑天鹅"事件不断出现，令经营者防不胜防。这些事件再次提醒我们，要成为品质型企业，而非机会型企业，才能实现连续性价值增长。这是在变幻莫测的时代中唯一的选择,是我们应对价值增长挑战和不确定性的唯一模式。企业的价值增长,短期看战略定位,中期看业务的核心竞争力,长期看组织能力。只有品质型企业才能同时兼顾价值增长与组织活力。

活力组织的八个引擎是手段,实际上是激发组织活力的八个杠杆性行动,它们围绕着组织的四项修炼展开。组织只有持续努力,才能成为品质型企业,从而实现连续性价值增长。

第一项修炼:打造开放性组织

打造开放性组织主要体现在三个方面:一是管理者必须保持敏感性,深入理解组织的开放性,谨慎地管理组织边界,识别与管理利益相关者的需求。二是不过分强调财务目标,坚定地为社会贡献价值和解决问题,并建立与之匹配的战略。管理者必须谨慎管理企业与外部的边界,保持与外界信息、知识和人才的合理流动,在流动中完成交换,既要关注交换的质量,又要关注频次和数量。三是管理者必须不断识别绩效差异与机遇差距,给自身导入发展势能。

第二项修炼:打造极度一致性组织

管理者必须深入理解极度一致性,并深知高度的执行力来自极度一致性,而低效来自近似一致性。大部分管理者喜欢近似一致,厌恶极度一致。管理者必须通过战略管理、工作任务制定、绩效管理实现高度一致性,克服惰性。

第三项修炼:打造实力型组织

管理者必须深入理解系统的非线性和延迟性,立足长远,坚持做正确、困难且对企业长期发展有价值的事情,而非沉浸于机遇型增长不能自拔。在这方面,管理者必须处理好"可见性"与"不可见性"的矛盾。

一方面，在战略落地的具体事务中，管理者在该追求可见性的时候要尽量实现可见性，如通过组织设计让业务运营更具可见性，通过定义外向型的任务让管理更有可见性。

另一方面，在长期战略和组织能力方面，管理者在不应该追求可见性的时候要保持耐心，此时必须选择"因为相信所以看见"。虽然今日不能看到结果，但未来就在今天的耕耘中，这二者看似矛盾，实则协调统一。

第四项修炼：打造二元化组织

管理者必须深入理解二元化，知道只有二元化组织结构和企业文化才能协调新业务与传统业务的关系，才是组织保持长期活力和基业长青的根本，也才是组织跨越业务兴衰周期、让创新与效率兼容的根本。

打造二元化组织，主要从三个方面实现：一是在组织设计上实现"大小池塘"分开，"大池塘"追求效率，"小池塘"追求创新；二是要建立二元化企业文化，一种文化追求效率和精益，另一种文化追求创新和活力；三是选择沉静、坚韧、有灰度且追求极致卓越的领导者管理二元化组织。二元化组织可实现组织基因的动静结合，实现自我否定和重生。

最后，我们提醒大家的是：企业的持续成长是管理者追求的目标，而机遇型增长和由活力激发的组织能力就是企业成长的两只脚，企业到底用哪只脚做转轴，哪只脚去探索，是经营者必须思考的问题。不同的经营者由于经历不同，会建立不同的成功路径依赖。企业如果以机遇型增长为转轴，组织活力必将变得可有可无。企业如果跑得太快了，又不注重锻炼身体，早晚会摔跤，很难实现持续性增长；只有以组织活力为转轴，小心地进行机会探索，企业才能走向持续成功。

在本书即将付梓之际，特别感谢：因为《集团层面的组织设计》（*Designing Effective Organizations*）、《竞争性组织设计》（*Competing by Design*）等书的翻译和相关项目的合作，与专研集团层面战略与组织设计的大家安德鲁·坎贝尔（著有《公司层面战略》和《集团层面的组织设计》）、大卫·汉纳（著有《组织设计》[*Designing Organizations for Higher Performance*]）、波士顿咨询和麦肯锡咨询的知名战略专家名和高司进行了深度的交流。笔者因阅读他们三人的著作而获益匪浅，在连线交流中笔者深受启发，感谢他们对笔者在国内所做咨询案例的认可，这增强了笔者写好本书的信心。

特别感谢一直长年合作的客户，正是你们的挑剔及对卓越的追求，促使笔者一直在跟踪世界前沿的组织理论，并做出了丰富多彩的实践案例。

特别感谢组织发展方面的资深顾问汤晶淇女士，她不仅给本书提供了很好的建议，参与了本书很多内容的构思，还承担了大量的文字修改和润色工作。

附 录

组织能力模型的比较与优选

战略与组织的关系就像左脚和右脚 左脚迈出去，右脚必须跟上。虽然组织很重要，但它就像一个"黑洞"，我们需要把这个"黑洞"里面有什么内容、不同组成部分之间有什么联系弄清楚，否则，"解码战略"就是一句空话，结果只能是喊着战略的号子，放任结果的发生。

组织能力模型是连接战略和执行的纽带，战略须通过组织能力模型解码为组织行为，再演变为行动计划。组织能力模型也是中高层管理者发展领导力的主要框架。

20 世纪七八十年代，美国企业遇到了增长困境，组织能力研究在美国一时成为热点，继而达到高潮，而国内普遍重视这个话题是 2010 年之后。为了解码组织这个"黑洞"，很多组织能力专家提出了组织能力模型，比较知名的有麦肯锡的 7S 模型、马文·韦斯伯德（Marvin Weisbord）的六盒模型、大卫·纳德尔和迈克尔·塔什曼的纳德尔-塔什曼组织一致性模型、大卫·汉纳的 OSM 模型。另外杨国安教授提出的杨三角模型是近年来在国内很热门的一个组织能力模型。

选择什么样的模型，就相当于在战场上选择什么样的武器，对作战效果的影响很大。作为战略规划设计人员、组织发展专家、业务管理者，如何在众多的组织能力模型中选择合适的模型，开展高效的组织设计，从而转化为高杠杆性的行动计划呢？

组织能力模型的评价标准

模型是人类认知世界和预测世界的工具。一个组织能力模型的好坏，最终是由其对绩效可预测性的强弱来判断的。

组织能力模型有三个使用场景，分别是组织诊断、组织设计（由战略制定到组织能力规划，再进一步产生组织结构、绩效考核、流程要求等）和业务执行设计（由战略制定到组织能力规划，再到业务执行计划，产生组织结构、人才要求、绩效考核、流程要求等，之后落实到行动计划）。三个场景中，组织诊断对模型的要求相对较低，组织设计对模型的要求较高，业务执行设计对模型的要求最高。

笔者认为，一个组织能力模型的可预测性取决于以下几个方面：

- 一是开放性。组织是一个开放性系统，对环境的适应性和利益相关者的满足度是组织活力的保障，一个有效的组织能力模型必须建立在开放性系统的理论基础之上。
- 二是完整性。系统的组成因子是要素，要素完整性是评价一个组织能力模型的基本条件。
- 三是互赖关系。系统是由要素、联系、功能和目标构成的，联系是一切系统的核心，改变要素未必能改变系统性能，改变联系往往更有效。举一个简单的例子，足球联赛中最厉害的 11 个人组成的球队未必是最厉害的球队，决定球队成绩的是球员间的配合。因此，一个优秀的组织能力模型不能是要素型的罗列，而必须是建立在合理的互赖关系之上的。

- 四是可见性。可见性是执行力的保障，组件越具有可见性，就意味着执行力越强，否则就意味着无法管理，其结果是产生大量有益的工作，但能不能产生绩效结果并不可知。比如，建设学习型组织是一个很好的概念，但鲜有组织取得明显效果，原因在于可见性不强，无法从市场层面去衡量结果，不好贯彻落实，也无法判断做得怎样。

组织能力模型在以上四个方面的表现，决定了组织能力模型的有效性及其对绩效的可预测性。单纯评价某个模型没有意义，没有比较就没有鉴别，我们就市场上比较有代表性的五个组织能力模型展开，去探询组织的真谛。这五个组织能力模型分别是马文·韦斯伯德的六盒模型、麦肯锡的7S模型、大卫·纳德尔和迈克尔·塔什曼创造的纳德尔 - 塔什曼组织一致性模型、大卫·汉纳的OSM模型以及杨三角模型。

马文·韦斯伯德的六盒模型

马文·韦斯伯德在1976年发布了六盒模型。这个模型简洁、实用，受到很多人力资源从业人士的青睐，在国内外有较大的影响力，并在国内的阿里巴巴等公司得到了一定范围内的应用。

该模型发布的时候，开放系统等基础理论已经提出10年之久。六盒模型是基于开放性系统提出的，强调组织从环境中获得资金、信息和材料，经过加工和转化，向环境输出产品、服务和新的信息（如图A-1所示）。

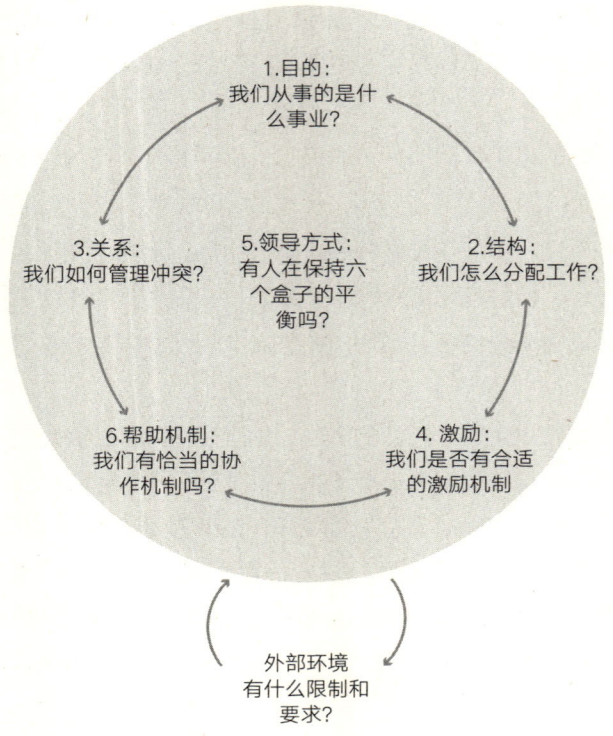

图 A-1 马文·韦斯伯德的六盒模型

在要素方面，六盒模型包含目的、结构、关系、激励、领导方式、帮助机制六个方面。围绕这个模型的争议主要在要素构成上，笔者认为这个模型的要素构成过多地考虑了任务过程和个人领导过程，而对能力过程考虑得不充分，尤其对组织能力提升（软 OD）部分，如人员、价值观等的充分性考虑不足，在一定程度上影响了它的有效性。虽然马文·韦斯伯德提出正式系统和非正式系统相互结合，不仅要看到光点，而且要看到背后存在的可能的联系，但并不能弥补组织能力提升要素缺乏带来的后果。此要素的缺失决定了这个模型是一个组织诊断工具和设计工具，是一个人力资源视角的工具，很难承担执行设计。

在互赖关系方面，该模型以目标为起点，其余五个盒子形成了一个线性的流程，由领导方式盒子进行协调和管理，维持五个盒子的平衡。互赖关系是清晰而明确的，但围绕目标形成的互赖关系，不能支持战略执行设计所需要的极度一致性。

在可见性方面，六盒模型有些维度的可见性较强，如目的、结构、激励、帮助机制，而有些要素的可见性相对较弱，如领导方式和关系这两个盒子。这决定了六盒模型在某些维度的执行力较好，在另一些维度的执行力较差。

麦肯锡的 7S 模型

如图 A-2 所示，麦肯锡的 7S 模型包括结构（Structure）、制度（System）、风格（Style）、人员（Staff）、技能（Skil）、战略（Strategy）、共同价值观（Shared Value）7 项要素。这个模型提出，组织仅具有明确的战略和深思熟虑的行动计划是远远不够的，战略只是其中的一个要素，而组织能力是影响战略成功的关键要素。

组织能力是企业的重要资产，而组织能力由七部分组成。在 7S 模型中，上半部分由战略、结构和制度组成，被认为是组织成功的"硬 S"部分，组织的结构是骨架，制度是神经网络。下半部分由人员、技能、风格和共同价值观组成，被认为是组织成功的"软 S"部分，其中人员和技能，前者强调人的数量，后者强调人的质量；风格是人表现出来的行动方式，而共同价值观是人的内在信念；"软 S"部分中的共同价值观占据"中宫"，是组织的基因。7S 模型告诉我们，"软 S"和"硬 S"同样重要，各公司长期以来忽略的人性，是可以加以管理的，并且与组织的成败息息相关。在 7S 模型中，制度最重要，制度改变了，风格就会改变，技能和人员就会形成新的积累，共同价值观将最终改变。

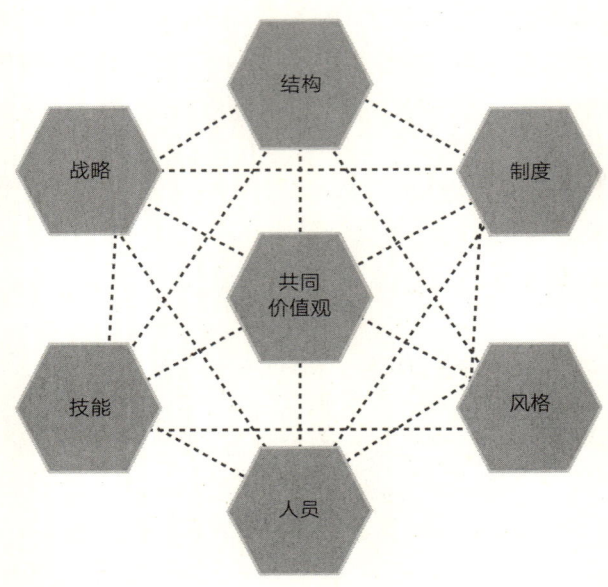

图 A-2　麦肯锡的 7S 模型

在开放性系统方面，7S 模型对开放性的重视是相对不足的，只有一个战略要素能够与外界进行互动。

在要素组成方面，把"软 S"部分要素的重要性提高到与"硬 S"部分要素同等重要的程度，是 7S 模型的一个重大贡献，在"软 S"部分有技能、人员、风格、共同价值观四个要素，比重超过"硬 S"部分的战略、结构和制度。"硬 S"要素更容易驱动，"软 S"要素更具有决定性，不改变"软 S"要素就不可能改变模型，是 7S 模型的重要理念。

要素间的关系处理是 7S 模型的弱项，七个要素两两组合共可产生 21 对关系，如果再考虑方向就会构成 42 对关系，因此关系过于复杂，也无法有效管理，在实践中只能当成要素型的模型使用。比较重要的互赖关系是：制度在"硬S"中更具有根本性，只有制度发生了变化，人发生了变化，组织中的共同价值观也发生了变化，组织才能根本改变。

在可见性方面，7S模型的"软S"部分大部分是不具有可见性的，如风格、技能、共同价值观不具有可测量性。除可见性弱外，每个维度的绩效结果可预见性也较弱，这决定了基于7S模型解码组织能力形成行动计划，也必然是低效的。

纳德尔 - 塔什曼组织一致性模型

20世纪70年代末，大卫·纳德尔和迈克尔·塔什曼发表了其最具代表性的纳德尔 - 塔什曼组织一致性模型。该模型遵循了有机化组织设计的原理，成为IBM公司战略管理流程工具BLM战略执行部分的模型（如图A-3所示）。

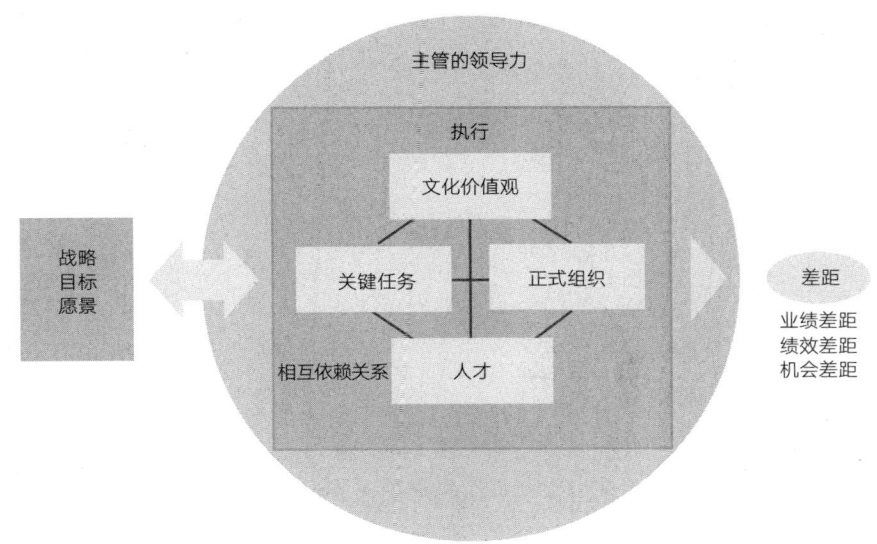

图A-3　纳德尔 - 塔什曼组织一致性模型

在开放性方面，纳德尔－塔什曼组织一致性模型完全是基于开放系统原理设计的，注重通过环境、资源和历史数据的输入，关注绩效差距与机会差距，通过产生组织行为、团体行为和个体行为达成绩效和战略目标。

在构成要素方面，纳德尔－塔什曼组织一致性模型做了很多开创性的工作。纳德尔－塔什曼组织一致性模型的组织能力要素部分有四个构件，分别是关键任务、正式组织（包括组织结构、系统流程、考核和晋升）、人才（包括关键岗位、能力要求和获取策略）、文化价值观。主要变化是增加了任务构件，这是一个根本性的变化，同时将传统的组织分为三大构件，分别是硬体组织、软体组织和介于二者之间的人才。该模型中加入关键任务是一个重要的变化，关键任务是连接战略和执行的关键，是执行的基础，战略通过关键任务展开组织设计和行动计划。

在互赖关系方面，四个构件形成的要素组合形成六对关系，考虑方向则形成12对关系，迈克尔·塔什曼在其后来的著作中整理了需重点关注的六对关系，不但强调战略—关键任务—正式组织—人才—文化价值观的正向设计过程，而且强调文化价值观—人才—正式组织—关键任务—战略的反向设计过程，重视变革过程中的人文障碍，这非常符合企业的实际情况，很好地反映了社会网络理论的实际要求。在纳德尔－塔什曼组织一致性模型的四个构件中，调整关键任务、正式组织两大构件相对容易，是管理者的变革抓手；改变人才较困难，但具有根本性影响；而文化价值观是无形的，主要通过其他三大构件促使其发生变化。极度一致性和近似一致性是执行力的差异所在，企业以关键任务为基础进行组织设计，可以产生极度一致性，避免只能产生近似一致性。一方面这给该模型的使用带来了难度，另一方面也使该模型不仅能进行组织设计，而且能够进行战略的执行设计，这恐怕也是BLM以纳德尔－塔什曼组织一致性模型作为其基础的主要原因。

附　录　组织能力模型的比较与优选

在可见性方面,纳德尔－塔什曼组织一致性模型处理得极为完美,正式组织的细分维度都具有较强的可见性,人才(组合岗位、特质、技能等要素)的可见性也较强,虽然纳德尔－塔什曼组织一致性模型没有解决文化价值观方面的可见性问题,但其提出了通过其他构件推动文化变革的措施。

大卫·汉纳的 OSM 模型

大卫·汉纳等人基于宝洁等公司的实践,提出了 OSM 模型,并被宝洁等公司采用,受到很多客户的支持(如图 A-4 所示)。

在开放性方面,OSM 模型是一个开放性的系统模型,注重与环境的关系和利益相关者的协调,认为对利益相关者诉求的满足和对环境的适应性是确保组织活力的基础,要不断将取得的结果与环境变化和利益相关者诉求进行匹配。

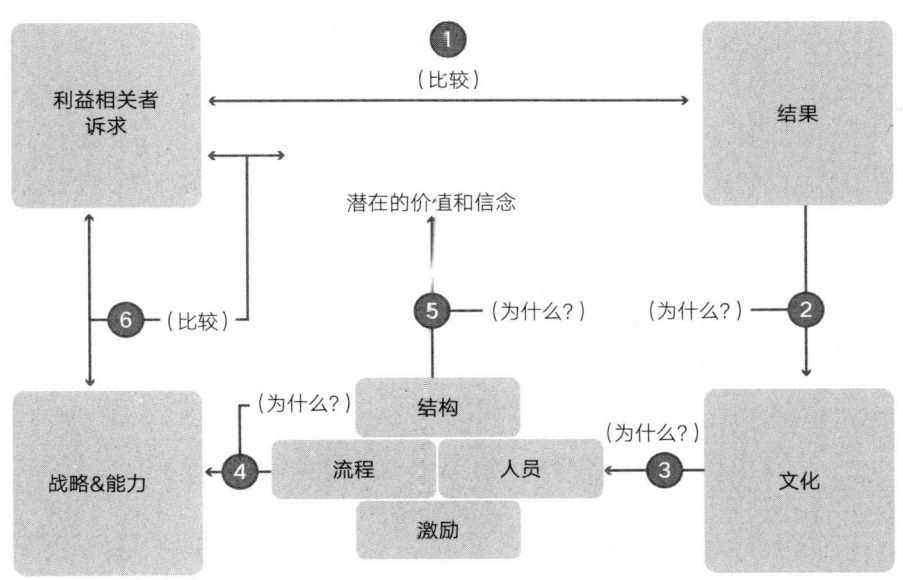

图 A-4　大卫·汉纳的 OSM 模型

在要素方面，OSM模型非常清楚地把组织设计的重点归纳结构、流程（包括系统）、激励（包括晋升）和人员等构件，相当于将纳德尔-塔什曼组织一致性模型中的二级要素直接在第一级维度上展开。早期的OSM模型中，还包含任务、信息和决策这三个要素。笔者曾向大卫·汉纳请教过早期模型中信息和决策两个要素的可见性问题，他的解释是已经解决了这个问题，因而他提供的升级模型中不再出现这三个要素。但笔者认为去掉任务要素是这个模型的一个不足之处。

在互赖关系方面，这个模型呈现了一个相对简洁的流程关系，既有利益相关者诉求—战略和能力—结构、流程、人员、激励—文化—结果的正向设计过程，也有结果—文化—结构、流程、人员、激励—潜在的价值和信念—战略和能力—利益相关者诉求的反向测试过程。对使用者而言，这一模型掌握起来相对容易，但缺乏了任务要素。虽然该模型在战略和能力要素中加入了核心业务能力，可以改善缺少任务要素的情况，但核心能力的颗粒度还是过于宽泛。任务要素的缺乏使各组成部分之间的联系变弱，因此这个工具极难产生极度一致性，可以支持组织设计，比较难支持业务设计。

在可见性方面，该模型的各个维度都做到了较大程度的可见性。大卫·汉纳在文化的行为化方面做出了贡献，提出从四个层面进行文化的有形化，即目标的优先性、好和不好的标准、人们实际做和不做的事情、经济利益和权力的回报，使得文化变革措施的可见性提高。

杨三角模型

杨国安教授是国内组织能力方面的倡导者和传播者。杨三角模型（如图A-5所示）是其在《组织能力的杨三角》一书中提出的组织能力模型，以通俗而著名，传播广泛，拥有不少拥趸。

附　录　组织能力模型的比较与优选

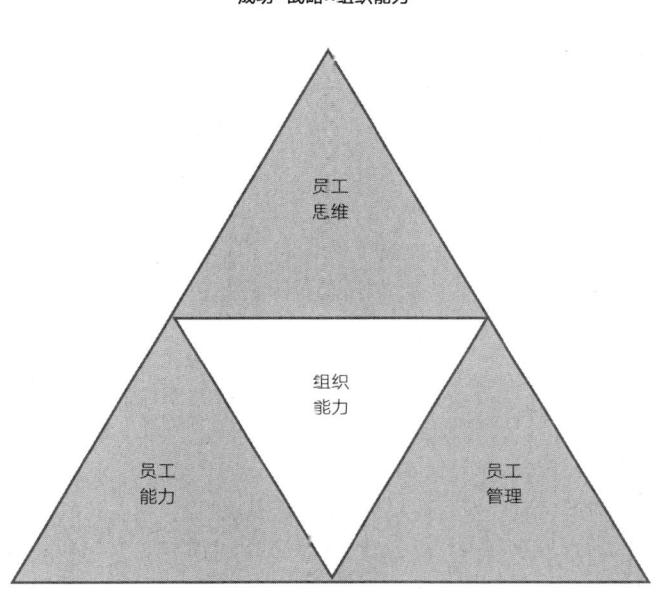

图 A-5　杨三角模型

按照《组织能力的杨三角》一书中的解释，员工能力相当于纳德尔－塔什曼组织一致性模型中的人才；员工思维，相当于文化价值观；员工管理，包括组织结构、集权分权、流程和支持系统。需要补充的是，其他组织能力模型中经常出现的绩效考核和通道设计，在该模型中没有出现，在《组织能力的杨三角》一书的案例中，考核出现在员工思维中。

在开放性方面，杨三角模型总体是把战略和组织分开的，并没有把战略或任务当作一个要素融入模型，但在案例中考虑了战略要求。没有战略、目标、任务等要素，就模型本身来看，影响了开放性。开放性不足的风险是可能导致开展大量内向的工作，而有效性并不高。

271

在要素组成方面，杨三角模型的一级维度比较综合，二级维度包含一些要素，没有涉及绩效考核及晋升，而把绩效考核放在员工思维中，这是比较特别的，模型中没有战略与环境等要素。这个模型与主流组织能力模型的相似度，远不及与吉尔伯特行为工程模型（BEM）的相似度。吉尔伯特行为工程模型包含六个层面，其中环境层面包括数据、信息和反馈—资源、流程和工具—后果、激励和奖励（相当于员工允不允许），个人层面包括态度动机（相当于员工愿不愿意）、特质潜能、知识和技能（相当于员工能不能）。

在互赖关系方面，从《组织能力的杨三角》一书中的案例要素看，各要素之间是线性关系，一级要素按员工愿不愿意、允不允许、能不能三个维度建立互赖关系；二级要素间的互赖关系不明确，书中没有详细的阐述。各要素的互赖关系是围绕员工视角展开的。以员工的视角构建组织能力模型是一个独特角度，有很多应用者担心这容易让大家把组织能力的焦点放在员工上。系统论告诉我们，决定系统功能的不是要素，而是联系，联系才是组织绩效的核心。那么，即使所有的员工都是具备能力和意愿的，是否由其合成的组织就一定会是有能力的？毕竟与之极其相似的 BEM 是一个员工绩效改进工具，而非一个组织能力设计和变革工具。由于没有任务，因此不同的要素间无法建立精确的互赖关系，难以有效支持高效的执行设计。

在可见性方面，一级要素的可见性不强，二级要素具有一定的可见性。

组织能力模型推荐

上述五个组织能力模型基本上代表了主流组织能力模型的设计思路，通过对这些模型的比较，我们可以总结出以下规律：

1. 大部分组织能力模型都是围绕开放系统展开的，这基本已经成为主流组织能力模型的设计基础，毕竟组织与环境的匹配性，以及组织与利益相关者的关系，决定着组织的生存。

2. 优秀的组织能力模型在要素构成方面，充分考虑了"硬 S"和"软 S"的协调和均衡。大家都认可改变"硬 S"是最容易的，只要想改变，随时都能改变，因此管理者掌握"硬 S"组织设计技能的效益是非常明显的。而"软 S"部分的改变往往是困难的，但只要"软 S"部分不改变，组织就不会发生重大改变。只有人变了，价值观变了，组织才能发生重大变化。同时大家都越来越强调，通过"硬 S"可见的部分去影响"软 S"部分是更可行的思路。

3. 优秀的组织能力模型并不仅仅关注逻辑可行性，更重要的可见性、可验证性。模型构件若没有可见性，就没有执行力。模型的有效性是建立在不同场景中都具有可预测性的基础上的，必须既能够正向设计，又能够反向验证。如果模型不能验证，则再多的案例也有案例挑选的嫌疑，并不能证明模型的有效性。

4. 上述五个组织能力模型，在总体上是基于三个维度建立互赖关系的。一种是按目标维度，如六盒模型；一种是按目标或任务维度，如纳德尔－塔什曼组织一致性模型；一种是按人员维度，即杨三角模型。笔者认为如果按人员建立要素间的互赖关系，并展开设计，是最内向且不具执行力的；如果按目标或任务维度展开设计，是外向且关注市场的。按任务建立互赖关系并展开，各个要素之间的联系就是紧密和精细的，从而能产生极度一致性，增强执行力；按目标维度展开可以达到近似一致性，因此组织能力可以支持组织诊断和组织设计，但不能支持战略执行设计。

综上所述，五个组织能力模型对绩效的可预测性优先顺序是：纳德尔－塔什曼组织一致性模型—OSM 模型—六盒模型—7S 模型—杨三角模型。这些模型都可以支持组织诊断，也能在不同的程度上支持组织设计。

如果要做战略执行设计，则纳德尔－塔什曼组织一致性模型是最优的，也是最复杂的；将 OSM 模型稍做改善，在其中加入任务要素也是可行的，并且更加简洁；其他三个模型均不推荐。

参考书目

1. 亨利·明茨伯格. 战略历程 [M]. 魏江, 译. 北京: 机械工业出版社, 2012.

2. 亨利·明茨伯格. 卓有成效的组织 [M]. 魏青江, 译. 杭州: 浙江教育出版社, 2020.

3. 大卫·纳德尔, 迈克尔·塔什曼. 竞争性组织设计 [M]. 孙春柳, 王红, 译. 北京: 经济科学出版社, 2004.

4. 迈克尔·塔什曼, 查尔斯·奥赖利三世. 创新跃迁 [M]. 苏健, 译. 成都: 四川人民出版社, 2018.

5. 三谷宏治. 经营战略全史 [M]. 徐航, 译. 南京: 江苏凤凰文艺出版社, 2016.

6. 迈克尔·波特. 竞争战略 [M]. 陈丽芳, 译. 北京: 中信出版社, 2014.

7. 大卫·汉纳. 组织设计: 如何构建高效能团队 [M]. 戴维, 译. 北京: 中国青年出版社, 2014

8. 贾姆希德·格哈拉杰达基. 系统思维 [M]. 王彪, 姚瑶, 刘宇峰, 译. 北京: 机械工业出版社, 2014.

9. 埃德加·沙因. 企业文化生存与变革指南 [M]. 马红宇, 唐汉瑛, 译. 杭州: 浙江人民出版社，2017.

10. 亚历山大·奥斯特瓦德. 商业模式新生代 [M]. 黄涛，郁婧，译. 北京：机械工业出版社，2016.

11. 查尔斯·汉迪. 第二曲线 [M]. 苗青，译. 北京：机械工业出版社，2017.

12. 迈克尔·吉尔德，安德鲁·坎贝尔，马库斯·亚历山大. 公司层面战略 [M]. 黄一义，谭晓青，冀书鹏等，译. 北京：人民邮电出版社，2004.

13. 吉尔特·霍夫斯泰德，格特·扬·霍夫斯泰德，迈克尔·明科夫. 文化与组织 [M]. 张炜，王烁，译. 北京：电子工业出版社，2019.

14. 名和高司. 成长企业的法则 [M]. 汤云丽，译. 海口：海南出版社，2017.

15. 华为大学. 熵减 [M]. 北京：中信出版社，2019.

16. 曾鸣. 智能商业 [M]. 北京：中信出版社，2018.

17. 克莱顿·克里斯坦森. 颠覆性创新 [M]. 崔传刚，译. 北京：中信出版社，2019.

18. 理查德·鲁梅尔特. 好战略，坏战略 [M]. 蒋宗强，译. 北京：中信出版社，2012.

19. 马丁·里维斯，纳特·汉拿斯，詹美贾亚·辛哈. 战略的本质 [M]. 王喆，韩阳，译. 北京：中信出版社，2016.

20. 阿德里安·斯莱沃斯基，大卫·莫里森，鲍勃·安德尔曼. 发现利润区 [M]. 吴春雷，译. 北京：中信出版社，2018.

21. 艾尔弗雷德·D.钱德勒. 战略与结构 [M]. 孟昕，译. 昆明：云南人民出版社，2002.

23. 亚历山大·奥斯特瓦德，伊夫·皮尼厄，格雷格·贝尔纳达. 价值主张设计[M]. 余锋，曾建新，李芳芳，译. 北京：机械工业出版社，2015.

24. 布莱恩·贝克尔，马克·休斯里德，理查德·贝蒂. 重新定义人才[M]. 曾佳，康至军，译. 杭州：浙江人民出版社，2016.

25. 马文·韦斯伯德. 组织诊断[M]. 胡智丰，张小雨，译. 北京：电子工业出版社，2020.

未来，属于终身学习者

> 我这辈子遇到的聪明人（来自各行各业的聪明人）没有不每天阅读的——没有，一个都没有。巴菲特读书之多，我读书之多，可能会让你感到吃惊。孩子们都笑话我。他们觉得我是一本长了两条腿的书。
>
> ——查理·芒格

互联网改变了信息连接的方式；指数型技术在迅速颠覆着现有的商业世界；人工智能已经开始抢占人类的工作岗位……

未来，到底需要什么样的人才？

改变命运唯一的策略是你要变成终身学习者。未来世界将不再需要单一的技能型人才，而是需要具备完善的知识结构、极强逻辑思考力和高感知力的复合型人才。优秀的人往往通过阅读建立足够强大的抽象思维能力，获得异于众人的思考和整合能力。未来，将属于终身学习者！而阅读必定和终身学习形影不离。

很多人读书，追求的是干货，寻求的是立刻行之有效的解决方案。其实这是一种留在舒适区的阅读方法。在这个充满不确定性的年代，答案不会简单地出现在书里，因为生活根本就没有标准确切的答案，你也不能期望过去的经验能解决未来的问题。

而真正的阅读，应该在书中与智者同行思考，借他们的视角看到世界的多元性，提出比答案更重要的好问题，在不确定的时代中领先起跑。

湛庐阅读App：与最聪明的人共同进化

有人常常把成本支出的焦点放在书价上，把读完一本书当作阅读的终结。其实不然。

时间是读者付出的最大阅读成本

怎么读是读者面临的最大阅读障碍

"读书破万卷"不仅仅在"万"，更重要的是在"破"！

现在，我们构建了全新的"湛庐阅读"App。它将成为你"破万卷"的新居所。在这里：

● 不用考虑读什么，你可以便捷找到纸书、电子书、有声书和各种声音产品；

● 你可以学会怎么读，你将发现集泛读、通读、精读于一体的阅读解决方案；

● 你会与作者、译者、专家、推荐人和阅读教练相遇，他们是优质思想的发源地；

● 你会与优秀的读者和终身学习者为伍，他们对阅读和学习有着持久的热情和源源不绝的内驱力。

下载湛庐阅读 App，
坚持亲自阅读，
有声书、电子书、阅读服务，
一站获得。

本书阅读资料包
给你便捷、高效、全面的阅读体验

本书参考资料
湛庐独家策划

- ☑ **参考文献**
  为了环保、节约纸张,部分图书的参考文献以电子版方式提供

- ☑ **主题书单**
  编辑精心推荐的延伸阅读书单,助你开启主题式阅读

- ☑ **图片资料**
  提供部分图片的高清彩色原版大图,方便保存和分享

相关阅读服务
终身学习者必备

- ☑ **电子书**
  便捷、高效,方便检索,易于携带,随时更新

- ☑ **有声书**
  保护视力,随时随地,有温度、有情感地听本书

- ☑ **精读班**
  2~4周,最懂这本书的人带你读完、读懂、读透这本好书

- ☑ **课　程**
  课程权威专家给你开书单,带你快速浏览一个领域的知识概貌

- ☑ **讲　书**
  30分钟,大咖给你讲本书,让你挑书不费劲

湛庐编辑为你独家呈现
助你更好获得书里和书外的思想和智慧,请扫码查收!

(阅读资料包的内容因书而异,最终以湛庐阅读App页面为准)

图书在版编目（CIP）数据

如何打造活力组织 / 逄增钢, 徐汉群著. -- 北京：北京联合出版公司, 2022.9
ISBN 978-7-5596-6447-1

Ⅰ.①如… Ⅱ.①逄… ②徐… Ⅲ.①企业管理—组织管理—研究 Ⅳ.①F272.9

中国版本图书馆CIP数据核字(2022)第150057号

上架指导：企业管理

版权所有，侵权必究
本书法律顾问　北京市盈科律师事务所　崔爽律师

如何打造活力组织

作　　者：逄增钢　徐汉群
出　品　人：赵红仕
责任编辑：徐　樟
封面设计：湛庐CHEERS　宋欣蔚
版式设计：湛庐CHEERS　寇淼

北京联合出版公司出版
（北京市西城区德外大街83号楼9层　100088）
唐山富达印务有限公司印刷　新华书店经销
字数278千字　710毫米×965毫米　1/16　18.75印张　1插页
2022年9月第1版　2022年9月第1次印刷
ISBN 978-7-5596-6447-1
定价：99.90元

版权所有，侵权必究
未经许可，不得以任何方式复制或抄袭本书部分或全部内容
本书若有质量问题，请与本公司图书销售中心联系调换。电话：010-56676359